李叔同

弘一大師傳

汪兆騫◎著

看一代宗師
從風華才子到雲水高僧
充滿智慧與傳奇的一生

｜第一卷｜

風華才子

李叔同的前半生

|第二卷|

雲水高僧

李叔同的後半生

第一卷

風華才子
李叔同的前半生

1880
～
1919

李叔同對於教師之職心存敬畏，他本著「德無常師，主善為師」、「學而不厭，誨人不倦」的精神，盡力做到無貴無賤，無長無幼，道之所存，師之所存。行傳道授業解惑之責。

他熱愛戲劇，不管生旦淨末丑，只要登臺，便認真投入角色，去念、唱、做、打。而作為教員，為人師表，他也要求自己走有走相，站有站相，講有講相。他認真備課，認真講解輔導。不但要做經師，而且要做人師。誨爾諄諄，聽我藐藐，滯者導之使然，蒙者開之使明，以其昏昏，使人昭昭。受到師生推崇。

第一章

出身津門官宦家，乃父被尊「李善人」

親親而尊尊，生者養而死者藏。
——唐．韓愈《送浮屠文暢師序》

寒露時節，一場秋雨剛停，從海河吹過來的陣陣潮濕的風，吹進東岸的糧店後街陸家豎胡同二號，讓正在花園散步的李世珍感到寒意，他順口吟出曹丕《燕歌行》中的兩句詩「秋風蕭瑟天氣涼，草木搖落露為霜」。

這個院落，坐落在三岔河口東，為清代風格建築，皆磚瓦房，東西南苑皆面胡同，院牆上加了女兒牆。東院牆外還有一所廈子平房。大門原有屋宇式小門樓，內有屏門四扇，院內房舍為北房三間、東西廂房各三間的「三合式」。北房東房山牆間有夾道，通往三間南房，北牆有帶小後門的後院，出門便是靜靜流淌的海河中段。院內有一棵老榆樹。

李叔同誕生在斯院，兩歲後搬到糧店後街六十號新居。

這幾天，李世珍心緒不寧。他的第四位夫人，十九歲的側室，已進入臨產期。快到從心所欲之年的他，一直為子嗣擔憂，漢代劉向《說苑．談叢》說「庶人將昌，必有良子」，可自己的長子李文錦在二十歲時夭亡，次子李文熙生下來十分羸弱，九歲時才能蹣跚學步。怕李家香火難繼，年近七十歲的李世珍便收了王姓十七歲的小康之家姑娘為側室。蒼天眷顧，王氏一年多便懷上了孩子，這幾天就要臨盆，他興奮又緊張。

李世珍手裡握著的天竺木鑲瑪瑙嘴白銅鍋煙袋，早已熄滅。他怔怔地站在開得正豔的月季花圃前，這時，瘦弱的次子文熙匆匆地從他身邊跑過，喊了聲「爹」。他手裡提著一隻蟈蟈籠，唱著含混不清的童謠，在老人疼愛擔心的囑咐「莫急，慢些」聲中，在花園前消失了，老人無奈地搖了搖頭。

就在這時，一個年輕的丫鬟跑過來，氣喘吁吁地說：「恭喜老爺，四夫人生了！」

李世珍聽罷，快步趕到西廂房院子裡。西廂房門口已有幾個人擁在那裡，見老爺進院，都笑著道喜：「四夫人添了個公子！」

李世珍隨著丫鬟一路小跑，只問四夫人怎樣，得知順利生產，已讓他滿心歡喜，等聽眾人齊云「晚得貴子」，眉宇間更是擠滿了喜氣。那時，頭戴花翎的官人進產房是犯忌的，但他把煙袋交給丫鬟，立刻掀起剛剛掛上的厚門簾，跨進屋，來到四夫人的床前。小丫鬟端來一把太師椅，他坐下後，拉著四夫人的手，輕輕地拍著，滿臉堆笑地看著她蒼白的俏臉，然後俯身輕輕吻了吻她飽滿的額頭，吟道：「親卿愛卿，是以卿卿，我不卿卿，誰當卿卿。」吟著吟著，他爬滿皺紋的眼角淌下了兩行清淚。他吟的詩是《世說新語．惑溺》中的句子，他娶來四夫人當夜，在床上吟過。老人還教過四夫人「曾經滄海難為水，除卻巫山不是雲」。四夫人聽罷，蒼白的臉上浮起兩片紅雲。

正是他們二人，孕育了一百多年後趙朴初先生所說的「不僅是近代高僧、律學大師，而且是我國新文化運動的功臣，他在音樂、書法、繪畫方面都有卓越的成就」，「一生可以說是立德、立功、立言的」一位賢人（《在紀念弘一法師誕生一一〇年座談會上的講話》），一位非凡的人——李叔同。

李叔同降生於一八八〇年的農曆九月二十。

不少關於弘一大師的傳記，都說他降生前有隻花喜鵲口銜一青翠松枝，飛到產房窗前，在張嘴報喜之時，松枝落在窗沿上。陳慧劍所著《弘一大師傳》中就有詳細描述。喜鵲銜松枝到產房賀喜，佛賜祥瑞，無非證明這個嬰兒非凡胎，是對弘一大師璀璨的一生，特別是後來皈依佛門的淵默莊嚴的法相人生的一種癡想吧！正如龔定庵詩云「吟道夕陽山外山，古今誰免餘情繞」，宛然高僧入圖畫，把經吟立水塘西，認定弘一大師是「高松鶴不群」吧！

走出產房，李世珍為上蒼賜予李家一個新生兒而興奮狂喜。在回房的路上，他放慢了腳步，想起迎娶四夫人王鳳玲的往事。

§

當初納王氏為側室時，李世珍似無紅袖添香之欲，實為傳宗接代。原配姜氏嫡出長子文錦早逝，續弦張氏庶出次子文熙又體弱，三夫人郭氏無生育，怕香火斷絕，大廈傾，燈將盡，對不起祖宗，早過花甲之年的李世珍，常有「俟河之清，人壽幾何」，「不知將白首，何處入黃泉」之慨嘆，痛苦焦急，食不甘味，長夜難眠，方有納年方十七的王氏女子為側室之舉。李世珍時年已六十六。但老夫少妻，在當時官宦之家，係平常事。

那十七歲的王家女孩兒，被一乘紅色軟轎抬進李家位於東浮橋東岸的糧店後街陸家豎胡同二號的大宅院西側門。側室即偏房，實為小妾，不能無限風光地娶進進士宅第正門。轎裡蒙著蓋頭的王鳳玲，還是不諳世事的天真少女，突然成為新嫁娘，心裡忐忑不安。這門親事敲定前，父母雙親將李世珍家世、為人說與女兒聽，也將自家小康與官宦李家門不當戶不對的實情相告，將她入門之後作為小妾的地位、處境的卑微也說得明明白白。他們說，世事艱難，王家答應這門親事，圖的是背靠大樹好乘涼，女兒一輩子享榮華富貴基本無虞，王家也能衣食無憂。他們叮囑女兒「上和下睦，夫唱婦隨」。

王鳳玲生於小康之家，不愁衣食，父親飽讀詩書，以書香門第自居，教女兒識文斷字。父親為促成這樁婚事，不斷勸說之時，十七歲的少女記得，《顏氏家訓．止足篇》說「婚姻勿貪勢家」，唐代李益《雜曲》有「嫁女莫望高，女心願所宜」，心知父親言不由衷。她知道「嫁女擇佳婿，毋索重聘」。佳婿起碼要年齡相當，但父親偏偏擇了個六十多歲的老女婿。

出閣前幾天，她上街去打梳頭的桂花油，遇見胡同裡的玩伴，她們像見了陌生人一樣，在她打招呼時低頭匆匆走過，然後回過頭鄙夷道：「這不是李善人老爺家的姨奶奶嗎？」被小夥伴冷嘲熱諷，視作以色事人、貪圖錢財的人，王鳳玲心如刀割。但她只能順從父母之命、媒妁之言。

王鳳玲無奈嫁到李世珍家，成了第四偏房，原配夫人姜氏早年已過世。她被安置在大宅第的西跨院，那是專門為她準備的獨立小院。李世珍迎來王鳳玲，心裡甚是高興。他第一次見到王鳳玲，是在糧店後街。那天他去錢莊辦事，只見迎面從大佛寺方向走來王鳳玲母女二人。姑娘面容清秀，一雙明眸清澈深邃，身材苗條修長，青春的氣息撲面而來。這一帶無人不識李進士，姑娘恭敬地叫了一聲「李老爺」，向他有禮貌地嫣然一笑。李善人渾身透著儒雅之氣，和善地點頭微笑，讓母女二人感到年邁的老人的平易謙和，而他也記住了這個女孩。

後來，在擇偏房時，老人首選王鳳玲。媒人到王家提親，王家人感到突然，但沒有馬上拒絕。李善人家財萬貫，六十多歲仍身體硬朗毫無老邁之氣，他們並不反感，便答應了這門親事，才成就了不是孽緣便是宿命的這樁姻緣。

§

李世珍回到書房，稍事休息，便洗手整理衣冠，焚起檀香，又從香案上取下《佛說金剛般若波羅蜜經》——這是他朝夕課誦的佛經——然後坐在蒲團上，合掌誦經，字字鏗鏘，句句流暢。他誦到「一切有為法，如夢幻泡影，如露亦如電，應作如是觀」為止，但覺神清氣爽，如沐春風，然後起身，在書房踱步、沉思。他忽有所思，忙來到書案邊，研墨潤筆，從紙堆中抽出一張紅色宣紙鋪好，揮筆寫下「李文濤」三個楷體字，欣喜地目視良久。「文濤」，是他給剛降生的兒子取的名字。一個「濤」字，寄託了老人讓李家血脈如滔滔江水奔流不息的宏願。然後，他走到窗前，眯眼打量那一片開得紅彤彤的雞冠花，便有兩行熱淚掛在他蒼黃消瘦的臉上。

人是複雜的，讀儒學書，可知孔聖人見南子也有動心之窘，在場的「子路不悅」可證。

李世珍，出身豪門，一生都在名利場中逐鹿，先後經歷清嘉慶、道光、咸豐、同治、光緒五個時期，他苦讀詩書，經年科考，後中舉人，再得進士，入朝官至吏部主事，後又經商，主營鹽業和錢莊，成津門巨富。他在科場、官場、商場得風得雨，享一輩子榮華，一生樂善好施，受人尊敬，得津門「李善人」雅號。

李世珍的一生很複雜。

李世珍（一八一二——一八八四），號筱樓，祖籍浙江嘉興府平湖縣當湖鎮，其父名銳，叔名錕，經營鹽業、銀錢業，為當地顯貴。李世珍自幼苦讀詩書，精通儒、佛、道、醫等諸學，科舉屢試不中，直到道光年間才中了舉人，同治四年（一八六五）與李鴻章等同會試，皆高中進士，時年李世珍五十三歲，與小其十一歲的李鴻章比，他算是大器晚成了。入朝後曾授知縣，後官至吏部主事，以團防有功，得四品銜花翎，盡顯殊榮。按理說，「為政猶沐也，雖有棄發，必為之」（《韓非子・六反》）。但《尹文子》卷上說，「有理而無益於治者，君子弗言；有能而無益於事者，君子弗為」。李世珍在腐敗的官場，難有作為，「無補於政，雖大弗與」（漢代王充《論衡》），做不到「上安下順，弊絕風清」（宋代周敦頤《拙賦》），只當了四年，便棄官從商，繼承其父叔之鹽業和銀錢業。

世人所云「官清不愛錢」，非貪贓枉法地撈錢，取之有道者，愛錢何錯之有。李世珍在商界呼風喚雨，糧店後街之桐達李家得以聞名，成為天津望族。

《孟子．公孫丑上》說「君子莫大乎與人為善」，《周易．繫辭下》說「善不積不足以成名」，飽學之士李世珍，自然不忘先賢關於士人為善的教誨，「惟善以為寶」（《禮記．大學》），一生以善為本，熱衷於社會公益事業。據《天津縣新志》載，李世珍「糾合同志，建備濟社，集聚資備荒。而每歲施放錢米、棉衣、醫藥、棺木及恤嫠」。

備濟社是以救災濟民為目的的社會慈善團體，是社會賢達創辦的救災機構。比如，深刻影響李世珍的咸豐、同治年間的慈善家李春城建的寄生所，便是一例。李春城曾因練兵有功，得到僧格林沁的賞識重用，授刑部四川司外郎。不久，便辭官回到原籍天津。李春城「從善如轉圜，遣惡如去仇」，在津辦「寄生所」，救濟災民窮人，每至嚴冬，常收容無家可歸的貧民六七百之眾，施捨衣食，死者予以棺木下葬。其善舉深受津門各界所稱讚敬仰。

受到李春城的影響，「聞一善言，見一善事，行之唯恐不及」（《意林》），李世珍極仰慕李春城，遂邀志同道合者在糧店後街孫家胡同西口南，創立了社會慈善團體備濟社，以寄生所為榜樣，備濟社也盡心盡力恤貧濟災，「哺之以粥，疾病施醫藥，死亡則棺殮而瘞之」。

為善非一時一事一人，終身為善為真善。李世珍懂得教育為強民族強國家之根本，「今天下無事，汝輩挽得兩矽弓，不如識一個字」（《舊唐書．張弘靖傳》），他在辦備濟社的同時，又動用一部分財力，興辦義學，讓寒門子弟有書可讀。其「善氣迎人，親如兄弟」（《管子．心術下》），津門對李世珍之善舉，有口皆碑，稱其為「糧店後街李善人」。

韓愈在《謝自然詩》中云：「人生處萬類，知識最為賢」。晚清舉人、進士李世珍，靠才學知識取得功名，入朝為官，他在書中求得黃金屋，喜得顏如玉。

作為儒商，他一生都致力於陶朱之業，陶朱即陶朱公，泛指大富者，《韓非子．解老》：「夫棄道理而妄舉動者，雖上有天子諸侯之勢尊，而下有猗頓、陶朱、卜祝之富，猶失其民人而亡其財資也。」郁達夫《題友人鄭泗水半閒居》詩：「難道半閒還治產，五湖大業比陶朱。」李世珍從《韓非子》、《史記》中，懂得陶朱之業的重要，也深諳陶朱之道，他在任吏部主事時，即趁機出鉅資買下大量鹽田引地，等他辭官經商之時，原來荒蕪的鹽田引地，引海水成為產鹽地，是為一聚寶盆。他又從徽商、晉商那裡學得開銀號錢莊的路數，在津門開辦桐達錢鋪，成為津門金融市場的一支生力軍。正所謂：日中為市，致津門之民，聚天津之財，成為津門陶朱。「天下熙熙，皆為利來，天下攘攘，皆為利往」，為利來往，只要「誠有功，取其直，雖勞無愧」，留意於孔孟之間，委身於經濟之道，財富滾滾而來，李家財勢最盛之時，李世珍心安焉。

§

李家原住糧店後街東側一所三合院，後李世珍又在糧店後街晉都會館斜對面六十號購置了一處大院落，門樓高掛起「進士第」，過道懸有「文元」匾額。那年李世珍七十歲，是中進士後的第十七個年頭，即辭官經商只三個春秋有餘。

一日，送友人攜活潑可愛之子離宅，返回時夕陽已暗，他站在進士第門樓前，見落葉在秋風中飄零，一股傷感油然而生。韓愈在《孟東野夫子》中說「有子且勿喜，無子固勿嘆」，但自家子嗣堪憂，是他的徹骨之痛，長子早夭，二子天生羸弱，兩歲多尚不能行走。古人云積糧防饑，養兒防老，家為陶朱之家，不指望兒女養老，但若斷香火，李門不幸啊。吃晚飯時，一桌山珍海味，卻不見老爺動箸，二夫人張氏見狀，知其心中之痛，便勸道：「老爺洪福齊天，該來的總會來。文熙現在雖弱，但以老爺的功德，上蒼會賜福於他，使他慢慢強壯起來。」李世珍憂慮地看了看一直不能生育的三夫人郭氏，心中說道：「三夫人可否賜子於我？」那眼神充滿了期待。郭氏心裡慌亂，前兩位夫人皆有孩子，她不敢看老爺那憂鬱的眼神，只好將頭深深低下。李世珍舉起箸，布菜給兩位夫人，又喚了丫鬟，上了一壇陳酒，每人斟上一小盅。他舉起酒杯，十分抱歉地對兩位夫人笑了笑：「有椿生意，讓我心神不定，讓你們又胡思亂想，怠慢娘子們了。其實在生本來多子孫，生男生女催人老，我們為了家族的香火永續，都各司其職，我去賺錢養家，你們傾心盡力生兒育女，都做了貢獻。來，讓我敬你們一杯。」然後一飲而盡。

「朝騁鶩乎書林兮，夕翺翔乎藝苑」，李世珍乃飽學之士，「寂寂寥寥揚子居，年年歲歲一床書」，他終生沉湎於讀書，樂而忘憂，不知老之將至。古來名士皆有不惜重金收藏古書和文玩的嗜好，史稱「喜讀書，京津書客爭趨之」。清朝有山東楊氏「海源閣」、常熟瞿氏「鐵琴銅劍樓」、歸安陸氏「皕宋樓」、上海徐氏「積學樓」，天津橫氏也位列其中。

去年新購的糧店後街六十號，已修葺一新。這是一座經歷一百多年風雨的清代風格建築，占地兩畝多，宅院呈「田」字形，計有各種房舍六十餘間，每個院落分南北兩部分，各部又都有前後院。宅院沿街而建，坐西朝東。大門為「虎座」門樓，磨磚對縫，有極精緻的「百獸」鏤刻磚雕鑲在門楣之上。迎面有刻磚照壁，造型典雅。門樓南側為廳房，「進士第」、「文元」兩方大匾分別高懸門樓前和過道內，頗為醒目，具官宦氣象和書香典雅。

進得大門，前四合院，迎面有兩座磚砌垂花門，院內有相對的南北房各三間，東西房各五間。其前臉有「漁樵耕讀」木質結構裝飾。院子寬敞，右側為一小花園，有一木架，上爬滿藤蘿，四周用竹籬圍起，筱樓取名「意園」。春秋時節，他常坐在藤蘿架下，看書、飲茶、吸煙。

九月，秋高氣爽，七十二歲的筱樓悠閒地坐在「意園」藤蘿架下的漢白玉石桌前飲茶吸煙，不時看到十七歲的文熙和五歲的文濤，從眼前花徑跑過，他們手執線軸，拉著天上一鷂一鷹，快樂地笑著，使他那蒼白消瘦的臉上，浮著愜意和滿足的微笑。

筱樓親自掌管李家的錢莊及鹽業生意，憑著他的智慧和人脈，創造桐達李家最富有興旺的光景。筱樓在朝為官幾年，結交了不少官員，辭官後還常與他們交往。最要好的是清廷重臣、國之棟樑李鴻章。二人同科考中進士，又同朝為官，雖李鴻章小筱樓十一歲，但都飽讀詩書，滿腹經綸，又熟諳儒學，二人可謂志趣相投。大凡李鴻章到天津公幹或私行，總會到李家拜望，二人或對弈，或對酒，或對詩。李鴻章尤對筱樓興辦公益事業，濟民救災之善舉，大加讚賞。筱樓總是笑道：你在朝廷是股肱重臣，國之棟樑，我一個閒人，做此善事，所謂「君子莫大乎與人為善」而已。李鴻章忙舉起酒杯：「筱樓兄，韓昌黎云：『君子之於人，無不欲其入善』，該『褒其所褒』，讓我敬兄一杯。」

就在前幾天，暑熱難耐，李鴻章輕車簡從來到李宅，二人落座書房，會晤閒聊。

書房在後三合大院裡，東院有幾排房舍，便是聞名津門的藏書房李氏「延古堂」，珍藏宋、元、明、清珍本圖書，多是明代抄本、刻本，還有清代初刻本及稿本，共約五千冊部，集部古書占半數，凡「延古堂」藏書皆有「延古堂李氏珍藏」「身行萬里半天下」等鈐印章。李鴻章多次流連其書海之間，羨慕不迭。多年後，天津南開大學木齋圖書館編撰了《天津延古堂李氏舊藏書目》上、下兩冊油印本。

李宅兩院係四進五間，北有大約兩間半房舍，便是筱樓的書房。房間有當時最新潮的大玻璃隔扇，與「藏書房」、「延古樓」封閉嚴緊的門窗形成對照，這裡光線充足，冬日暖陽照進，明亮溫暖，花草綠紅爭豔。房門西南角，有一抱柱書櫥，筱樓將一些佛經和常看的古書陳列其上。旁邊設一香案，一尊玉佛，一宣德香爐，檀香嫋嫋吐著暗香。這間書房兼臥室是他接見親朋密友之處，李鴻章是這裡的常客。

此時李鴻章這位有爭議的人物，代表腐敗清王朝簽了不少喪權辱國的不平等條約，但他又精通洋務，支持洋務運動，擅長外交，使清王朝苟延殘喘地延續了幾年。作為一個執行者，由於所處的時代和形勢，他也很無奈。

清末，受西學的衝擊，康梁變法。同時，傳統的以王朝為中心的「政教」趨於衰敗，巨大的社會變革讓世人特別是李鴻章、李世珍對清王朝的政治體制也產生了懷疑。面對儒學理想的崩潰，亦官亦士的二李每到一起，談到混亂的時局，便深感迷茫與落寞。

洋務運動前後，李鴻章讀過嚴複的《論世變之亟》、《原強》、《救亡決論》等宣傳資產階級民主啟蒙思想的文章，讀過林紓翻譯的《巴黎茶花女遺事》。此次訪筱樓，與同科進士談到林紓的《興女學》、《破藍衫》等，他們都認為這是讚揚新學、攻擊科舉制度，與康有為、梁啟超正在醞釀的變法立場相近。二位進士興奮又謹慎地表達著作為傳統士人的道義和責任。筱樓談著竟背誦曹植的詩曰：「閒居非吾志，甘心赴國憂。」李鴻章擊掌以應。

§

讀書人多注重養生，筱樓年過七十，在當時算是高壽了。他一生注意「起居時，飲食節，寒暑適，則身利而壽命益」，六十八歲能傳宗接代。但先在官場後在商場勞碌，心動神疲，總會有損身體。多虧他略通醫道，有頭疼腦熱，自己開幾味中藥煎服，七十多歲尚硬朗。可是「人命不可延」也，因此，他要早為後事做準備。

一天，吃過午飯，他便叮囑家眷到他書房議事。與家眷議事，過去鮮有，七年前，在舊宅，為娶側室王鳳玲，他曾請夫人們到書房議事，他以李家人丁堪憂為由，說服夫人們。他是寬厚之人，並未責備三房郭氏未給他生個男丁，讓一直惴惴不安的郭氏感激得熱淚橫流。兩位夫人也都懂得「上和下睦，夫唱婦隨」，特別是關乎李家香火，茲事體大，都勸老爺早點兒將年輕的王鳳玲娶進李家大門，為李家繼香火，早生健康男嬰。見夫人個個通情達理，他很感動。家私不論尊卑，親親而尊尊，是他恪守的治家之道，就在他與王鳳玲洞房花燭夜時，張氏、郭氏每人都得到一對通體碧綠水頭極足的翡翠玉鐲，一套白金鏈掛紅寶石的時髦項鍊，掃除了她們心中的醋意。

三位夫人一路揣測議事內容，不久就來到明亮的書房。這裡除了王鳳玲，另兩位夫人很少走進此室。那寬大的玻璃隔扇，李鴻章贈送的高大的木座珍貴大鐘，另一同僚送的罕見的留聲機，讓她們目不暇接。

夫人們落座，筱樓把兩個兒子叫到跟前，放下手中的煙袋，等丫鬟給老爺太太斟上茶離去，議事開始。老人先在宣德爐裡燃上香，鄭重地口念「積善之家，必有餘慶，積不善之家，必有餘殃」。十九歲的文熙知道，父親講的是《周易．坤》中的句子。筱樓接著說，我李家世代積善，可謂以善傳家。福善之門尊美於和睦，今日要講的是兄弟和睦。李門近幾代一直單傳，老夫有幸得兩子，有必要說說兄弟關係。

然後對站立左側的文熙說：「熙兒，你為兄長，可知兄弟關係的重要？」

文熙略加思索道：「孩兒讀《顏氏家訓．兄弟篇》，記住『兄弟不睦，則子侄不愛』，懂得

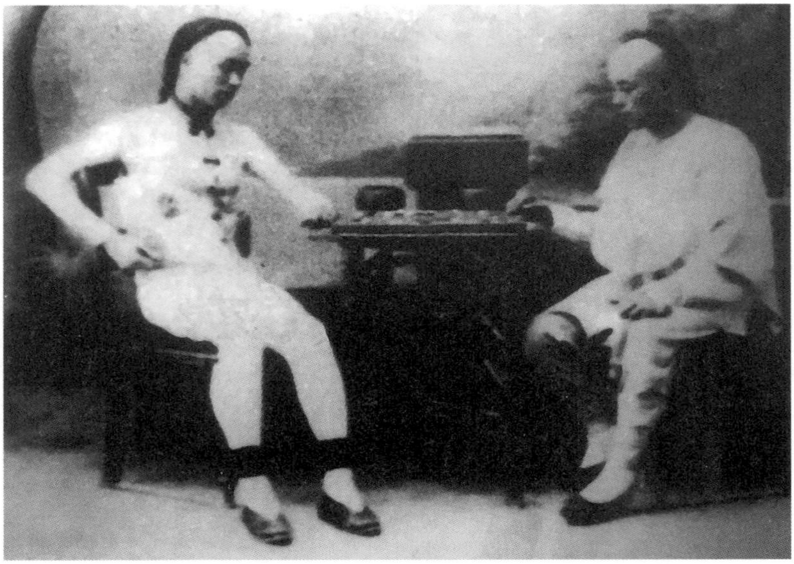

▲ 1905 年，李叔同（左）在天津與其兄文熙下圍棋留影

要愛護弟弟。」

老人微笑點頭，又問：「可會背曹植《七步詩》？」

文熙即背誦：「『煮豆持作羹，漉菽以為汁。萁在釜下燃，豆在釜中泣。本自同根生，相煎何太急？』孩兒謹記，不學曹丕欺辱其弟曹植，要做個愛護弟弟的好兄長。」

老人欣慰地點點頭：「熙兒長大了，懂事了，讓為父放心了。」然後撫著文濤的頭，說，「你也要尊敬哥哥和睦相處。」

那五歲的文濤，聽罷向文熙鞠躬道：「母親給我講《幼學瓊林．兄弟》，我記住『天下無不是的父母，世間最難得者兄弟』。母親還教我背王維《九月九日憶山東兄弟》，『獨在異鄉為異客，每逢佳節倍思親。遙知兄弟登高處，遍插茱萸少一人』，如我與哥哥分離，每到過節也會想念他鄉的同胞手足。」

老人驚喜地站了起來：「濤兒只有五歲，便懂聖賢之書，殊為難得。我原本想濤兒到六歲再請先生開蒙授課，看來濤兒早慧，現在便可請先生授課了。」

最後，老人站起身向三位夫人鞠躬施禮：「『愛子，教之以義方，弗納於邪』，你們深明大義，教子有方，辛苦了。立身行道，揚名於後世，以顯父母，孝之終也，老夫向你們致敬。」

夕陽西下，全家在西院花廳吃過晚飯，老人不要用人攙扶，自己慢慢經花園，往書房走去。他感到十分疲倦。近些日子，特別是入秋之始，他便有一種不祥之感。他記起劉徹的《秋風辭》，「歡樂極兮哀情多，少壯幾時兮奈老何」。一生順風順水、官場順遂、商界得意、家庭和睦、子嗣茁壯。但「死生有命」，「人命危淺，朝不慮夕」，誰能長生。歐陽修在《唐華陽頌》中說：「死生，天地之常理，畏者不可以敬免，貪者不可以敬得也。」人總要赴黃泉，因此他並不畏死。他感到滿意的是，他已將後事交代清楚了，今天議事向妻子和兩個兒子講清楚「常棣之華，鄂不。凡今之人，莫如兄弟」（《詩經．小雅．常棣》）的道理，文熙聽懂了。

回到書房，僕人已點亮房內燈燭，進屋，他深情地打量已經棲身一年多的房舍，備感溫馨。他徑直到香案前，整理衣冠，燃香插入宣德爐，像往常一樣，默誦《金剛般若波羅蜜經》。誦到「一切有為法，如夢幻泡影，如露亦如電，應作如是觀」時，他總會流下兩行老淚。誦經後，仍雙手合十，默立於金菩薩像前。病身最覺風露早，他的身體日漸衰弱，良醫不能措其術，百藥無所施其功。他明白，生者為過客，死者為歸人。雖說「雖死之日，猶生之年」，他還是留戀官場的榮耀、商場的富貴、美人的妖嬈。特別是文人那種「游仙半壁畫，隱士一床書」、「興闌啼鳥換，坐久落花多」的閒適隱逸生活，讓他戀戀不捨。

許久，他才命僕人去糧店後街的大佛寺請淨圓老僧。僕人聽命快步去了。

大佛寺是明神宗朱翊鈞所建，殿宇雄渾壯觀，前殿供奉佛祖釋迦牟尼，後殿塑一丈大佛一尊。寺院有僧人十多位，方丈法名淨圓，與筱樓關係甚好。筱樓常到大佛寺與方丈或談佛說禪，或評書論畫，或黑白對弈。

淨圓大筱樓兩歲，快步隨李家僕人來到他熟悉的書房，僕人撩起深藍色的門簾，將方丈讓進屋內，忙去廚房端來方丈愛喝的橘普茶，然後退去。

淨圓落座後，笑道：「施主讓老衲匆匆到府上怕不是單為喝茶吧？」

筱樓也笑：「老子曰：『不出戶，知天下，不窺牖，見天道。』方丈想必知曉我今晚請您到寒舍的目的了吧？」

淨圓在來李宅的路上從僕人口裡得知筱樓與家眷議事之事，心裡便明白了，笑對曰：「《孔子家語・顏回》說『一言而有益於智者，莫如預』。老衲料定，施主已為身後之事做好了準備。」

筱樓將自己如燃盡燈油一般的身體狀況說與淨圓，預感時日無多，想請淨圓吟誦自己朝夕課誦的《金剛經》，送自己西歸。

淨圓望著老友那雙再無往日神采的眼睛，點頭允諾，命李家候在屋外的僕人去大佛寺請來眾僧，從當晚開始誦經。

不久，眾僧趕到書房，淨圓開始誦《金剛經》，誦經聲驚動了李家大院，三位夫人攜文熙、文濤來到老爺的書房，見老人半躺在黃花梨木床上，目光黯然。張氏率先放聲痛哭，眾家眷也哭成一團，文熙拉著文濤跪在床前。老人吃力地揮了揮手，用微弱的聲音堅定地說：「我要安靜地離去，你們都退出去吧！」

眾家眷退出書房，躲在廊裡小聲抽泣。文熙、文濤跪在書房門前，淚流滿面。

秋夜，明月當空，花園裡的秋蟲淺吟低唱。從窗裡飄出木魚、石磬伴奏下的誦經聲，清晰、悠揚，「時，長老須菩提在大眾中，即從座起，偏袒右肩，右膝著地，合掌恭敬……」

屋裡，老人的呼吸伴著眾僧誦詠《金剛經》的聲音，漸漸微弱，乃至無聲，身子已僵硬地挺在床上。

忽然，藍色的門簾被輕輕掀開，眾僧一愣，見一高一矮兩個男孩子，手把手，莊嚴地走進屋，徑直到老人的床前。淨圓識得，這是筱樓的愛子文熙和文濤。

文熙見父親靜靜地躺在床上，雙手合十，雙目閉合，安詳如往常。然後，他轉向慈眉善目的淨圓方丈：「大師，俺爹真的歸滅了嗎？」

老方丈雙手合十：「阿彌陀佛，李進士子夜時分，就安詳地誦著《金剛經》乘鶴西去了。」

文熙拉過文濤：「來給大師磕頭。」

那文濤跪地，熟練地背誦道：「時，長老須菩提在大眾中，即從座起，偏袒右肩，右膝著地，合掌恭敬而白佛言：『稀有！世尊！如來善護念諸菩薩，善付囑諸菩薩。世尊！善男子，善女人，發阿耨多羅三藐三菩提心，應云何住，云何降伏其心？』佛言：『善哉！善哉！須菩提！如汝所說，如來善護念諸菩薩，善付囑諸菩薩。汝今諦聽，當為汝說。善男子，善女人發阿耨多羅三藐三菩提心，應如是住，如是降伏其心。唯然，世尊。願樂欲聞。』……」

滿屋眾僧皆驚訝，五歲幼童竟能如此流利地背誦《金剛經．第二品善現啟請分》，神童也。

老方丈撫著文濤的頭：「阿彌陀佛，文濤何時向誰學的《金剛經》？」

文濤如實稟告：「大師，平時總聽家父誦《金剛經》，昨夜我一直在門外聽眾師連續誦《金剛經》，便記住了。只是不懂，將來向大師請教。」

老方丈自嘆：「百歲無智小兒，小兒有智百歲！」

李世珍的祭奠儀式辦得極為隆重盛大，震驚津門。其同僚好友直隸總督李鴻章為其奠主，朝廷重臣馬三元將軍報門，這讓李家痛失老主人悲痛之時，又讓後人享盡榮耀。

胡宅梵《記弘一大師的童年》中，記錄了李叔同父親李世珍去世的情景。

> 筱樓公精陽明之學，旁及禪宗……公年至七十二，因患痢疾，自知不起，將臨終前病忽瘉，乃屬人延請高僧，於臥室朗誦《金剛經》，靜聆其音，而不許一人入內，以擾其心……公臨歿，毫無痛苦，安詳而逝，如入禪定。每日延僧一班或二班，誦經不絕。時師見僧之舉動……以後即屢偕其侄輩，效焰口施食之戲，而自處上座，為大和尚焉……

一九三一年，弘一大師由杭州到紹興戒珠寺，與徐悲鴻相晤。畫家為大師畫像後，請求允許為大師編纂《年譜》，大師這樣回答：

> 平生無過人行，甚慚愧，有所記憶，他日當為仁等言之。至二十歲前，陳元芳居士已得其略。年七八歲時，即有無常、苦、空之感，乳母每教戒之，以為非童年所宜。

上述兩例，證明李叔同童年時受其父影響，便有日後向佛的因緣。

第二章
有小忿不廢懿身，兄長開蒙教小弟

仁人之於弟也，不藏怒焉，不宿怨焉，親愛之而已矣。

——《孟子．萬章上》

家庭，是以婚姻和血緣關係為基礎的社會單位，也是傳統的宗法上的關係。筱樓乘鶴而去，文熙在十九歲時，按法統繼承了掌管李家的全權。自斯日起，只有他可對家裡的一切人事發號施令，一言九鼎，所有人都得無條件服從於還有些稚嫩毛躁的文熙指揮，他自己也努力擔負起對家的責無旁貸的責任。

深秋時分，他在父親的書房，坐在父親那把明代黃花梨木的太師椅上，開始處理錢莊鹽業買賣上的事務和家裡的瑣事。

買賣上的事務，有父親時任命的老人精心管理，平日帳房有關帳目清清楚楚，有重要情況，主管們會向他彙報，並提出建議，一般情況下，他總是勉勵由他們做主去做，商業運轉還算正常。但家務繁雜，讓他經常用心勞神。家裡有三位母親，還有眾多姐妹及小弟文濤，另有長兄文錦去世後的寡嫂及孩子。父親為文濤請的乳母劉氏也留在李宅。劉氏與一般乳母不同，不只讓文濤有足夠的奶水，還能讓他識文斷字，背誦詩詞和《名賢集》，使文濤從小受文化薰陶，父親十分滿意。宅內尚有十多個丫鬟和小廝聽差。在文熙看來，李宅就如《紅樓夢》的賈府，雜事何其多也。

他坐在太師椅上，自然不忘父親幾個月前在這裡議事的情景，他更不能忘記父親的囑託，要善待文濤。他曾想過要親自教文濤讀書，但他認為四娘與其他二位娘不同，她最年輕，與自己年紀差不多，又有家學，平日不多言語，與世無爭，看似溫、良、恭、儉、讓，但遇事沉穩，自有主見。儘管四娘在講尊卑的李府上地位不高，只是一個小妾，無法與張氏郭氏相提並論，特別是依照當時社會上的傳統觀念，她在李家上下只比丫鬟地位略高一些，即使母以子貴，文濤也是庶出，依然會被世人瞧不起。但四娘從不自卑自賤，這一點父親早就看在眼裡，特別是她年輕貌美又通文墨，再為李家添了個聰慧的濤兒，父親晚年一直與她同床共枕，院裡沒人敢輕慢她，文熙對此心裡明鏡一般。為了父親的臨終之囑，他骨子裡雖對四娘有所輕視，但從未流露出來。

為了文濤的教育，他專門到西院徵求四娘意見。進得四娘屋，看她和乳母劉氏正在為文濤拆洗棉被褥，讓濤兒冬天有暖和的鋪蓋，這原本是僕人丫鬟幹的粗活，那二位娘從來不親力親為的。

王氏見文熙來了，忙放下手裡的活兒，微笑著讓他進屋落座，又命丫鬟端上一盤西域馬奶葡萄，這是文濤舅舅剛剛送過來的。見文濤不在，他便開門見山，說起讓文濤讀書的打算：「四娘，我想讓弟弟早點讀書，由我教他，您以為如何？」

王氏聽罷，忙說：「老爺總說文熙讀書用功，學問好，由你執教最好不過。只是濤兒玩瘋了，你得好好管教他。」

文熙很認真地說：「四娘放心，兄弟一起讀書，如切如磋，如琢如磨，共同長知識。」

王氏道：「文熙引用《詩經．衛風．淇奧》這句話，可知你要教濤兒努力求學，又兼顧德行的砥礪，四娘很欣慰。」

正說著，文濤土猴般哼哼唧唧地撩起門簾進了屋。見文熙在，立馬跑過去拉著兄長的手，說：「哥哥何時帶我去大佛寺，見淨圓師父？他曾說寺裡那幾座石塔裡有幾位坐化高僧。」

文熙拉著文濤的手：「你五歲了，別淨想玩耍了，從明天起，咱就開班讀書了。」

王氏看著眼前的文熙，一如他的父親，消瘦的方臉上，流露出一種自信的神情，又多了些堅毅。

文熙從王氏西院出來，順便到另兩位娘那裡走動走動，嘘寒問暖，告知給小濤上課之事，兩位娘都很高興。特別是文熙生母張氏見文熙遵父命，善待弟弟，特別高興地說：「熙兒果然像個當家的。」文熙發現，每位娘那裡的果盤都盛著馬奶葡萄，認為四娘雖有剛強個性，卻能親近家人，且腹中還有詩書，可不能輕慢四娘。這與大宅門鄙視小妾的心態迥然不同。

§

文熙是個辦事心思頗為縝密的人。一個多月前，他就吩咐僕人，把「洋書房」收拾好，為課堂置兩桌兩椅，教與學者面對而坐。

這「洋書房」是筱樓專門仿西洋建築建造得非常洋氣的書房，與他的臥室兼書房的古雅相映成趣。「洋書房」陳設精緻，有從英國進口的皮沙發，西式桌椅，最為顯眼的是奧國租界駐津領事贈送的一架華貴鋼琴，為十八世紀的珍品。多年後，李叔同從日本留學回津，又將鋼琴改造了一番，成為津門一景，那是後話。

開課日，已是深秋。那天，東方旭日高升，文濤穿戴整齊，走進「洋書房」，只見兄長文熙已在面西的長書桌前嚴肅地正襟危坐。文濤按母親的吩咐，上前給兄長鞠躬，曰：「給先生鞠躬！」

文熙和顏悅色：「免了，落座吧！」

文濤忙坐在面東向著兄長的長桌後的木椅上。母親曾說過：「學問無大小，能者為尊。」兄長從父親那裡學了各類古代典籍，已是飽學之士了。文濤母親叮囑，「列士並學，能終善者為師」，務學不如務求師。他雖然尚不太懂其意，但他知道母親的話一定要聽。

文熙謹從父命，決定從責任、榮譽、孝悌方向啟蒙文濤。每日兩個小時，日課識字、寫字及蒙學書籍。授《千字文》、《玉曆鈔傳》、《返性篇》，由淺入深地講下來。第二日，要弟弟背誦。聰穎的文濤，總是流暢地朗聲背出。那個置於桌上用於懲戒的竹板，一次也沒派上用場。這種填鴨式的教學，竟有如此好的效果，讓老師很滿意。文熙在晚飯時，總會讓文濤給全家背誦大段詩文，聽童稚的背誦聲，大家會喜笑顏開，眾聲誇讚。

「人非生而知之者，孰能無惑」，文濤常常提出問題。文熙以歐陽修《吉州學記》之「善教者以不倦之意須遲久之功」自勉，盡力將問題解答清楚。

有時，文濤坐在書桌前，抬眼看到瘦臉嚴肅酷似父親的兄長，心裡總會有幾分親近，他聽哥哥的話。

文濤七歲時，偶讀《文選》朗朗成誦，文熙驚喜，全家異之。文熙深覺弟弟過於聰明，自己的學問只能給他開蒙。但「聞道有先後，術業有專攻」，面對七歲的文濤，他已力不從心，遂請先生輔導學習。他要做的是在「洋書房」詢問所學情況，或出題考問，督促他上進。

文濤九歲時，文熙得知文濤乳母劉氏熟讀《名賢集》，經常教文濤背誦「人貧志短，馬瘦毛長」、「高頭白馬萬兩金，不是親來強求親，一朝馬死黃金盡，親者如同陌路人」等啟迪年幼的文濤。那劉氏，雖不是名門望族出身，但其父飽讀詩書，科考得舉人，對愛女鍾愛有加，自幼授其《名賢集》。劉氏得父真傳，將《名賢集》學得深透，且頗有己見，為鄉里稱「女狀元」。劉氏授課是在四娘院裡的小書房，每到早晨雞鳴，伺候文濤吃過早飯，便在小書房講《名賢集》，王氏也天天到課。文熙能「不恥相師」，也常來聽課，有時請教疑難。學罷《名賢集》，九歲的文濤能背誦，能講解和發揮，所得甚豐。

文熙所學多為《論》、《孟》、《學》、《庸》，很少涉獵文學。文濤只能聽乳母劉氏的意見，從大儒常雲莊先生學《詩經》、《千字詩》、《唐詩三百首》。文濤很小就由母親教詩歌，詩成了他最先相交的文學讀物，一般情況下，他只能背卻不知其意，那平仄和韻律很讓他著迷。那沉浸濃郁，含英咀華的詩真正打開了他的文學之門。常雲莊先生引用清代葉燮《原詩》的話「詩之基，其人之胸襟是也」，及劉熙載《藝概·詩概》中的話「詩品出於人品」等語，告訴文濤「志高則言潔、志大則辭宏、志遠則旨永」的道理。

到文濤十歲，哥哥文熙又安排他學「四書」和《古文觀止》。「四書」即指《論語》、《孟子》、《大學》、《中庸》。文熙懂得儒學的核心是「仁」。「仁」講的是家庭的尊卑長幼，貴賤親疏的有差別的愛，這個「愛」體現在四個字上，即孝、悌、忠、信。此乃封建秩序上的「君君臣臣，父父子子」。在他看來，文濤必要懂得並做到「仁」。應維護他在李家的掌門地位。在表面上他會藏起這份私心，但內心深處，他的地位絕不容許挑戰。為此，他曾有些心虛，有些自責。

王氏愛憐幼子，卻從不溺愛。在教育上，王氏也毫不鬆懈，在日常生活上，也處處以儒家規範教育文濤。比如《論語》說「不撤薑食，不多食」，是她堅持讓兒子遵守的，她每天在飯桌上總要擺一小碟生薑片，給兒子耳濡目染的影響。有時，文濤站坐不端正，她就厲聲訓斥「席不正不坐」。她更經常傳授他「萬般皆下品，唯有讀書高」的古訓。用知禮、守孝、誠信、孝悌、慈善、忠厚、捨生取義、悲憫蒼生等儒學禮儀和規範要求他。

§

除了讀孔孟，知「仁」，他還涉獵道家學派的老莊。他尤其喜歡讀《紅樓夢》。別人讀《紅樓夢》多糾纏於寶黛的愛情故事，而文濤卻從愛情悲劇中讀出賈、王、史、薛四大富貴家族的興衰，悟出人世間的富貴不過是過眼雲煙，「貴富太盛，則必驕佚而生過」「富必給貧，壯必給老」。十歲這年，他在詩中云：「人生猶似西山月，富貴終如草上霜。」文熙讀後，驚訝於弟弟的早熟，更驚訝於他如此年紀就參透人生的本質，產生超然物外的思想，為此他感到駭然。

母親吟罷他的詩，更有一種不祥之感，小小年紀，便看破紅塵，讓她不安。她讀《紅樓夢》就不解，賈府給賈寶玉安排了一條功名富貴、光宗耀祖的錦繡之路，但賈寶玉偏偏厭惡、背棄了這條路，對富貴家庭表現出異乎尋常的冷漠，甚至挑戰。最後，遁入空門。這種不祥的預兆，讓王氏深感恐懼。

佛洛伊德認為，童年的經歷，會隨歲月的流逝而被淡忘或從意識層中消失，但卻頑固地潛藏於潛意識中，對人生產生久遠的影響。李叔同一九一八年拋妻棄子，告別紅顏知己，到杭州虎跑寺削髮為僧，並不是謎案，而是宿命，也與他的童年經歷有關。

文濤十三歲，即光緒十八年（一八九二），始學訓詁之學，讀《說文解字》。《說文解字》是文字學和文獻語言學的基礎，在中國語言學史上有重要地位，是東漢許慎所撰。它是研讀古代文化經典的一把鑰匙，掌握它，便可在文字的海洋裡徜徉。文濤學得刻苦認真，一生受益。

他還兼學篆書和隸書。他的書法和篆刻已有大家氣象，名動津門，被視為神童，求字求篆刻者絡繹不絕。

文熙見狀很高興，這畢竟是桐達李家的榮耀，作為兄長和師長的他，與有榮焉。

光緒二十年（一八九四），文濤十五歲，已經長成瘦高的白面書生模樣，走起路來快而輕盈。或許是太過用心讀書、習字的原因，他與外界聯繫不多，除偶爾到大佛寺去拜訪一下鬚髮皆白年事已高的淨圓方丈，與方丈談談書法，說說漢隸、魏碑、二王或聽聽他講經，或對弈，文濤與街坊的小友很少來往，沒有談天說地的機會，心裡很是孤獨寂寞。

這一年，在父親的好友李鴻章的安排下，文濤到京師遊歷了一遭。領略了古燕京的帝都風物，拜訪了父親曾任主事的吏部衙門。尤其讓其兄感到得意的是筱樓之子，受到榮祿中堂和王文韶揄揚。瓜爾佳榮祿是晚清政壇的重要人物，任文華殿大學士、軍機大臣，在戊戌變法等政治事件中扮演複雜角色。有這等人揄揚，桐達李家名震京津。在文濤看來，榮祿、王文韶揄揚，只是看在曾同朝為官的父親的面子上，做做樣子而已。但卻從此讓他嘗到了諸巨公絡繹不絕求字之苦。

回津後，文熙興高采烈地在「虎座」門樓前迎迓弟弟，並特吩咐廚房設宴為文濤洗塵。席間三位母親也都喜笑顏開，誇文濤有出息，其母王氏，很敏感地注意到，在她們的笑容裡，隱含著不屑。在桐達李家，庶出子女的地位是很卑微的，她感到悲涼。

時光流逝，轉眼間文濤就十七歲了。那是光緒二十二年（一八九六）。

他師從趙幼梅學詩詞，又師從唐靜岩習篆刻和刻石，同時請教徐耀廷。後，他「刻成的線條流利自然，有如閒雲出岫，別樹一幟」（《書法》一九七九年第六期），其宗秦漢，兼收浙、皖，並繼承了明末清初流派及徐三庚的字法刀法。但起步於唐靜岩之教。

春，他對天津減各書院獎賞銀為洋務書院之議不滿，曰：「照此情形，文章雖好，亦不足以制勝也。」

夏日，文濤以二十四頁之素冊，請唐靜岩師書寫鐘鼎、篆隸、八分書，以作拓本。唐靜岩按其請，寫畢送他，他視為楷模。後將其冊付印，名曰《唐靜岩司馬真跡》，署名當湖李成溪，唐靜岩為此作了後記。成為譜主集印之先河。

不學不成，不問不知。他懂得博觀而約取，厚積薄發之道，在師從唐靜岩學篆刻之時，他還向自家商號的帳房先生徐耀廷求教，徐精通篆刻之術。他通常是以書信形式向徐耀廷討教，書信之多，僅一年就寫了十七封《致徐耀廷信》，足見其求教之切。

§

俗語說「智者不愁，多為少憂」。文濤五歲開蒙至十七歲，十二年，他如一眼山泉，奔湧而下，漸漸匯成一條濺著浪花的溪流，它清澈又充滿靈性。從一個瘦娃長成高大挺拔的後生，散發著勃勃的青春氣息。十二年寒窗苦讀，他智慧的頭腦裡，積攢了經史子集、詩詞歌賦、金石書畫、佛道戲曲等豐富博雜的學問。

他的學識是融會貫通的，學習那些經史子集、詩詞歌賦，使他的心智如同重新鍛造、窯燒，化為自己的血肉，成為自己的學識。

又比如他的書法，「初學分布，但求平正，既知平正，務追險絕，既能險絕，復歸平正」（孫過庭《書譜》），「風神骨氣者居上，妍美功用者居下」（張懷瓘《書議》）。他曾學前人諸名家書法，又以張猛龍為主。但「學書在法，而其妙在人」（晁補之《雞肋集》）。文濤在十七歲時書法已見個性，絲毫沒了各大家的痕跡，自成無鋒、古拙、藏神、蘊骨、點線結合的獨特藝術風格。

光緒二十一年（一八九五），十六歲的文濤走進過去專門供奉文曲星的廟宇文昌宮。此時文昌宮由道光年間天津文化名人梅成棟（梅貽琦先祖）重建，改為「輔仁書院」。

一位先生見走進門的翩翩少年正是人稱「李雙行」的桐達李家的李文濤。

李文濤此年以優異的成績考入輔仁書院，學習八股文（亦稱制義）。該書院與當時的官學並無多大區別，以考課為主，並無坐堂聽課，每月初二、十六兩日考課兩次，一次為官課，一次為師課，分別由官方和掌教出題、閱卷和考評等級，為督促學業，讓貧寒者有機會求學，書院發給優者銀錢獎賞。李文濤已經熟讀經史詩文，再加天賦異稟，每次考課作文，他都文思泉湧，筆墨恣肆，因所發試卷尺幅有限，便在一格中書寫兩行，比別人的作文內容豐富，行文流暢，字跡又好，故得「雙行李文濤」的美名。幾乎每次考試，文濤皆得獎銀。歲月荏苒，書院更名為文昌宮小學。李文濤對輔仁書院印象深刻，後為該校譜寫了校歌：

文昌在天，文明之光。地靈人傑，效師長；初學根本，實切強；精神騰躍，成文章。君不見，七十二沽水源遠流長。

十六歲的文濤，這一年還繼續向他稱為五哥，也是李家帳房先生的徐耀廷學習篆刻和各體書法，準備兼學算術及洋文，有他當時寫給徐耀廷的十七封信為證。他在端午節前寫的第五封信中說：

今有信將各院獎賞銀皆減七成，歸於洋務書院。照此情形，文章雖好，亦不足以制勝也。昨朱蓮溪兄來舍，言有切時事，作詩一首云：

天子重紅毛，洋文教爾曹。萬般皆下品，唯有讀書糟。

此四句詩可發一笑。弟擬過五月節以後，邀張墨林兄內侄楊兄教弟念算術，學洋文。

由此，我們可以看到，李文濤年紀輕輕卻懂得順應形勢，既要精讀四書五經等傳統國學，又要在西風東漸中吸取新知和新文明，與朱蓮溪之短見殊為不同。

次年，十七歲的文濤隨唐靜岩習遍各書體。他的書法、篆刻受唐靜岩影響甚大。唐靜岩，原籍浙江，久居天津，書界名氣頗大。文濤以篆書題簽《唐靜岩司馬真跡》。

唐靜岩特為此冊作跋語：

李子叔同，好古主也。尤偏愛拙書，因出素冊念四帖，屬書鐘鼎篆隸八分等，以作規模。情意殷殷，堅不容辭。餘年來老病頻增，精神漸減，加以酬應無暇，以致筆墨久荒，重以台命，遂偷閒為臨一二帖，積日既久，始獲蕆事。塗鴉之誚，不免貽笑方家耳。

文濤二十歲時，到上海即刊印此冊，以紀念恩師。

十七歲時文濤亦學詩詞歌賦，主要師從津門名士光緒年拔貢趙幼梅，此師學識淵博，詩文俱精，著《藏齋詩話》、《藏齋隨筆》等。師從趙拔貢，這裡還有些淵源。早年其在天津鼓樓東「世進七第」姚家教書，即文濤二嫂姚氏之家。文濤與二嫂關係親密，常到姚家走動，便與趙幼梅相識，文濤慕其學識深厚，在文熙和二嫂支援下，就在姚家學館師從趙先生，主要學辭賦八股和古典詩詞。文濤深得唐詩宋詞的精髓，詩文大進。

一九〇一年，文濤回津探親，特拜訪眾恩師，其中便有趙幼梅。回滬後，他將北上探親見聞，以日記體寫成《辛丑北征淚墨》，以記洋人在華罪行，抒悲憤憂國憂民之情。出版後，寄給趙先生，趙為之題詞曰：「與子期年長別離，亂後握手心神怡。」

§

文濤由一個乳臭未乾的毛孩兒，已經長成一個玉樹臨風、滿腹經綸的成熟的男人了。有時與哥哥文熙一同出門，糧店後街的街坊看到兩個一般高矮，同樣消瘦的兄弟，就會想起他們的父親李筱樓，他們的長相似一個模子裡刻出來的，尤讓他們稱奇的是，他們爺兒仨的舉止風度也相似。桐達李家並未因李進士去世而衰落。

當然，在那個講究倫理尊卑的年代，小妾王氏所生的文濤，遠不如已執掌李家大權的文熙尊貴。文濤從小就聽到街坊稱他是小妾生的孩子，他們眼裡的鄙視給文濤幼小的心靈造成了深深的傷害，他曾到大佛寺向淨圓大師傾訴自己的委屈。老僧勸曰：「小惑易方，大惑易性，由他們去說。」

從此，聽到歹話，看到冷眼，他都一笑而過。

他從心裡感謝哥哥文熙，與之相處經年，他從哥哥的眼神裡只看到愛護和溫存。《孟子・萬章上》有「仁人之於弟也，不藏怒焉，不宿怨焉，親愛之而已矣」，哥哥做到了。他從心裡慶倖和感激。

他的母親王氏也深有感觸。當初她嫁到李家，生文濤時，二房張氏之子文熙尚小，十七歲的文熙執掌李家時王氏也只有二十五歲。在李家，丫鬟、僕人輕視這個小妾，但文熙一直以母視之，從不輕慢，有關文濤之事，多與王氏商議，從不獨斷。當然，在世俗社會裡，他們母子的尷尬處境也少不了經歷一些難以言說的苦楚。

桐達李家這條大船，在文熙這位少掌門的掌舵下，依然平穩和諧地前行，四房老老少少，二十多位僕人、老媽子、當差的日常開銷，還有李家遍及天津乃至擴展到全國各地的鹽業及錢莊等商號的生意，都落在文熙的肩上，臨危受命的文熙謹遵父囑，犧牲了個人的仕宦之路，已是秀才的他放棄科舉，以家族為重獨撐家業，既要關照弟弟的讀書進取，又要幫弟弟成家立業，可以說是桐達李家的頂樑柱。

文熙艱難地支撐李家這條大船，在風雨中前行，李家的家業才沒有因李筱樓的故去而衰敗，為李文濤後來的發展提供物質條件，使他成為中國文學藝術史上的奇才，佛教史上光芒四射的弘一大師，一個偉大的愛國主義者。

光緒二十三年（一八九七），文濤十八歲。

一日，文濤推開李家大院的西側小門，走進屬於他們母子的西院，剛進書房，小丫鬟翠兒過來，說夫人有請。

到母親房中，請了安，便垂手立於坐在太師椅上的王氏面前。還不足四十歲的王氏見瘦高的兒子一身長衫，便笑著說：「濤兒，我剛才與翠兒到大佛寺去進香，路上遇到對門的林嫂，她說你已長成大小夥子了，若我們娘兒倆走在路上，人們會以為是姐弟呢！」

文濤也笑：「林大媽是誇娘年輕，說兒『少壯幾時兮奈老何』唄。」

母親說：「娘是想借林嫂的話，說你已是成年人了。男大當婚，女大當嫁，娘得為我兒尋個媳婦了。」

文濤忙說：「古詩說『人生寄一世，奄忽若飆塵』，『遠而有光者，飾也，近而逾明者，學也』。

孩兒趁年輕還是再多讀些書吧。」

母親一臉嚴肅：「孩子，娘一直在想，如果你成了親，宅門裡，是不是會對我們母子倆好些？」

文濤從母親的話裡聽出她內心積鬱的傷感和苦楚，一個小妾受到的鄙視和屈辱，也一直噬咬著文濤那顆年輕而又自尊的心。

母子沉默了一會兒，眼神交匯，百感交集。

文濤對母親說：「孩兒聽娘的。」

王氏有些沉重：「娘不想逼你。」

文濤有些羞澀：「不，我願意。『關關雎鳩，在河之洲，窈窕淑女，君子好逑。』娘給兒子招來哪家的窈窕淑女呀？一來與孩兒共剪西窗燭，二來可給娘做伴，不讓娘寂寞冷落。」

王氏莞爾一笑，她知道，兒子早與天津伶人們來往密切，他經常去劇場聽戲捧場。他已是成年男人，與俊俏女人來往也是尋常事，只是她未點破這層窗戶紙，避免兒子窘迫，便一語雙關地說：「濤兒，其實早就想要個紅袖添香的佳人兒了吧？」這就把母子很嚴肅的談話變得歡愉而溫馨。

王氏問：「娘一直在為兒選媳婦。你可見過芥園大街俞家茶莊的女兒？」

文濤說：「孩兒沒太留意，只要娘中意，人家也中意，娘做主便是。《長生殿》不是有『意中人，人中意，則那些無情花鳥也情癡』的唱詞嗎？」

王氏說：「你還是見見俞姑娘吧，秦觀的《鵲橋仙》說得好，『金風玉露一相逢，便勝卻，人間無數』。」她知道，濤兒在外是很有血性的，但在自己面前總是百依百順，她懂得他的孝心。在婚姻大事上，她希望由他做主。她與李筱樓的婚姻不能算不幸，但一個少女與年過花甲的老人的婚姻畢竟讓她年輕守寡，淒涼度過後半生。她希望濤兒自己決定自己的婚事。接著說：「娘讀《古今小說・蔣興哥重會珍珠衫》，有句話說得好：『做買賣不著（不如意），只一時；討老婆不著，是一世。』還是濤兒自己選媳婦吧！」

文濤說：「相信娘會選個咱娘兒倆都喜歡的姑娘。」

王氏與文熙商量之後，定下這門親事，文熙還給弟弟拿出三十萬鉅款為結婚禮金（三十萬銀圓，在當時可建一座頗具規模的中學）。為親友們所稱道。

這一年的歲尾，紛紛瑞雪飄落之際，芥園大街俞家茶莊的長文濤兩歲的閨女俞容兒被八抬大轎在鼓樂聲中抬到李家大門前，兄長文熙、母親及眾人早就盛裝候在那裡，看著鳳冠霞帔的新娘子，被身著紅袍桂冠的新郎扶下花轎，眾人看到俞家閨女白皙端莊。

糧店後街桐達李家的這場婚禮，引起不小的轟動，親朋好友紛紛帶著各種禮品參加了婚宴。為文濤的婚事，其兄文熙，不惜錢財，將婚禮辦得隆重盛大，酒席間，文熙以李家掌門的身分接待來賓，禮數極為周到，讓人看到兄弟間「會桃花之芳園，序天倫之樂事」的和睦親密景象。

回到西院，夫妻到王氏房裡，再拜高堂，品容溫雅的兒媳讓王氏頗為滿意。她看到兒子面帶微笑，卻未見驚喜。從他的眼神裡她沒看到兒子將婚事看得多麼重要。她知道只要娘高興，兒子就心滿意足了。

進洞房時，文濤沒有太多激情，卻不失禮節。

與俞容兒一起到李家的還有一位從俞氏娘家帶來的陪房廖姑娘，廖姑娘一直跟著他們，直到文濤攜母與俞氏到上海時才辭掉。

第三章

寫《辛丑北征淚墨》，風流才子醉紅塵

變故在斯須，百年誰能持？——三國魏．曹植《贈白馬王彪》

光緒二十四年（一八九八），文濤十九歲。

婚後的文濤，與妻子俞容兒的日子過得很平靜。那俞容兒容貌端莊，侍奉婆母也很孝順，婆媳關係和睦。她也通文墨，有時也讀些《千字文》、《唐詩三百首》等詩文，有疑惑時去問婆婆，總被支到夫婿文濤那裡，正在準備科考的文濤會耐心為她講解。

農曆二月，文濤應天津縣學科考，在試卷正面填寫履歷時寫道：「文童李文濤，年十九歲，身中，面白，無須。曾祖忠孝、祖銳、父世珍。」成為研究李叔同的可信資料之一。

兩個月之後，戊戌變法，之前曾大量閱讀黃遵憲、康梁的文章，關注時局的文濤，受到社會新思潮的影響，傾向維新，支援以康梁為代表的變法，他曾說：「老大帝國非變法無以圖存。」他曾以上等壽山石鐫刻「南海康君是吾師」的私章，以自勵。

在興奮和期待中度過了五個月，京都傳來變法失敗，康梁亡命日本，譚嗣同斷頭喋血菜市口的噩耗，文濤不勝悲戚、失望，將「南海康君是吾師」的圖章緊緊攥在手中，仰天長嘯。

母親和俞氏，從嚴復在天津辦的支持康梁變法的《國聞報》上，讀到變法失敗的消息，明白文濤這幾天沉默悲憤的原因。她們不去勸說，只是在生活上對他照顧得更妥帖些。偶爾，在飯桌上，他會發些議論，認為康梁有些舉措不當，「慮善以動，動惟厥時」。他知道母親和妻子不關注時政，她們更關注本年的歲考，希望他金榜題名，繼承李家的榮光。結果，歲考卻取消了，雖然文濤並不在意，她們娘兒倆卻多了幾分惋惜。

就在這年八月，奉母親王氏之命，文濤離開李家那座有著虎座門樓的顯赫大院，隨母親和奶媽劉媽攜俞容兒到了繁華熱鬧的上海。

說是奉母之命，離開距燕京古城不遠的天津，去大江之南的上海，未免有些牽強。當立憲派康梁因行動失當，痛失大好局面，被慈禧整垮，或被捕殺，或亡命海外時，那個如同擺設的光緒皇帝也被囚禁在瀛台，失去自由和尊嚴。變法失敗，國家「無以圖存」。在距北京近在咫尺的天津，大清那腐朽的濁氣，讓文濤感到壓抑和窒息，他有了一個打算，便拉著俞容兒到母親房裡。先行了禮：「娘，您已看到了，北方的局勢，腐敗透頂，短時間，毫無希望。孩兒想離開這烏煙瘴氣的天津，到上海換個活法。您看可使得？」

王氏一怔，兒子的主張太突然：「到上海？那可是孫悟空一個筋斗方能抵達的遠方啊。」她看了看兒媳，俞容兒笑而不語。王氏不埋怨兒媳，在決定家裡的大事時，她是不便插嘴的，這是規矩。

文濤說：「萬里長江入海之處，是上海，得水利之便，早就成了南方富足繁華的大都會，人文薈萃，沒有北方的嚴苛的管制，故那裡已得西方之文明，新學、新事、新人，孩兒所學，是有用武之地的。難道這裡值得留戀嗎？」王氏見兒子早有準備，態度篤定，笑道：「凡事行，有益於理者立之，無益於理者廢之，娘聽濤兒的。」是的，自她以側室的身分進了李家大門，雖衣羅緞吃美食，身邊有人侍奉，衣來伸手，飯來張口，連奶孩子都由人代勞，又有老爺寵愛，母子應當說安逸得很，但在這個官商之家，「朝夕不怠，奉承雍容」處處得看主人的臉色，她在李家地位卑微，連老媽子小丫鬟都瞧不起她，她早已受夠這種失去尊嚴的生活，離開李家是她求之不得的。

兒子和媳婦走後，王氏心裡一直有所擔憂，文濤要去上海，得一家之主文熙拍板。若為此事兄弟傷了和氣，就違背筱樓臨終囑咐，是為不孝，文熙得一輩子受良心譴責，做娘的也對不起李家祖宗。

王氏躊躇了。

《詩經・小雅・常棣》將兄弟之情看得很重：「常棣之華，鄂不。凡今之人，莫如兄弟。」兄弟之情，是維繫家庭、家族關係的重要因素。「兄弟雖有小忿，不廢懿親」，文熙是個稱職的兄長，對文濤一直關愛有加。當文濤與兄長文熙談到戊戌變法失敗，歲考未得，想到上海法租界卜鄰里伯父李世榮那裡暫居時，文熙痛快應允，並告訴文濤，為他依例捐監生，以便明年直接參加鄉試。

擇了吉日，文濤扶著母親，帶著俞氏，及文濤的奶媽劉媽，登上天津的郵輪坐頭等艙出發去上海，盛夏之時，有海風吹拂，旅途中他們並未受天氣酷熱之苦。

§

上海法租界法馬路卜鄰裡是條南北對通的弄堂，石庫門建築分列弄堂兩側，文濤賃居於第三弄的石庫門中。石庫門石門高大，門內有兩層西式樓房，院內有寬敞天井。上海的石庫門沉澱著濃厚的人文歷史。

上海這座當時亞洲最繁華的南方大都會，果然一派新氣象，最讓文濤吃驚的，是天高皇帝遠，京津那種讓人透不過氣「不學牆面，蒞事惟煩」的腐朽皇權的肅殺之氣，在這裡不見了蹤影。這裡環境相對自由，百姓敢在市井、文人敢在報刊對朝政說長道短，評頭論足。

敢在戊戌變法時擁護康梁新政，將朝廷重犯康有為公開稱為「我師」，並鐫刻在壽山石上，又敢於喊出「老大帝國非變法無以圖存」的「異端」李文濤到了寬鬆自由的上海，如魚兒有了一片自由的大海，很快他就融入新的環境，對國家危亡的命運，表現得十分關切，放飛一種破除約束的解放精神。

其時，康梁的改良運動在上海得到很多人的贊同與支持，康有為的文學活動，主要在詩歌創作方面，主張「意境幾於無李杜，目中何處著元明」，反對吟風弄月的詩風，主張以詩反映社會生活。梁啟超是改良運動的宣傳家，光緒二十二年（一八九六）八月在上海創辦《時務報》，以變法圖存為宗旨。曾發行一萬兩千份，影響甚大。在文學方面，他提倡「詩界革命」和「小說界革命」，在上海掀起文學革命浪潮。上海的「城南文社」，就是一個在這樣的背景下誕生的文化團體。

光緒二十四年（一八九八）十月，經友人介紹，文濤與上海名士許幻園等人相識。他還加入著名的「城南文社」並與諸學大會試。會試題為「朱子之學出於延平，主靜之旨與延平異，又與濂溪異，試評其說」，副標題為「擬宋玉《小言賦》，以題為韻」。諸參試者之論文辭賦答卷，特由文社聘滬上理學名家孝廉張蒲友評卷，並列出名次。結果李文濤詩文俱佳拔得頭籌。文社後來舉行多次有獎徵文活動，李文濤都積極回應，以詩文相投，多是名列文社榜首，他得以初露鋒芒於上海文界。許幻園夫人滬上名媛才女宋夢仙曾有詩讚文濤：

李也文名大如斗，等身著作膾人口。
酒酣詩思湧如泉，直把杜陵呼小友。

「城南文社」設於南大門青龍橋側的「城南草堂」，此乃上海學界名人許幻園之居所，為適應滬上文界活動，許幻園在草堂辦起「城南文社」，他又另創設了規模更大的文化團體——「滬學會」。

許幻園為飽學之士，廣結文友，尤其欣賞才至滬上的文濤，特辟自家城南草堂一處醿紈閣，修葺之後，親書「李廬」匾額，掛在門上，誠邀文濤居住。文濤仰慕許幻園之博大胸襟，引為摯友，但考慮自家攜三十萬鉅資到上海，且上海又有自家的銀號，隨時可以東家的身分支取銀兩，何必麻煩人家。但最後在許幻園的誠邀下，還是攜家帶口搬進草堂，自稱「李廬主人」。從此與許幻園常在一起研究詩文，情誼愈深。王氏與俞容兒有了舒適的、有花有草的庭院，也頗滿意。

文濤在城南草堂與滬上名士多有來往，翌年便與許幻園、寶山袁希濂、江灣蔡小春、江陰張小樓志趣相投互換名帖，世稱「天涯五友」。結拜為兄弟的當日，五人同往照相館留影。人稱「天涯五友圖」。精神得到自由的文濤，面對鏡頭自有一種愉悅，只見他身材修長，身著時裝，玉樹臨風，極為灑脫，極精緻清秀的臉上二目炯炯。這張照片，給他的新生活留下了紀念。

他曾鐫刻一方印，印文曰：「父兮生我，母兮鞠我，拊我畜我，長我育我，顧我覆我，出我腹我，欲報之德，昊天罔極。」他要報答雙親，報效國家。

這方小篆大印，陽文碎邊花，極顯文濤篆刻之雋逸靈秀。

§

光緒二十五年（一八九九），文濤二十歲。

是年春，其在上海購得紀曉嵐甘林瓦硯，視若珍寶。紀曉嵐有《甘林瓦硯銘》，是他在嘉慶甲子五月十日記，時年八十一歲。文濤以醿紈閣主人之名，在《遊戲報》上發布《啟事》，以「甘林漢瓦」為題，向海內外各界名士徵求題詠。我們可從他與天津老友徐耀廷的信箚中見其事：

耀廷五哥仁大人足下：

……今冬仍擬出《瓦硯題辭》一書，印成當再奉鑒。印譜之事工程煩瑣，今年想又不能湊成矣。然至遲約在明春，當定成書……

此次徵求題詠，共得詩詞文賦三十三大題三十九首。僅選兩則：其一，為天津故人中營模範學校校長劉寶慈所作《甘林瓦硯歌》：

甘泉壯百俯雲暘，故宮開拓秦林光。
兩漢書家惜無考，淵源斯邈筆老蒼。
汾陰鼎沒銅仙泣，剩有殘瓦經風霜。
後來篆法失古意，魏之銅雀齊香薑。
河南尚書姸蒼雅，研墳索典凌班揚。
四庫書成纂總目，三千年事蔚文章。
當日詞壇炳麟鳳，蘇齋金石相頡頏，
芝英鶴頭辨奇字，超軼魏晉追夏商。
諸城相國有同調，硯材不取端溪良。
想見名流風骨峻，掃除俗好如秕糠。
芳躅清風久闃寂，銘辭完整松煤香。
叔同先生矜創獲，剡箋手拓錦綈裝。
君叢莫徒珍倒薤，英雄唐盡心激昂。
他年待草討夷檄，捷書一夜陳廟堂。

該詩說古論今，最後落在稱讚李文濤的錦繡文章上。

其二，是許幻園夫人宋夢仙為李文濤摹畫《漢甘林瓦硯圖》。畫上鈐「叔同過眼」印鑒，乃篆體陽刻，並制瓦硯原件拓片一件，後由李文濤將諸友題辭上下兩冊刊印出版，由「天涯五友」之一袁希濂簽題《漢甘林瓦硯題詠》為封面，題簽旁有「醾紈閣主李成蹊編輯」九字，扉頁有宋貞題字，署「八紅樓主」，內頁署「已亥十月李廬校印」。

此書為李文濤到滬上後出版的第一部書。

是年夏，格致書院公布夏季課案，題為「三十年來，我華人崇尚各種西藝，近今更甚於前。有先學其語言文字以為進身階梯者，有專賴翻譯成華文之書籍以資考索者，或謂日本仿效西法，已盡得其奧竅，如先學日文，以為學西藝者先路之導師，則不啻事半而功倍也。其說然否？試比較其遲速、利弊、得失之所在而詳言之」。

此課案的提出，反映出在改良運動興起後，西方文明對中國傳統文化的猛烈衝擊，文界新興力量開始對政治和文化進行思考、選擇。此課案不知出自誰人手筆，其意義重大，可視為「新文化運動」之先聲。

李叔同參加了此次徵文。次年公布結果，其未獲超等、特等，而得一等獎，第二十二名。未拔頭籌，非文墨不逮而是在西學東漸的形勢下，他的新文化尚不給力。僅以中國歷史證之，格局未免太小。

李叔同的參賽之文，只有殘存部分：

昔宋孝宗即位，詔中外臣庶，陳時政闕失。朱子封事，首言帝王之學，必先格物致知。是知格物致知之學，為帝王所不廢。然世之欲致其知者，往往輕視夫格物之理，抑何謬也……所以泰山之高，非一石所能積。琅琊之東，渤澥稽天，非一水之鐘。格物之理，微奧紛繁，非片端之能盡，此則人之欲致，夫知者所不可不辨也……語云：「通天地人謂之儒。」又云，「一物不知，儒者之恥」，其此之謂歟。

是年年底，李叔同作《詠山茶花》詩：

瑟瑟寒風剪剪催，幾枝花發水雲隈。
淡妝寫出無雙品，芳信傳來第二回。
春色鮮鮮勝似錦，粉痕豔豔瘦於梅。
本來桃李羞同調，故向百花頭上開。

右余近作《山茶花》詩也。格效東瀛詩體，愧鮮形貌之似。近讀東瀛山根立庵先生佳作，而拙作益覺如土飯塵羹矣。先生《詠山茶花》詩云「前身嘗住建溪濱，國色由來出素貧。凌凌雪知非青女匹，耐寒或與水仙親。豐腴坡老詩中相，明豔涪翁賦里人。莫被渡江梅柳妒，群芳凋日早回春」。己亥歲暮之月，息霜仙史成蹊。

讀山根立庵詩後而作，自謙「拙作益覺如土飯塵羹」。實則其意境，詩句多有婉約清麗之音，有秦柳風調，遠在山根立庵之上。

光緒二十六年（一九〇〇），李叔同二十一歲。

意氣風發的李叔同作《詠山茶花》，以和日本月友山根立庵之詩作。

二月春節，李叔同與母親、俞容兒及王媽在草堂醵納閣其樂融融地過節，年飯中有上海風味的菜肴，令吃慣北方飯菜的一家人感到驚喜。滬上文友登門拜賀，也讓李叔同應接不暇。歲月之匆匆，生命之短暫，他感慨良多，遂作《二十自述詩序》，陳述自己二十年生命之狀態，給人生做小結，文字間流淌著他的抑鬱之情：

墮地苦晚，又攖塵勞。木替草榮，駒隙一瞬。俯仰之間，歲已弱冠。回思曩事，恍如昨晨。欣戚無端，抑鬱誰語？爰托毫素，取志遺蹤。旅邸寒燈，光僅如豆。成之一夕，不事雕劖。言屬心聲，乃多哀怨。江關庾信，花鳥杜陵。為溯前賢，益增慚恧。凡屬知我，庶幾諒予。

庚子正月

此詩於一九一二年四月十五日發表於《太平洋報》，署名息霜。草長群鶯亂飛的江南春天，值好友許幻園生日，李叔同即興作《清平樂．贈許幻園》並有《題城南草堂聯語》。

「天涯五友」皆是上海灘文界名人，個個風流倜儻，他們的文化沙龍地處法租界。他們在一起吟詩作畫，食佳餚飲美酒，常招上海灘美媛名妓作陪，像上海名妓李蘋香、交際花朱慧百、評劇名旦楊翠喜都曾為他們紅袖添香。一些傾慕李叔同風度、才學的「青樓豔妓」，更是設法接近他們。當時的文社士子多流連於美人群裡尋歡作樂。城南文社，雖有高水準的詩詞唱和，但也有煙火氣的東西，如交際花朱慧百有詩曰：

如君青眼幾曾經，欲和佳章久未成。

回首兒家身世感，不堪樽酒話平生。

光緒二十五年（一八九九）十月，因李叔同贈詩滬上名妓朱慧百，朱又以一自繪山居扇面回贈李叔同，上並和原詩三絕句，並小序：「漱筒先生，當湖名士，過讀累日，知其抱負非常，感時憤俗，溢於言表。蒙貽佳什，並索畫箋，勉依原韻，率成三絕，以答瓊琚，敬請方家均政……」三絕中另一首：

> 斯人不出世囂嘩，誰慰蒼生宿願奢？
> 遮莫東山高養望，怡情泉石度年華。

從朱慧百三絕及小序中，得知李叔同與其熟稔，過從甚密。

我們從庚子年（一九〇〇）李叔同作的《老少年曲》，可以嗅到一些韶華匆匆，及時行樂的紅塵味道：

> 梧桐雨，西風黃葉飄，夕日疏林杪。
> 花事匆匆，零落憑誰吊？
> 朱顏鏡裡凋，白髮愁邊繞。
> 一霎光陰，底是催人老，有千金，也難買韶華好。

一個人往來於名士、文壇、美人、香楊之間，寄情於「九秋香滿鏡臺前」，少年意氣退去，心就自覺漸蒼老，於是選擇及時行樂，沉湎於酒色，放浪形骸於燈紅酒綠的上海灘。好在，李叔同尚存積極一面，不忘在學海泛舟。

是年四月，李叔同參與創辦「書畫公會」，設在四馬路楊柳樓臺，選「天涯五友」之一張小樓為會主。該會宗旨「提倡風雅，振興文藝」。辦《書畫公會報》，李叔同的書畫常在此刊載，如《醾紈閣李叔同潤格》、《李廬主人書法》等。

己亥之秋，將所收集的詩文編為《詩鐘江編初集》出版，有序言敘述在城南文社之雅集之趣，曰：

> 己亥之秋，文社疊起。聞風所及，漸次繼興。義取蓋簪，志收眾藝。寸金只玉，鬥角鉤心。各擅勝場，無美弗備。鄙謬不自揣，手錄一編，莛撞管窺。矢口慚納，佚漏之弊，無不免焉。尤望大雅宏達，綴而益之，以匡鄙之不逮云。
>
> 當湖息霜仙史識

到庚子年初，李叔同再為之作《李廬詩鐘自敘》：

> 索居無俚，久不托音，短檠夜明，遂多羈緒。又值變亂，家國淪陷。山丘華屋，風聞聲咽。天地頓益，啼笑胥乖；乃以餘閒，濫竽文社。輒取兩事，纂為儷句。空梁落燕，庭草無人。只句珍異，有愧問哲。歲月即久，儲積寖繁。覆瓿摧薪，意有未忍，用付剞劂。就正通人，技類雕蟲，將毋齒冷？賜之斧削，有深企焉。
>
> 庚子嘉平月

是年，李叔同自作《李廬印譜》出版，自作《李廬印譜序》，為近現代印論之重要文獻，至今無人能及。

其序曰：

> 繁自獸蹄鳥跡，權輿六書。模印一體，實祖繆篆。信縮戈戟，屈蟠龍蛇。范銅鑄金，大體斯得，初無所謂奏刀法也。趙宋而後，茲事遂盛。晁王顏姜，譜派灼著。新理泉達，眇法葩

呈。韻古體超；一空凡障，道乃烈矣。清代金石諸家，蒐輯探討，突駕前賢。旁及篆刻，遂可法尚。丁黃唱始，奚蔣繼聲。異軍特起，其章草焉。蓋規模秦漢，取益臨池，氣采為尚，形質次之。而古法蓄積，顯見之於揮灑，與諭之於刻畫，殊路同歸，義固然也。

不佞僻處海隅，昧道懵學。結習所在，古歡遂多。爰取所藏名刻，略加排輯。復以手作，置諸後編。顏曰《李廬印譜》。太倉一粒，無裨學業。而苦心所注，不欲自埋。海內博雅，不棄窳陋，有以啟之，所深幸也。

後《李廬印譜》稿一度遺失，此序一九一二年六月四日刊於《太平洋報》。或許是李叔同供稿，或許是朋友抄錄原稿供之。此無考證。

李叔同自幼習書法篆刻，桐達李家老帳房先生徐耀廷知識淵博，書法篆刻藝術造詣極深，其長李叔同二十歲，是李叔同書法篆刻的啟蒙老師，他傾盡心血，輔導李叔同書法篆刻，甚至讀書論印外，連購買石料、治印刀具，都恭而有禮地替少東家代勞。後李叔同又師從國學名士唐靜岩，得其篆刻藝術的精髓，從章法、布局、論印到賞印等方面悉心傳授，李叔同治印有秦漢、魏晉、六朝的氣度，且有自己的個性精神，為世人所稱道。

《李廬印譜》乃集李家所藏舊印並李叔同大部分自治之印，共四冊。從他於己亥年自上海致徐耀廷的信中可知，「印譜之事工程煩瑣，今年想又不能湊成矣。然至遲約在明春，當定成書」。他請求老帳房五哥在津代辦出書事宜，「緣滬地實無其人」。後徐耀廷請友人在天津印製《李廬印譜》，係用上等薄棉連紙對折，雙層內襯，開本長二四．五釐米，寬十三釐米，單面鈐印。李叔同在編匯書稿時，使五百五十五方印章排列有序，疏密十分得當。每冊封面左上端有淺黃色綾簽條，書之首尾皆留空頁，以備題跋之用。裝幀十分精美古雅，實為一部珍貴歷史文物。

《李盧印譜》四冊，因戰亂水火，蹤跡全無，令人嘆惋。

上蒼眷顧，後來在天津著名學者龔望先生家意外發現一部。龔望老先生學識淵博，德高望重，其書法篆刻更是高古奇絕，為津門泰斗。龔望老先生次子龔綬，於一九九四年春，擬為其父出版《書法篆刻集》，整理老父的書畫篆刻作品時，在老人的一個古舊書架頂端發現一個塵封甚久的泛黃紙包，上有毛筆書寫「印稿」二字。起初龔綬以為是父親的印稿，誰知，小心翼翼打開之後，發現裡面竟是三冊線裝印譜，是原印鈐印，印泥潤厚。其中一冊封面有《李叔同先生印存》的題簽，下署「無競」二字，為龔望先生別名。眾人驚叫起來。

經龔望先生苦苦思索，終於恍然大悟，云：「此為一九四〇年代，我在天津舊書市上購得，共四冊。」經反覆考證，確為《李盧印譜》無疑。當時興奮，便題簽了兩冊。此乃重要歷史文物，友人紛紛來賞。天津解放後，天津藝術博物館館長張老槐先生，多次懇請，弄去一冊，收藏於該館。

龔先生之子龔綬將家中三冊與天津藝術博物館收藏冊反覆比對，發現四冊用紙尺寸、裝幀完全一致。又經津門多位學者鑒賞，又到北京請專家鑒定，確認此四冊印譜就是李叔同之《李盧印譜》。

但歷史還是留下不少謎團。李叔同於庚子年由上海返津，親自將《李盧印譜》書稿帶回天津，交由徐耀廷出版，為何最終沒有出版，而書稿竟出現在舊書肆？一九〇五年，李叔同母親去世，李叔同回天津辦喪事，為何不順便詢問該書出版之事？五年後，李叔同由日本留學返津，徐耀廷尚健在，李叔同也沒過問《李盧印譜》出版及書稿之事？

可以肯定的是，《李盧印譜》書稿落在徐耀廷家無疑。

庚子年（一九〇〇）十一月十日，李叔同長子准出生。

§

光緒二十七年（一九〇一）至光緒三十一年（一九〇五），李叔同二十二歲至二十六歲。

辛丑年元宵節，詩友聚會於名妓李蘋香的香館，詩詞唱和，醇酒美人，有了子嗣的李叔同，已經習慣沉醉於大上海的燈紅酒綠的溫柔鄉。

深夜回家，上得樓來，母親在燈下為孫子縫製小衣衫，抬眼問道：「又到哪個女人家去了？」她的眼裡有些慍怒。

李叔同在外面以富家才子傲然行走，但在母親面前，總是恭順聽話的。他只好說實話，到李蘋香那兒去了。他娘知道，憑李家的背景，李叔同在上海有幾個相好的女子算不了什麼，但她不願兒子總往煙花巷裡跑，太丟身分。她不想傷害兒子，只好說：「與紅塵女子在一起填填詞，唱唱曲兒，喝喝酒倒也算不得什麼，但不能被她們的美色迷住，你得守住自己！」

李叔同：「娘，孩兒記住了。」

回到自己的房間，俞容兒已擁著兒子睡了。他悄悄去了書房。南國美人李蘋香那雙脈脈含情明亮深邃的大眼睛，楚楚動人的姣好身材，熱情而不失分寸的舉止，真的讓他迷醉，特別是她雖出身貧寒，認不得多少字，卻能讓飽讀詩書的他，如逢知己，二人相處極為和諧。而且，他已深深感到，這個滬上名妓已真的戀上了他。英俊的容貌，才子的風雅，乾淨而單純的靈魂讓她真心仰慕愛戀。在風塵裡遇到他怎能不讓她如醉、如癡、如夢。

他癡癡地想著李蘋香那雙明亮的眼睛，忽記起許幻園在酒席上提醒他曾答應為許幻園的新作《城南草堂筆記》作跋，該交卷了。於是他研墨潤筆，定神思索，然後鋪紙揮筆寫道：

云間許幻園姻譜兄，風流文采，傾動一時。庚子初夏余寄居城南草堂。由是促膝論文，迄無虛夕。今春養屙多暇，數日間著有筆記三卷，將付剞劂。竊考古人立言，與立德、立功並重。往往心有所得，輒箚記簡帙，並收並載。積日既久，遂成大觀。如宋之《鐵圍山叢談》、本朝《茶餘客話》、《柳南隨筆》之類。今幻園以數日而成書三卷，其神勇尤前人所不及。他日潤色鴻業，著作承明。日試萬言，倚馬可待。則幻園之學，豈遽限於是哉。

時在辛丑元宵後，余將有豫中之行。君持初稿囑為題詞。奈行李匆匆，竟未得從容構想。爰跋數語，以志欽佩。

當湖息霜仙史李成蹊漱筒甫倚裝謹識

「跋」中說的「余將有豫中之行」，很快就成行了。庚子之變，洋人憑洋槍洋炮克天津，破北京，慈禧狼狽逃離。家書中云，為安全起見文熙已率家眷躲到河南內黃避難。王氏與李叔同商議，城池百戰後，耆舊幾家殘，離亂中，親人流落異鄉，讓人牽腸掛肚，決定讓他去河南探望。

行前，李叔同向李蘋香告別，雖是小別，卻讓她悲戚苦痛。她用詩表達了自己的心情：

潮落江村客棹稀，紅排吹滿釣魚磯。
不知青帝心何忍，任爾飄零到處飛。

春歸花落渺難尋，萬樹蔭濃對月吟。
堪嘆浮生如一夢，典衣沽酒臥深林。

凌波微步綠楊堤，淺碧沙明路欲迷。

吟遍美人芳草句，歸來採取伴香閨。

當她將詩稿交給李叔同時，已流下兩行清淚。

李蘋香的詩很輕淺，但充滿了愛，有生死離別的悲痛。

李叔同將新填的一闋海上留別詞《南浦月》抄下給了李蘋香，詞曰：

楊柳無情，絲絲化作愁千縷。

惺忪如許，縈起心頭緒。

誰道銷魂，盡是無憑據。

離亭外，一帆風雨，只有人歸去。

名士之詞，自然與香閨裡的美人詩不同。美人惜情郎，只有濃濃愛戀，而名士之佳作，多有一腔家國情懷。請看李叔同離滬前寫的《辛丑北征淚墨》：

遊子無家，朔南馳逐。值茲離亂，彌多感哀。城郭人民，慨愴今昔。耳目所接，輒志簡編。零句斷章，積焉成帙。重加厘削，定為一卷。不書時日，酬應雜務。百無二三，顏曰：《北征淚墨》，以示不從日記例也。

辛丑初夏，息霜識於海上李廬

《辛丑北征淚墨》較長，不宜全錄，僅擇片段和幾首詩，便可見辛丑洋人禍國殃民的滔天罪行。也可見李叔同那種「賢者不悲其身之死，而憂其國之哀」、「感時思報國，拔劍起蒿萊」的愛國士子之心。

其途經大沽口，見沿岸殘壘敗灶，不堪極目，遂吟詩一首：

杜宇聲聲歸去好，天涯何處無芳草。
春來春去奈愁何？流光一霎催人老。
新鬼故鬼鳴喧嘩，野火磷磷樹影遮。
月似解人離別苦，清光減作一鉤斜。

至日暮，李叔同乘火車赴天津，路途所經，房舍大半焚毀。抵津，城牆已拆除。大風怒吼，夜不能寐，作詩云：

世界魚龍混，天心何不平！
豈因時事感，偏作怒號聲。
燭盡難尋夢，春寒況五更。
馬嘶殘月墜，笳鼓萬軍營。

天明，訪恩師趙幼梅，友人大野舍吉君、王耀忱君、上岡君，後攜四師友到育嬰堂合影留念。撫事感時，心多悲愴。

居津時，聞河南土寇蜂起，虎踞海隅，屢傷洋兵，也劫行人，「余自是無赴豫之志矣，小住二旬，仍舊棹海上」。後整裝返滬，宿塘沽旅館，長夜漫漫，孤燈如豆，填《西江月》一闋：

殘漏驚人夢裡，孤燈對景成雙。前塵渺渺幾思量，只道人歸是謊。

誰說春宵苦短，算來竟比年長。海風吹起夜潮狂，怎把新愁吹漲。

次日夕，登船，賦詩一首，盡寫洋人入侵後，家國一派凋敗，江河無盡的苦難：

感慨滄桑變，天邊極目時。
晚帆輕似箭，落日大如箕。
風卷旌旗走，野平車馬馳。
河山悲故國，不禁淚雙垂。

回到上海，母親妻子不勝欣喜。讓母親不解的是，他沒有去看李蘋香，而是閉門專注整理北歸中撰寫的詩詞日記，題以《辛丑北征淚墨》，由趙幼梅（元禮）題詞，五月出版，轟動黃浦兩岸，滬上名士搶購。

辛丑年夏，李叔同以李廣平之名報考南洋公學特班，被錄取。南洋公學係西安交大和上海交大的前身，一八九六年由盛宣懷在上海創辦，與北方的北洋大學堂皆為中國近代史上由中國人創辦的高等學府。特班主任為清翰林、後任北京大學校長、新文化運動的先驅之一蔡元培。蔡元培對李叔同後來成為嘉德懿行的文學家、藝術家和教育家有重要影響。

南洋公學一週年，特班全體同學合影留念，蔡元培居中坐，李叔同站其後。可惜，此照今已不存。

受其父兄影響李叔同一直想在科舉中求得功名。壬寅夏，李叔同以李廣平之名參加庚子辛丑恩正併科浙江鄉試，赴杭州。三場報罷未中，李叔同氣餒回上海南洋公學。鄉試雖名落孫山，但其兄為他捐了個監生。十月，格致書院公布十月課題，李叔同參考，年底公布課案，策論二十名，李叔同名列第七。又兩個月，格致書院課題，策論十二人，李叔同居第二。

癸卯年（一九〇三），李叔同二十四歲。年初任上海聖約翰書院教職。春譯《法學門經書》、《國際私法》，出版皆署名李廣平。

九月，心有不甘的李叔同又赴河南參加卯科鄉試，苦心等待張榜，結果仍榜上無名，只得悻悻返滬。科考不中，在滬格致書院幾次課題策論也不理想。

甲辰年（一九〇四），李叔同作《二月望日歌筵賦此疊韻》：

莽莽風塵窣地遮，亂頭粗服走天涯。
樽前絲竹銷魂曲，眼底歡嬉薄命花。
濁世半生人漸老，中原一發日西斜。
只今多少興亡感，不獨隋堤有暮鴉。

春杪，為友人鑠鏤十一郎所著《李蘋香》一書作序。

大約就是在這個時候，李叔同又結交了名妓謝秋雲。但他對謝秋雲的情感遠不如對李蘋香那樣專一深厚。青樓裡的風塵男女的情感並非沒有真情實意，有的甚至「之死矢靡它」、「願得一心人，白頭不相離」。所謂「戲子無義，婊子無情」之說，是一竿子打翻了一船人。李叔同之與李蘋香才子佳人，兩情相依，詩詞唱和，肌膚相親，靈魂乾淨。李叔同並無逢場作戲之想，他之所以不敢繼續下去，恰恰是因為李蘋香對他用情太專一，而他又不能給她一個好的歸宿。這種疏離也是七尺男兒的一種無奈。

七夕，他到了謝秋雲家裡，把酒言歡之後給她寫了一首詩：

風風雨雨憶前塵，悔煞歡場色相困。

十日黃花愁見影，一彎眉月懶窺人。
冰蠶絲盡心先死，故國天寒夢不春。
眼界大千皆淚海，為誰惆悵為誰顰？

這首詩很哀婉地寫了一個「情」字，其間有疏遠舊愛李蘋香的無限傷感，又暗示他與謝秋雲及其他幾個相好的美人楊翠喜、金娃娃等的「愛」註定是一場悲劇。

過了幾天，李叔同又找到風情萬種的金娃娃，軟軟地拉住她纖長的手，將一首《金縷曲》交給她：「金郎，送你首詞。」那金娃娃，懂詩詞音律，邊看邊唱：

秋老江南矣。忒匆匆。春餘夢影，樽前眉底。陶寫中年絲竹耳，走馬胭脂隊裡，怎到眼都成餘子？片玉昆山神朗朗，紫櫻桃，慢把紅情繫。愁萬斛，來收起。泥他粉墨登場地，領略那，英雄氣宇，秋娘情味。雛鳳聲清清幾許，銷盡填胸蕩氣，笑我亦布衣而已。奔走天涯無一事，問何如聲色將情寄？休怒罵，且遊戲！

《金縷曲》中有李叔同的自省，自視清高、才高八斗的正人君子卻混跡於煙花巷，這比起落入青樓以色相混飯吃的歌伎又能高貴多少？但他偏偏離不開美人的笑靨和香唇。

那是一九〇三年秋，李叔同赴河南參加癸卯科鄉試，路過天津小駐，一次到大觀園戲樓看河北梆子《賣胭脂》，見花旦楊翠喜，不僅身姿如月，面容姣好，且唱做俱佳，遂與楊翠喜結識，二人迅速墮入情網。楊是北京通州人，生於一八八九年，小李叔同九歲。十四歲在天津侯家後協盛茶園初登舞臺，其當時已出落得花容月貌，嶄露頭角，身價甚高。

李叔同初見楊翠喜即動情，二人有過一段短暫而濃烈的愛情，後因楊翠喜陷入清末政壇「丁未政潮」，一個坤伶，一位名流，人各殊途，李楊斷了關係。但那段感情，已刻在二人心裡，留在詩詞中。他在《菩薩蠻．憶楊翠喜》一詞中，表達了同樣的複雜矛盾心情。

燕支山上花如雪，燕支山下人如月。額髮翠雲鋪，眉彎淡欲無。夕陽微雨後，葉底秋痕瘦。生小怕言愁，言愁不耐羞。

曉風無力垂楊懶，情長忘卻遊絲短。酒醒月痕低，江南杜宇啼。癡魂銷一撚，願化穿花蝶。簾外隔花陰，朝朝香夢沉。

詞中，寫楊翠喜「額髮翠雲鋪」並稱「生小怕言愁，言愁不耐羞」，「夕陽微雨後，葉底秋痕瘦」，思念其額前「劉海兒」，手、頰、眉、弓鞋。更香豔的是「癡魂銷一撚，願化穿花蝶」。詞中充滿仰慕之情和浪漫情懷，想來讀此詞後，害羞的不只是楊翠喜，還有那些成不了國家棟樑、沉醉於溫柔鄉的讀書人。在浙江一師，年屆三十七歲的李叔同，作歌《早秋》時，又憶起了楊翠喜。

§

母親患了咳症，咳得李叔同心疼。每當他子夜前後從風月場中歸來，上樓時總是聽到母親斷斷續續的咳嗽聲，那聲音似乎是從他的身子裡發出的，「可憐的娘啊！……」

乙巳年（一九〇五）春節後，李叔同編新劇《文野婚姻》，在滬學會第一次大會即春節大會上演出。文界對此評價很高，但社會反響平平。

娘的咳病日漸加重，李叔同遍請名醫，有名的中醫、從日本來的大醫院的西醫，他都不惜重金請到家裡給娘診治。名貴的藥品，比如人參、鹿茸、杜仲、阿膠、知母、鬱金、柿霜……西藥、針劑，等等，皆用過，娘的病並沒有好轉。李叔同坐在娘的床邊，眼看著娘的臉日漸消瘦下去。娘偶爾睜開眼，凝視兒子片刻，便有兩行濁淚淌出，那黯然的眼睛，滿是疼愛，然後在一陣劇烈的咳聲中又閉上了。

有一刻，娘的嘴似乎在動，他握著娘的手，俯下身去傾聽，聽見「《金剛經》……」聲聲如遊絲。他明白，父親在生命的最後時刻請了大佛寺的僧侶在石磬和木魚的伴奏中，齊誦《金剛經》。他立刻反覆地誦起《金剛經》。娘的眼睛慢慢閉緊，手也越來越涼，他渾身一震，明白娘已靈魂出竅，他猛伏在娘身上，昏厥過去。

這一天是乙巳年（一九〇五）農曆二月初五，清晨寒冷，烏雲密布。

經與天津的二哥文熙商量，母親的靈柩要送回天津，安葬在天津東北郊，李氏祖塋。其過程並不順利，他將信發出後，因郵路漫長，二十多天後才收到兄長的回信，文熙依舊俗，很婉轉地表示：「在外地故世的家人遺體，依祖先舊規，不得安靈於家中正廳。最好另找一個地方安厝。然後覓地安葬。」接信後，李叔同覆信強烈要求兄長順應時代變化，尊敬亡者。提出「母親的靈柩必須供於大廳」，「母親是李氏家族最後一位尊長了，請兄長尊重死者的在天之靈吧」。

文熙通情達理，從善如流，即回信同意弟弟的建議。這也令李叔同對兄長的寬宏大量極為感激：「仁人之於弟也，不藏怒焉，不宿怨焉，親愛之而已矣！」按舊俗，李叔同喪母，要「守七」，即守靈七七四十九天。他憶起娘二十六個年頭的養育之恩，每日以淚洗面。他埋葬了李文濤、李成蹊等名，更名「李哀」。

在「守七」期間，李叔同編輯的《國學唱歌集》出版。其序曰：

《樂經》云亡，詩教式微。道德淪喪，精力熛摧。三稔以還，沈子心工、曾子志忞，紹介西樂於我學界，識者稱道毋少衰。顧歌集甄錄，僉出近人撰著，古義微言，匪所加意。余心恫焉。商量舊學，綴集茲冊，上溯古毛詩，下逮昆山曲。靡不鰓理而薈萃之。或譜以新聲，或仍其古調，顏曰《國學唱歌集》區類為五：

毛詩三百，古唱歌集。數典忘祖，可為於邑。《楊葩》第一。
風雅不作，齊竽競嘈。高矩遺我，厥惟楚騷。《翼騷》第二。
五言七言，濫觴漢魏。瑰瑋卓絕，正聲罔愧。《修詩》第三。
詞托比興，權輿古詩。楚雨含情，大道在茲。《摛詞》第四。
餘生也晚，古樂靡聞。夫為大雅，卓比西昆。《登昆》第五。

且看《國學唱歌集》出版廣告：

李叔同之新作《國學唱歌集》初編。
滬學會樂歌研究科教本，李叔同編，區類為五：曰《楊葩》、曰《翼騷》、曰《修詩》、曰《摛詞》、曰《登昆》。攄懷舊之蓄念，振大漢之無聲。誠師範學校、中學校最新之教本。初稿已出版，價洋二角。

原刊於《時報》一九〇五年六月六日

《國學唱歌集》，有其《哀祖國》：

小雅盡廢兮，出車采薇矣。豺狼當途兮，人類其非矣。鳳鳥兮，河圖兮，夢想為勞矣，冉冉老將至兮，甚矣吾衰矣。

後在《覺民》（一九〇四）九、五合訂本上，所發該歌，有所不同：

小雅盡廢兮，出車采薇兮。戎有中國兮，人類其非兮。明主不興兮，吾誰與歸兮。抱春秋以沒世兮，甚矣吾衰矣。

另收錄《愛》：

愛河萬年終不涸，來無源頭去無谷。滔滔聖賢與英雄，天地毀時無終窮，願我愛國家，願國家愛我。願國家愛我，靈魂不死者我。

此書與丙午年（一九〇六）之《樂令比獨芬（貝多芬）》、《昨非錄》、《嗚呼！詞章》、歌曲《隋堤柳》、《我的國》等，共同表達了李叔同關於音樂的獨特見解，表現出了他在音樂方面的高超水準，給中國樂壇吹起一股新風。

李叔同母親王氏的文明喪事，驚動了天津衛。《大公報》率先以《文明喪禮》報導此事：

河東李叔同——廣平，新世界之傑士也。其母王太夫人月前病故。李君特訂於（七）月二十九開追悼會，廢除一切繁文縟節，別訂儀式。

次日，《大公報》又發文《天津追悼會及哀歌》，將這次「新式喪禮」的內容公布於眾。喪禮備有西餐以饗來賓，及附三則《哀啟》；歡迎友人送詩文聯句，花圈花牌，但勿饋呢緞軸幛、銀錢洋圓；弔唁以致敬，行鞠躬禮；追悼儀式，喪家要獻致辭，來賓獻花等。同時，發表李叔同兩道《追悼李節母之哀辭》：

松柏兮翠蕤，涼風生德闈。
母胡棄兒輩，長逝竟不歸。
兒寒誰復恤，兒饑誰復思？
哀哀復哀哀，魂兮歸乎來！

當日，來賓雲集，有駐天津的各國使館人員，天津教育界、文化界的名流，竟達四百人之多。在追悼會中，李叔同眼含熱淚，袖戴黑巾獨坐鋼琴前，彈琴並唱悼歌，見聞者莫不垂淚。

李叔同為母親舉辦的追悼會，在媒體的宣傳下，開天津新潮喪葬儀式之先河，移風易俗，影響甚大。辦完母親的葬禮，告別兄長親友，李叔同攜妻子又由塘沽買舟赴上海。憑欄遠眺，海風吹拂，他的胸中思緒萬千。

處理完母親的喪事回滬，李叔同隨嚴修等率領的天津高等工業學堂學生赴日本考察與實習之行，一起乘郵輪前往日本。行前作《金縷曲．留別祖國並呈同學諸子》：

披髮佯狂走。莽中原，暮鴉啼徹，幾枝衰柳。破碎山河誰收拾？零落西風依舊。便惹得離人消瘦。行矣臨流重太息，說相思，刻骨雙紅豆。愁黯黯，濃於酒。

漾情不斷淞波溜。恨年來，絮飄萍泊，遮難回首。二十文章驚海內，畢竟空談何有？聽匣底蒼龍狂吼。長夜淒風眠不得，度群生那惜心肝剖？是祖國，忍孤負！

傷國家山河破碎，哀空談文章誤國，聽祖國蒼龍狂吼，期群生不惜犧牲，忠心報國，反映李叔同的拳拳愛國之情。詩人的情感複雜，就在此前不久，他作詩《為老妓高翠娥作》：

殘山剩水可憐宵，慢把琴樽慰寂寥。
頓老琵琶妥娘曲，紅樓暮雨夢南朝。

這首詩為老妓的年老色衰而嘆息感傷，一種悲憫之情，讓人戚戚焉。兩詩相互映襯，讓人對家國、人生的不幸無限感慨。

到日本後李叔同住在留學生會館並未直接申請入學，而是補習日語、學鋼琴。結識進步留日學生江蘇金山高劍公，為其創辦的《醒獅》雜誌繪製封面。並在該刊發表《圖畫修得法》、《水彩畫法說略》、《美術界雜俎》、《石膏模型用法》等文，可看出他對美術雕塑藝術的興趣和造詣。同時作詩《為滬學會撰〈文野婚姻〉新戲冊既竟，繫之以詩》（四首），其間他還經常參加東京日本漢詩界人士組織的「詩鷗吟社」、「聯吟賦詩」等文化活動。

大約是冬季，李叔同製作水彩畫《沼津風光》明信片寄五哥徐耀廷。

第四章　探賾求學到日本，美術戲劇動東瀛

人生到處知何似，應似飛鴻踏雪泥。
——北宋．蘇軾《和子由澠池懷舊》

到了光緒三十二年（一九〇六），李叔同已二十七歲。

一九〇五年歲尾開始籌辦的《音樂小雜誌》出版，李叔同作序，但未署名：

閒庭春淺，疏梅半開。朝曦上衣，軟風入媚。流鶯三五，隔樹亂啼。乳燕一雙，依人學語。上下婉轉，有若互答。其音清脆，悅魄蕩心。若夫蕭辰告悴，百草不芳。寒蛩泣霜，杜鵑啼血。疏砧落葉，夜雨鳴雞。聞者為之不歡，離人於焉隕涕。又若登高山，臨巨流。海鳥長啼，天風振袖。奔濤怒吼，更相逐博。砰磅訇磕，谷震山鳴，懦夫喪魄而不前，壯士奮袂以興起。嗚呼！聲音之道，感人深矣。唯彼聲音，僉出天然。若夫人為，厥有音樂。天人異趣，效用靡殊。

緊夫音樂，肇自古初。史家所聞，實祖印度。埃及傳之，稍事製作。逮及希臘，乃有定名（希臘人謂音樂為上古女神Maess之遺，故定名曰Musieal）。道以著矣。自是而降，代有作者。流派灼彰，新理泉達。瑰偉卓絕，突軼前賢。迄於今茲，發達益烈。雲滃水湧，一瀉千里。歐美風靡，亞東景從。蓋琢磨道德，促社會之健全。陶冶性情，感精神之粹美。效用之

力，寧有極歟！

乙巳十月，同仁議創《美術雜誌》，音樂隸焉，乃規模粗具，風潮突起。同人星散，瓦解勢成。不佞留滯東京，索居寡侶。重食前說，負疚何如？爰以個人綿力，先刊《音樂小雜誌》，餉我學界。期年二冊，春秋刊行。蠡測莛撞，矢口慚訥。大雅宏達，不棄窳陋。有以啟之，所深幸也。

嗚呼！沈沈樂界，眷予情其信芳。寂寂家山，獨抑鬱而誰語？矧夫湘靈瑟渺，淒涼帝子之魂。故國天寒，嗚咽山陰之笛。《春燈》、《燕子》，可憐幾樹斜陽。《玉樹後庭》，愁對一鉤新月。望涼風於天末，吹參差其誰思？瞑想前塵，輒為悵惘。旅樓一角，長夜如年。援筆未終，燈昏欲泣。

時丙午正月三日

該序形象地詮釋了《禮記．樂記》：「聲相應，故生變，變成方，謂之音」之深意。闡明音樂乃是一種用有組織的樂音來表達人們的思想感情，反映現實生活的藝術。

春，曾歸國，到天津為母掃墓。冷雨淅瀝，哀思綿長，淚眼蒙矓。見國家衰敗，民不聊生，遂作《喝火令．哀國民之心死》：

故國鳴鵾，垂柳有暮鴉。江山如畫日西斜。新月撩人透入碧窗紗。
陌上青青草，樓頭豔豔花。洛陽兒女學琵琶。不管冬青一樹屬誰家，不管冬青樹底影事一些些。

此詞係對「哀民心死」的形象呈現，江山破敗，社會凋敝，民生困苦，而另一世界，達官貴人卻夜夜歌舞，沉湎於酒色。兩極分化，令詩人沉痛憤慨。

回到日本，李叔同結束日語補習，改名李岸考入「東京美術專門學校」之油畫學科。遂搬到離美校不遠的下谷區上三崎北町三十一番地居住。

作為中國留學生中唯一專修西畫者，他接受了東京《國民新聞》報記者的採訪。發表時，還登了李叔同的照片：身著西裝，一頭濃密的短髮，英俊的臉上綻放出優雅的微笑。

不久，他又遷居到上野住宅區的一家公寓樓上。作為一個深諳中國詩詞的文人，他深深懂得詩畫間相互映襯的關係，他選擇繪畫並未離開詩境，如同他選擇音樂、戲劇藝術一樣，都是表達人類對世界的美的認知和美好的情感。

在這裡生活，李叔同漸漸日化，睡榻榻米，吃生魚片、飯糰，穿寬大的和服，足蹬木屐，說日語，早晨沐浴，吃茶，說話低語，見人彎腰，臉上堆著謙卑的笑容。但是美校卻全套照搬歐美教材，研究人體解剖學，真實地體現人體，這就使他的學習離不開模特兒。

李叔同在美校上人體素描課，或有一健壯的日本年輕男人，或有一略顯矮胖的日本中年女人，皆裸體站或坐在畫室前，供學生繪畫。

一天，叫李岸的中國留學生，請半老女人「阿卡密桑」（女房東）代他找一個年輕女人。她聽罷，對著這位風度翩翩的年輕房客一笑：「找藝伎？」年輕房客搖搖頭：「找健康好看的姑娘。」

老闆娘詭祕地笑道：「先生，戀愛得自己找。」

在搞清楚是找模特兒後，老闆娘挺熱情，但找的多是很普通略顯粗壯的女孩，李叔同看罷很失望。他只好自己找到職業介紹所，在職業介紹所門口他發現一個不足二十歲，衣著淡雅，素面朝天，身材姣好，氣質不俗的女孩兒，但她看起來不像是職業模特兒。他主動去打招呼：「姑娘，我是上野美校的學生，想請你做模特兒。」

那姑娘本來是到職業介紹所找工作的，聽罷有些驚喜，見面前的學生面目清秀，舉止文雅，她思忖片刻微笑道：「沒當過模特兒，如果先生看我行，那就試試吧！」

他們商定，姑娘每週六下午三點至六點，在李叔同私人畫室工作，薪金每次銀幣五元。姑娘聽罷有些吃驚。「啊？五元？」李叔同以為姑娘嫌少，就改口說「那就十元吧」。

姑娘忙說：「不，不，先生給得太多了，過去我父親在世時，在鄉下小學當老師，一個月工資也沒這麼多。父親酗酒死了，母親靠洗衣養活我們，供我們上學。你給五元，已足夠養活母親、弟妹。」

姑娘講話時，不卑不亢，其表情平靜、純粹，有東方的神韻。

這位叫雪子的姑娘，相信這位溫厚、嚴肅又熱情的中國留學生。

每週六下午，姑娘便上樓，走進李叔同精緻、寬敞的房間。這裡擺著不少新式傢俱，書架上有許多書，牆上掛著中國古雅的字畫，架上有古雅的青花瓷、金石等中國古董，還有鋼琴和各種樂器。這裡一切都顯得清潔、雅致。

工作前，他們對坐在日式茶几的沙發上，喝茶、閒聊，當他知道雪子姑娘在讀書、學音樂後，欣喜地說：「啊，繪畫、音樂不分，我們是同道！」便旁若無人地走到面窗的鋼琴前，彈起中國的《瀟湘夜雨》。整個房間便淅淅瀝瀝地下起瀟湘夜雨，雪子陶醉在入心的樂曲裡，如夢如幻。

琴聲漸遠，樂聲停頓，雪子：「先生，我怎麼稱呼您？」

李叔同：「我名李叔同，在美校稱李岸，你叫我叔同吧！」

一開始李叔同工作時，雪子坐在一張椅子上，眼睛望著樓外的白雲，似凝思似遐想。李叔同從側面看著這張美麗的面容，用炭筆在板上勾勒，雪子很聽話，按照他的吩咐，變換著角度和姿勢，當太陽西斜時，一張立體的雪子面容已呈現在畫板上。

下一次，他讓雪子捧著一本書坐在沙發上，雪子很鬆弛，窈窕的身材，長長的頸子優雅而白皙。一瞬間，他想起了彈琵琶的李蘋香。眼前的雪子姿態嫵媚，他感到雪子的美很自然，毫無脂粉之氣。畫完之後，他將素描拿給閃著明眸的姑娘：「雪子，你的姿態真美。」

姑娘審視之後，羞澀地笑道：「先生，你把我的胸畫得高了一些。」後來，畫穿著寬大的領口很低的和服的雪子，或身著睡衣的雪子。他說：「衣服少，才能顯現出年輕女性的身體曲線之美。」姑娘雖不好意思，還是按李叔同的要求去做。

畫裸體時，已到了盛夏。起初雪子猶豫，說：「先生，讓雪子完全裸露在一個非親非故的青年男人面前，你和我不尷尬嗎？」

李叔同正色道：「雪子，讓我這個凡夫俗子站在一個體貌美麗的裸體姑娘面前，我真的羞愧難當。但若是一個想當畫家的學生，為了學本領而畫裸體素描，我沒有羞臊之感。」

雪子：「先生鼓勵我為藝術獻身嗎？」十九歲的雪子，一個身心成熟的未經歷過戀愛的年輕姑娘，相信了眼前這個誠實嚴肅的美校學生。

雪子一開始有些不自然，當身上的衣褲一件件褪去時，她臉紅心跳，幾次之後，她就很坦然地做起裸體模特兒，很配合李叔同的要求。雪子的母親聽說後說，在西方，模特兒是一種很高尚的職業，沒有模特兒，美術很難發展。這與李叔同跟她講的中國畫的成就，以山水花鳥魚蟲為重，也有敦煌畫上栩栩如生的佛像、飛天，但普遍沒有人體的真實美感，很難表現人體的野性、血性和精神，是不謀而合的。雪子的面容燦若桃花，她那窈窕白皙如玉的胴體，有東方審美的一切妙處。當李叔同塗完最後一筆，當她美麗的軀體生動地呈現在油畫中時，李叔同久久凝視、沉默。

突然，他聽到雪子小聲溫存地問：「叔同，你在想什麼？」

李叔同聽到雪子稱他叔同，心裡一跳。充滿驚喜的雙眼，望著尚未穿衣的雪子。兩雙熱烈的眸子對視碰撞的剎那間，兩顆年輕的心迸發出火星，燃燒起來。

§

在美校學美術時，李叔同並未放棄他同樣鍾愛的戲劇。早在庚子年（一九〇〇）他回到天津時，就曾在京劇《黃天霸》中扮演黃天霸，到甲辰年（一九〇四）在上海再演黃天霸。在「滬學會」，他又編寫文明戲《文野婚姻》，應是中國早期話劇第一個成熟劇本。在朋友的引薦下，他認識了日本文明戲專家藤澤淺二郎先生。說來也巧，藤澤淺二郎也從上野黑田清輝教授那裡聽說過才華出眾的中國留學生李岸。李岸找到藤澤先生，表示要組建劇團演戲，請先生指教。藤澤先生告訴李岸，組建劇團容易，找幾個志同道合的朋友一說就成了。但演什麼戲就成了大問題。當下的文明戲，是從西方舶來的，與中國的傳統昆曲、京劇和日本的浪人戲、傀儡戲完全不同。京戲、昆曲透過固定的程式，用生、旦、淨、末、丑來表現人性，而西方戲劇如莎士比亞的戲劇是透過一群人表現人物的命運。

李叔同研究過西方戲劇，完全贊同藤澤先生

▲ 李叔同於 1907 年留學日本期間，出演《茶花女》之主角瑪格麗特劇照

的觀點，表示請先生多給他們指導和幫助。藤澤願意幫助他們，但他不得不告訴李岸，演戲是要有大量資金支撐的。李岸表示，這方面不成問題，只等先生悉心指導了。

李叔同、曾孝谷和一群年輕人組建的富有青春氣息的「春柳劇社」，於丙午年（一九〇六）秋天在上野誕生。

「春柳劇社」依次排演的是小仲馬的《茶花女》、美國斯托夫的《黑奴籲天錄》及雨果的《孤星淚》。而公開在東京「留學生會館」上演的是《茶花女》。丁未年（一九〇七）二月初，國內徐淮鬧水災，《茶花女》在東京留學界組織的賑災遊藝會上上演，李叔同飾演了劇中女主角瑪格麗特。

雪子讀過不少日本近代作家的書，當時日本文壇較為複雜，新理想派正在取代自然主義派。人道主義、享樂主義、唯美主義、社會主義頗為流行。雪子喜歡武者小路實篤的人道主義小說，大正時代唯美派之谷崎潤一郎的小說，她也讀過不少。她訂閱的《白樺》、《不二》兩本雜誌中，常有他們的作品。這之前，雪子對夏目漱石的《我是貓》愛不釋手，後來曾講給李叔同。

日本明治時期，歐美文學被大量翻譯到日本，以法、英、美、俄為主，像莫里哀、莎士比亞、歌德，俘獲不少日本年輕人的心，雪子在春柳社決定上演《茶花女》前，已經讀過不止兩遍《茶花女》，李叔同與之探討過如何將其搬到新式舞臺。雪子提出一定要忠於原著令李叔同大喜過望。改編劇本前，李叔同用中文，雪子用日語，朗讀全本小仲馬的原著。這部書講述的是瑪格麗特的愛情悲劇。她是一個出身貧寒的農家女孩兒，不幸在巴黎淪為娼妓，她厭惡賣笑的可悲境遇，渴望真正的愛情，後她與青年阿芒相愛，決心和他結成伴侶，但遭到阿芒父親的強力反對，最終在絕望中悲慘死去。每次朗讀，雪子總是淚流滿面，悲戚地倒在李叔同懷中。

在演出中，美麗而哀傷的瑪格麗特一出場便驚豔觀眾，掌聲四起。雖然早已熟悉李叔同，但雪子還是看呆了。她不僅被「女主角」嬌嬈的容貌和婀娜多姿的身段傾倒，更為其在風月場中舉手投足間表現出的內心的痛苦動容，李叔同的表演將這一細節把握得恰到好處。她為瑪格麗特落入風塵而悲，為與阿芒相愛而喜，當演到瑪格麗特絕望而死時，台下的雪子已哭得肝腸寸斷。

落幕時，李叔同睿智地引用林肯的名言做謝幕詞，高亢地說道：

> 只要有人的地方，絕不許有一半自由，一半奴役並存於世界。

台下的觀眾報以熱烈持久的掌聲……

落幕回到後臺，卸完妝的李叔同還沉浸在角色之中，回家路上，一輪冷月，幾盞路燈，他癡呆呆地走著。忽然聽到一聲「先生……」，他抬頭見一女子站在對面。他鞠了躬，想繼續前行，不料，那位美麗、修長、高雅的女子卻挎住他：「叔同，你太入戲了，我是雪子！」

雪子告訴他，她又讀了他推薦的小仲馬的《茶花女》原著，那個悲苦的瑪格麗特的命運多次讓她落淚。今天在舞臺上看到他飾演的瑪格麗

▲ 李叔同（臥床者）出演《茶花女》劇照

特彷彿就是書中那個可憐的女人：「叔同，你把瑪格麗特演活了，真讓我吃驚。」

李叔同坦言，他在上海結交過風月場上的女人，對她們的命運很熟悉。

雪子聽罷，竟能脫口吟出「十日黃花愁見影，一彎眉月懶窺人」，「陶寫中年絲竹耳，走馬胭脂隊裡」……那是他給滬上妓女謝秋雲和金娃娃詩中的句子。

李叔同苦笑：「雪子，我放蕩過，孤獨時我『聲色將情寄』。」

雪子癡癡地嫣然一笑：「叔同，以你的才情、英俊和闊少的身分，身邊有過幾個要好的女人，這不奇怪。我愛的正是你的真誠和才華。」

春柳社上演的兩幕劇《茶花女》，成為中國話劇藝術實踐的第一部話劇，應該也是中國話劇史上記載的第一次正式演出，雖只有兩幕（阿芒的父親訪問茶花女和茶花女臨終），但這足以對國內正在開始試驗的半戲曲半話劇形式產生決定性的影響。李叔同飾演的瑪格麗特是中國話劇史上第一個較為成功的角色。

當然，春柳社上演的《茶花女》及李叔同飾演的瑪格麗特，在藝術上是比較稚嫩的，而且此次演出也並非重在話劇本身，而是中國留學生為同胞賑災的一次義演。但中國話劇的第一次亮相，即產生如此大的轟動效應，中國話劇的最早實踐者李叔同和他的同學們感到振奮。

演出結束，日本戲劇權威藤澤淺二郎和松居松翁到台後表示祝賀。松居松翁在《芝居》雜誌上發表文章說：

> 中國的俳優，使我佩服的便是李叔同君。當他在日本時，雖僅僅是一個留學生，但他組織「春柳社」劇團，在樂座上演《椿姬》（即《茶花女》）一劇，實在非常好，不，與其說這個劇團好，毋寧說是這位飾演椿姬的李君演得非常好。裝扮雖簡單一些，卻完全是根據西洋風俗

的……尤其是李君的優美婉麗，決非日本的俳優所能比擬。我當時看過以後，頓時又回想到瑪德小劇場所見裘菲列表演的椿姬，不覺感到十分興奮，竟跑到後臺去和李君握手為禮了。

五月十日，天津《大公報》發表《春柳社文藝研究會簡章》和《春柳演藝部專章》並加《小序》，後又由《北新雜誌》轉載，春柳社在國內已有影響。《春柳社文藝研究會簡章》由李叔同執筆：

> 本社以研究文藝為目的。凡詞章、書畫、音樂、劇曲等皆隸焉。
>
> 本社每歲春秋開大會兩次，或展覽書畫，或演奏樂劇。又定期刊行雜誌，隨時刊行小說腳本、繪葉書之類（辦法另有專章）。
>
> 凡同志願入社研究文藝者為社員（應任之事務按月應徵之會員，另有專章）。其有贊成本社宗旨者，公推為名譽贊成員（無會費）。
>
> 無論社員與名譽贊成員，凡本社所出之印刷物，皆於發行時呈贈一份，不取價資。

因《春柳社演藝部專章》太長，此處略去。

客觀地講，李叔同及春柳社公演《茶花女》只是照搬小仲馬《茶花女》的片段，即第三幕。《黑奴籲天錄》則是春柳社在日本上演的第一部完整劇本的劇碼。

在接觸西方戲劇之前，李叔同只熟悉中國傳統戲曲的劇本和表演形式，到日本後，他瞭解了西方劇本和演出與中國傳統戲曲有迥然不同的審美意識和表現手法。須知，晚清西方文化東漸，西方小說和詩歌流入中國，但西方戲劇卻付之闕如。小仲馬的《巴黎茶花女遺事》，清光緒年間由王壽昌（曉離主人）口述，林紓（冷紅生）以文言文筆錄出版。小仲馬將之改編為劇本，一九二六年由劉半農譯成。春柳社一九〇七年公演《茶花女》，沒有現成劇本參照。李叔同只能參照小說中譯本的故事。當時，李叔同借鑒了日本劇壇把小說、故事等敘事文學改編成戲劇作品上演的經驗。可以說話劇《茶花女》是李叔同汲取中國傳統戲曲、西方戲劇和日本戲劇的營養而創作的中國最早的話劇。

六月，春柳社舉行「丁未演藝大會」，乘《茶花女》成功之勢，又演出《黑奴籲天錄》，並發表《演出趣旨》，再次轟動日本演藝界。

《黑奴籲天錄》在東京的上演，證明春柳社在話劇實踐中有了長足的進步。雖然，其受日本新派劇的影響明顯，但中國新戲劇元素顯著呈現，該劇是由李叔同的好友曾孝谷根據林紓翻譯美國作家史杜威夫人著名小說《湯姆叔叔的小屋》改編而成的。小說描寫了十九世紀中葉美國黑奴的悲慘命運及覺醒抗爭的故事。林紓翻譯此書時，正值《辛丑合約》簽訂，中國已徹底淪為半封建半殖民地。一直對大清忠心耿耿的布衣林紓，感到大清將危矣，「觸黃種之將亡」，故譯此書「振作志氣，愛國保護」。

據在日本留學、參與過春柳社戲劇活動的骨幹回憶：共同創辦春柳社的李叔同與曾孝谷都被《湯姆叔叔的小屋》所感動。於是二人共同策劃了劇本：表現黑奴的反抗精神，曾孝谷負責執筆編劇，李叔同負責舞臺美術布景設計。

至今未發現當年《黑奴籲天錄》劇本，卻留下了李叔同撰寫的節目單。其中有《春柳社開丁未演藝大會之趣意》及五幕劇情梗概，人物飾演者名錄也列在其中。

李叔同設計、製作的《黑奴籲天錄》海報，即《春柳社開丁未演藝大會之趣意》：

演藝之事關係於文明至巨，故本社創辦伊始，特設專部研究舊戲曲，冀為吾國藝界改良之先導。春間曾於青年會扮演助善，頗辱同人喝彩。嗣復承海內外士夫交相贊助，本社值此事機，不敢放棄。茲定於六月初一、初二借本鄉座舉行丁未演藝大會。准予每日午後一時許開演《黑奴籲天錄》（五幕）。所有內容之概論及各幕扮裝人名，特列於左方。大雅君子，幸垂教焉！

下面是劇中的角色分配：

莊雲石（法科學生）：飾喬治．謝爾比（白人），是黑奴湯姆叔叔的老主人。

曾孝谷（上野學生）：飾喬治的妻子。兼演勒格里（白人），湯姆最後的主人。

黃二難（上野學生）：飾海雷，喬治的債主（白人，黑奴販子）。

李濤痕（國文教員）：飾一個黑奴販子（白人）。

李叔同（上野學生）：飾埃米莉，萊葛立家的女奴。兼演聖克萊爾（白人），湯姆第二位主人。

歐陽予倩（劇校學生）：飾小海雷，販奴商人之子。

其他角色由春柳社員分別擔任。

劇情不多贅言，李叔同飾的埃米莉是一黑人女奴，因不堪忍受黑奴販子和白人主人的蹂躪和欺辱，曾設計逃亡，躲進森林，勒格里帶人和獵犬追捕時，又逃回來，藏在閣樓，勒格里懷疑是老湯姆參與同謀，將之毒打至死。後埃米莉與另一黑人女奴逃到一艘船上，到了加拿大，與家人團聚。

該劇的主人公是黑奴，黑奴的反抗壓迫是該劇的題旨，這種反抗已超出了黑奴反抗白人奴役的範疇。演員們演得很投入，目的是喚醒中國留學生乃至全體中國人，警惕日本多年來處心積慮地侵我疆土，企圖滅我民族的野心。

我們發現，曾孝谷之《黑奴籲天錄》，首先，將小說的主人公由多次被轉賣的湯姆改換成雖經歷悲慘命運但「性剛烈火、有才識」的喬治一家。其次，削弱了原小說的宗教色彩，強調了民族反抗精神。最後，結局改變，由湯姆被折磨至死，改成湯姆與喬治共同殺死奴隸販子，象徵只有鬥爭民族才能獲得自由解放。

該劇採用開放式結構，悲喜效果並出，從中可窺見中國人對戲曲熱鬧又感人的審美習慣。日本飯塚容在《被搬上銀幕的文明戲》一文中指出：春柳社之《黑奴籲天錄》創建了一種以「中國志趣與西洋情趣融合」的特色。

丁未年（一九〇七）春柳社公演《黑奴籲天錄》，受到中國留日學生的熱烈歡迎，兩日觀眾超過三千人，連劇場走廊也站得人山人海，轟動了東京戲劇界。日本《報知新聞》記者，對演出盛況做了熱情洋溢的詳盡報導，其中有「整個樓座站滿了人，甚至無立錐之地，其盛況令人驚喜」。

除了《報知新聞》，還有《東京朝日新聞》、《東京每日新聯》等日本報紙對《黑奴籲天錄》的成功演出也表現出極大的熱情。

繼《茶花女》初登舞臺，《黑奴籲天錄》演出成功，也在日本產生了影響，不僅中國留學生紛紛要求加盟，連日本本年輕人也積極要求入社，甚至有印度留學生申請加入。誰都沒有想到，中國戲劇運動會在日本率先破土。隨後，在其影響之下，上海的「春陽社」也萌芽了。天津的南開學校也展開了話劇活動。由此，正式揭開中國話劇運動的序幕。

客觀地講：「春柳社」和李叔同在話劇活動中取得的可喜成績，與中國傳統戲曲的滋養休戚相關。首先，李叔同在天津、上海研究京劇，飾演黃天霸，從中汲取其精華；其次，李叔同等人受日本戲劇改良運動及「新派劇」的影響，才取得這樣的成就。

一個心繫家國的知識分子，積極參與戲劇運動，自然不是為藝術而藝術的。李叔同早期的戲劇活動，是他關注家國、關注社會、關注民生的具體體現。

有些研究者說「中國的現代戲劇是從改編外國文學作品起步的」，認為這種跨文化改編現象貫穿了中國現代戲劇始終，並促進其發展和成熟，而且培養出大量的現代戲劇家，繁榮了現代戲劇運動。例如，歐陽予倩、洪深、田漢等，為現代戲劇家的代表。這種說法，從理論到實踐，有一定的道理，但過於片面。

中國現代戲劇是在中國傳統戲曲的滋養下才得以產生和發展的。比如，李叔同在日本成立「春柳社」改編演出《茶花女》、《黑奴籲天錄》時，就借鑒了昆曲、京劇等中國傳統戲曲的理念和表演形式。而且，李叔同轟轟烈烈地演出現代戲劇時，歐陽予倩還在日本讀書，後來才加入春柳社，至於洪深、田漢、曹禺，還沒登上現代戲劇的舞臺呢。另，有些研究者說，「中國現代戲劇史上第一個白話劇本是陳獨秀一九一九年發表在《新青年》上的《終身大事》」。而實際上李叔同在一九〇五年所編新的半傳統半現代文明戲《文野婚姻》，在上海滬學會第一次大會暨春節大會上演出，早《終身大事》十四年，早洪深一九二四年創作的現代戲劇《少奶奶的扇子》近二十年，早曹禺（演萬家寶）《少奶奶的扇子》二十一年。歐陽予倩認為中國話劇史上第一個由中國人自己創作的劇本，是李叔同的《黑奴籲天錄》（《歐陽予倩全集》）。

事實是，真正拉開中國現代戲劇序幕的，是李叔同。

中國現代戲劇史低估了李叔同對現代戲劇做出的卓越貢獻。

清政府的腐敗，導致百姓民不聊生，甲午海戰，日本對中國領土的覬覦，洋人以槍炮入侵中國，導致中國人民家園破壞、百姓塗炭，這都激發了他的愛國精神；母親因為小妾的身分被世人鄙視，他到上海見到底層婦女，特別是妓女的悲慘命運，對其產生的悲憫和同情，恐怕不只是憐香惜玉的情感。他積極籌備並演出《茶花女》、《黑奴籲天錄》，與他內心的反壓迫、反侵略、爭尊嚴、爭自由，及民族自尊與振興中華的理想不無關聯。

李叔同將戲劇視作他的人生，但當他發現用熱心和希望在舞臺上表演達不到預期目的，實現不了救國、救民、救己的理想時，他不得不離開戲劇事業，轉而追求超脫、逃避，最後成為一個苦行僧，希冀以宗教普度眾生。這是後話。

§

李叔同不僅在戲劇活動方面十分活躍，成績卓越，在東京戲劇界廣受推崇，作為東京美術學校西畫科唯一的中國留學生，其美術成績也令人矚目。其實，在考入東京美校之前，其美術天賦和素養就已顯現出來。

一九〇五年他發表在《醒獅》第三期（一九〇五年十二月）上署名息霜的長文《美術界雜俎》，就是一篇談美術藝術的專論，內容有「日本洋畫大家三宅克己氏」、「日本洋畫雜誌一斑」、「日本近日美術會匯記」等；還有「圖畫修得法」，分圖畫之效力、圖畫之種類、自在畫概說等三章；另有「水彩畫法說略」，分水彩畫材料、水彩畫之臨本兩章；另有介紹「石膏模型用法」四章。他在介紹學習西方美術藝術的同時，並沒有放棄中國美術的理論與實踐結合的傳統，而且其美術專論有自己的獨特見解。

李叔同很少談到自己在日本美校學習的具體情況，我們只能從他在日本創作的畫作中研究他在美術創作方面的成就。

李叔同最負盛名的油畫作品，是在東京創作的堪稱中國現代第一幅裸體畫的《半裸女像》。這幅油畫與李叔同早年向張兆祥、徐世昌、馬家相等「津門國畫」大家學到的國畫大相異趣。儘管李叔同所畫《為唐企林作山水》，已對「津門國畫」進行了「開放包容，穩健流變」的帶有「衝撞性」的改造，令人耳目一新，但畢竟還屬傳統中國畫。後來，從他的《美術界雜俎》一文中，可以看到西風東漸之後，西方文化、藝術理念已在中國生根發芽，如果我們看到他在《音樂小雜誌》上刊載的插圖，就可發現李叔同的美術思想由傳統向現代轉化的軌跡。

美校對油畫推崇備至，李叔同進入東京美術學校後，學習的是西方美術，特別是歐洲近古以來的油畫。為畫好油畫，李叔同認真學習人體素描，並請雪子做模特兒。天津故居的兩幅女性油畫及《半裸女像》，便是他與雪子合作的結果，而《自畫像》則是其自我寫照。

《半裸女像》曾參加東京美校的畫展，據說後來李叔同將其贈送給夏丏尊，夏曾掛於家中，後因其女嫁給葉聖陶的兒子，又將畫轉贈給葉聖陶，葉在中華人民共和國成立後，又將《半裸女像》交給中央美術學院。此說是否可信，待考。但真實的情況是，李叔同回國後，這幅油畫便再無蹤影，連李叔同自己也不知其所終。

二〇〇二年，杭州的李柏霖先生說在「雨夜樓主人」洪強家裡發現其收藏有包括李叔同在內的二十多位中國近代畫家的多幅畫作。他在杭州浙江一師學院學報《社會科學學報》（二〇〇二年第四期）上，著文《「雨夜樓」藏畫掃描》中，詳細介紹藏畫過程，並說其中發現李叔同五幅油畫、二十四幅水彩畫、五張素描。上面分別鈐「演音」、「息翁」、「白霜」、「叔同」等印章，並從畫風、畫材等方面考證，堅稱為李叔同真跡。接著有人也寫文認定「本次發現的畫作其真實性無須懷疑」。還有人著文云：從李叔同繪畫作品的存世件數與創作時間斷代、落款和印章、紙張和鏡框、繪畫風格之鑒別等四個方面對「雨夜樓」藏畫做出「真品」的結論。此消息讓美術界大喜過望。

但同時美術界也發表理性的與其針鋒相對的質疑和批駁文章。有人質疑洪強收藏這些長期旅居海外的畫家的珍貴畫作的可能性，有人指出鈐印、畫框、畫布皆可能偽造，不能作為依據。有人以《大煞風景的「雨夜樓」藏畫》為題，指出「這些畫作只是有大師們的簽名，又是用的老畫框、老畫布，是所謂的原裝貨，其實大謬不然」，「萬不能看見簽名就當作真跡」。

是耶非耶？熱鬧了一陣子後便沉寂下來。

馮夢龍在《古今小說》中說「著意尋不見，有時還自來」，到了二〇一一年，中央美術學院在整理庫房時意外發現了《半裸女像》。經由王璜生、李垚辰等專家研究鑒定，此乃李叔同畫作無疑，並著文《李叔同〈半裸女像〉的重新發現與相關研究》，用專業技術檢測手段，證明《半裸女像》為真跡，並認為「此畫作填補了中國近代美術史的一個空白，為中國近代美術史的進一步研究提供了重要的材料，為研究李叔同的藝術提供了珍貴實物」（《美育學刊》二〇一四年第四期）。

李叔同在日本創作的另一幅油畫《自畫像》是他的代表作。其畫高六十一釐米，寬四十五釐米，畫為橘黃色，右上角有李岸簽名。畫中人物留中分黑髮，蓄黑髭，身著學生裝，並不年輕，與李叔同飾演《茶花女》時的照片，判若兩人。

這幅受西方現代派影響的《自畫像》完成之後，在落滿夕陽的客廳兼畫室，他神情凝重，獨自審視。不知何時，雪子已站到他身後凝視許久，她說：「三郎，你有這麼蒼老嗎？」

李叔同回過身，眼裡充滿憂傷，望著雪子說：「雪子，你還記得前些日子我給你吟過的《簾衣》那首詩嗎？」

雪子當時用紙記錄了這首詩，她記住了，背誦道：

簾衣一桁晚風輕，豔豔銀燈到眼明。
薄倖吳兒心木石，紅衫娘子喚花名。
秋於涼雨燕支瘦，春入離弦斷續聲。
後日相思渺何許，吳蓉開老石家城。

李叔同淡然一笑：「你當時讀出我的思鄉戀國的滿懷愁緒，我今年已三十二歲，原本已老了。」

雪子雙眼含淚：「三郎，你的《老少年曲》，有『一霎光陰，底是催人老，有千金，也難買韶華好』句，誰能抵得過時光如流水？況三郎沒有虛度年華……」說著她撲到李叔同懷中。

窗外，下起細雨。

油畫《自畫像》與《半裸女像》皆是李叔同在日本東京美術學校讀書時的畫作，都是當時的經典畫作。誰都沒想到，它們竟都經歷了黯然失落，又在經歷了近一個世紀的沉寂之後，陸續重見天日。就在二〇一一年《半裸女像》意外被中央美術學院發現之後，僅過兩年《自畫像》由天津旅日同胞劉欣女士，在日本東京藝術學部資料館，查閱李叔同當年學生檔案時，意外發現。

這是上蒼對李叔同的特別眷顧。

李叔同擔任過「布景意匠主任」，對中國早期「新派劇」的舞臺美術設計的貢獻也具有開創性。他為《黑奴籲天錄》製作的海報，是用工筆重彩繪製的。海報以大中小三種字體端正寫上《黑奴籲天錄》劇名，並分別寫上劇本著作者、演員及飾演角色、各幕劇情、導演者、演劇啟事、演出地點時間，事項豐富，分列有序，構圖精妙，主意新穎，寓意深刻，特別有視覺衝擊力。

當大幕拉開，可見逼真的西方風格的寫實性布景呈現在觀眾眼前。演員的著裝、裝扮也基本西洋化。舞臺美術，使環境與演員及情節有機地結合起來，收到很好的藝術效果，受到熱烈歡迎。

§

戊申年（一九〇八）春，春柳社於橋萬町八番地常槃木俱樂部演出話劇《相聲憐》。九天後，中國醫藥會成立周年大會，會後春柳社演出由李濤痕剛剛創作的新劇《新蝶夢》。

到了一九〇九年，好友曾存吳（曾孝谷）回四川，李叔同準備寄明信片給他，背面畫了十二個頭像，各含一個「曾」字。

那時正逢盛夏。雪子彈完琴後到廚房端來一盤甜點，見李叔同正伏案在明信片上畫什麼，很好奇，一邊給他扇風一邊看，見明信片背後畫了十二個曾存吳的小頭像問：「三郎，你玩什麼遊戲？」

李叔同：「你好好看。」

雪子俯下身將一塊甜點送到李叔同嘴裡：「呀，這十二個小頭像都含一個曾字。虧你想得出。」

李叔同吃著甜點告訴雪子，中國詩有藏頭詩，中國畫也有藏字畫，藝術千變萬化。中國宋代詩人蘇軾曾說「出新意於法度之中，寄妙理於豪放之外」，意思是凡藝術出新必須遵守藝術規律。

雪子：「十二個不同的曾字，一張張相似的面容，大概對老友有太多的思念。」

李叔同：「我給你講過寫《七步詩》的曹植在《怨歌行》中有『今日樂相樂，別後莫相忘』的詩句，李白被流放夜郎，他的好友杜甫，寫詩《夢李白二首》，其中表達了他對朋友的思念，『故人入我夢，明我長相思』。中國的文人彼此是重友情的。」

雪子沉默一會兒：「三郎，其中也表達了你對你的祖國的思念吧？最近我發現你經常憑窗遠眺，有時還邊彈邊唱你作詞的《愛》（美國作曲家威廉·B·布拉德布里作曲）。」說著她便唱起，「愛河萬年永不涸，來無源頭去無谷。滔滔聖賢與英雄，天地毀時無終窮。願我愛國家，願國家愛我。願國家愛我，靈魂不死者我……」

兩人同聲唱起，李叔同抱住雪子熱淚橫流。

詩、美術、戲劇、音樂是無國籍的，但每個人都有自己的祖國。李叔同自從到日本留學，如魚得水，文學、藝術在西風的吹拂浸潤下，都收穫滿滿。他在日本已有相當的聲望，受到日本社會的普遍尊重。他已習慣日本的生活，結交了日本各界名流，而且孤獨時，又獲得雪子真摯的愛情。

李叔同是清醒的，他東渡日本，是來求學的，學成是要回國報效國家的。他的一生都與祖國血肉相連。他在辛丑年（一九〇一）回津探親，目睹洋兵侵我中華，塗炭百姓，有七絕一章，其中感慨殊甚，為「盡忠報國」，喊出「男兒若論收場好，不是將軍也斷頭」的英雄氣概和壯士心胸。從旅居日本，他便有無歸宿的擔憂。

自從東京美術學校畢業，他便考慮回國之事，有一個必須妥善解決的問題，就是雪子。他在東京留學七年，雪子作為美術專用模特兒和戀人一直伴在他的身邊枕邊，驅散了身在異國的孤獨和寂寞，已成為實際婚姻。作為一個愛國者，他不能留贅日本，而作為一個有情有義的男兒，他也不能捨棄雪子。最妥帖的辦法就是攜這位日本夫人一起買舟歸國。但是雪子是日本人，她同樣深愛她的國家和自己的家庭。

唱罷《愛》，李叔同擁著雪子坐在沙發上。作為夫妻，他們彼此太瞭解。雪子說：「三郎，你的沉重心事，雪子明白。畢業後，你在考慮回你的祖國，這是你的情懷和責任。」

李叔同試探地說：「雪子，中國和日本同文同種，你不介意我們的跨國婚姻，如果有一天，我帶你到中國生活，你怎麼想？」

雪子笑了，露出潔白的牙齒：「三郎，我知道你早晚會問這個問題。我們日本女性，對婚姻也很嚴肅，但沒有彼國『嫁雞隨雞，嫁狗隨狗』的封建倫理，日本人瞧不起中國人，雪子卻崇拜三郎。我有權選擇自己的伴侶，我愛三郎，就嫁給了三郎，當然也有權決定自己的生活。你們《詩經》裡不是有『我心匪石，不可轉也，我心匪席，不可卷也』，『信誓旦旦，不思其反』嗎？」

李叔同被雪子的這番話感動了，他把她抱得更緊：「『金風玉露一相逢，便勝卻，人間無數』。中國有七夕節，傳說七月七日，秋風乍起，天上喜鵲搭橋，讓牛郎織女相會一次，那時『柔情似水，佳期如夢，忍顧鵲橋歸路』，雪子，三郎不願只在七夕才能見到雪子呀。」

雪子：「《春雨物語》，是日本江滬時代的上田秋成寫的優秀小說，卷九《和歌魂》有首詩：『徘徊吾松原，心掛妹身邊，潮落淺沙灘，鶴鳴去復還』，說得有點像三郎此刻的心情。三郎一直在回避一個問題，那就是何時帶我去中國？」

李叔同：「我知道，讓你去中國，不只是你自己的事，你還要征得家庭的同意，所以我不好開口。」

雪子：「我早就與母親商議了，母親讓我自己決定去留，三郎，雪子一直等待你的邀請，不來不去呀。」

其實，她與母親商議時，母親並不支援她遠嫁中國，但又拗不過雪子，只好沉默由之。

李叔同：「不來不去！雪子在打禪機呢。」

雪子：「這麼高深？我隨便一說而已。」

李叔同：「來，生也，去，死也，不生不死，便了脫生死，入無生死地，豈不是禪機？」

雪子：「我們日本人相信天照大神，崇尚武士道精神，也講禪。但它太深奧，我一直不甚了了。」

李叔同告訴雪子，禪宗是中國佛教宗派之一，以靜坐默念為修行方法，相傳南朝宋末年由印度和尚菩提達摩傳入中國，至唐宋時極盛，後傳入日本。禪宗和尚說法時，用言行或事物來暗示教義，稱禪機，比如剛才你說不來不去，暗示生死，就是禪機。禪機有大智慧。沒說出塵世紛擾的平和寧靜。中國稱之為禪趣。

雪子：「三郎，世俗生活多自在，不必猜謎般說禪機。比如，瓜熟了蒂自然就落了。我們在上野相愛五年七個月，因為愛我願意隨三郎去中國，這個事兒，在法理上、在感情上，還有什麼問題？當然，離開故國家鄉親人，也令雪子傷心。」

李叔同再三斟酌，他已托上海的朋友代找了房舍，決定把雪子安排在上海居住。他對雪子說：「你到中國最繁華的上海去住，那裡比不上東京的先進和漂亮，但畢竟是中國最好的城市，而且我的朋友會幫我們安一個舒適的家。你是知識分子，音樂人才，我的文藝界朋友會安排各種文藝活動，不會讓你寂寞，而且他們巴不得儘快見到你這位日本美人呢。」

上海之於李叔同，是個重要驛站，他曾奉母攜妻到這裡居住，讀書交友釋放才華，進入文藝界，成為名人。在這裡他經歷了初為人父的驚喜，也遭到喪母的沉痛打擊，也是在這個花花世界，他沉緬酒色，出入於青樓妓館，在多位紅塵相好的溫柔鄉和詩詞唱和中，消耗青春歲月。李叔同把雪子安排到上海另有打算。他已有妻室兒子，按當時中國的世俗觀點，娶兩個夫人，不算什麼出格的事情，但俞氏和雪子同在一個屋簷下，多有不便，會傷害俞氏和雪子的人格尊嚴。他決定把俞氏和兒子接到天津老宅，他也在天津居住，並托友人找了工作。

即將動身回國，雪子回到京都向親人告別，李叔同望著遠去的雪子，心裡沉重起來。這個癡情善良的姑娘，只認定這一切都是前世註定，不會想到她將面對的生活……

李叔同到東京，是一九〇五年八月，孫中山先生同月也到日本創同盟會，從事反清革命活動，提出「驅逐韃虜，恢復中華，創立民國，平均地權」的革命宗旨。

在東京上野美術專門學校學習西畫、兼從事戲劇活動的李叔同，是否參加過同盟會，因缺乏足夠的證據而眾說紛紜。

夏丏尊在《弘一大師永懷錄》中，有「曾聯合留東同學曾延年、李道衡、吳我尊輩，創組『春柳劇社』……同時加入『同盟會』」。

許霏《我憶法師》中說：「弘一大師在家時，曾轟轟烈烈地幹過革命工作，為『同盟會』的老黨員，主持過《太平洋報》筆政，組『強學會』，對當時矛盾的封建社會口誅筆伐」。

容起凡在《弘一大師出家的研究》中說：「他又曾經在日本留學，目睹日本政治之進步及國勢之昌盛，自然遭受刺激，他的加入『同盟會』從事革命，是那時一般留學生和知識分子憂國憤時的熱情的激蕩和表露。」

李芳遠《哭亡師》曰：「孟憶菊云：『使李叔同繼續俳優，中國藝術界豈讓梅蘭芳、尚小雲輩露角耶？』而後加入同盟會，獻身革命。」

此四人著文言之鑿鑿說李叔同加入過同盟會，但皆語焉不詳，不知依何史料證據。又如許霏之說，更與事實不符，李叔同沒「主持過《太平洋報》筆政」，是葉楚傖為筆政，李叔同只是一般編輯，而

「強學會」也不是李叔同組建的，附會太多，不足以讓人信服。

到一九六三年，林子青為李叔同撰寫《年譜》，也未提到大師曾參加同盟會。次年，臺北學者陳慧劍寫《弘一大師傳》、一九六五年臺北學者劉心皇著《弘一法師新傳》也失之闕如。

改革開放後，在眾多有關李叔同的書裡，還是有人認為李叔同參加過同盟會。但都沒有確鑿的史料證據。多是引用他人的「回憶」。如果細讀一九九三年十二月福建人民出版社出版的《弘一大師全集》之《書信》部分，就會發現李叔同一千多封信，及所有文章中並無一言涉及同盟會及其相關人物。

另外，從臺灣一九五三年「中國國民黨黨史會」編的《革命文獻》有關同盟會（一九〇五—一九〇七）入盟會員及有關敘述來考證，一九〇五年至一九〇七年入會者九百六十多位，浙江省、直隸省（含天津）入會名單中並無李叔同（或李哀、李岸等）其人。這樣看來，在沒有發現直接證據之前，就斷言李叔同參加過同盟會，有些不嚴肅了。況且，參加或未參加，都與李叔同之思想、藝術、佛學、人格的成就並無關係。

第五章 攜日籍妻子歸滬，執教辦報入南社

遍地關山行不得，為誰辛苦盡情啼。——明．尤侗《聞鷓鴣》

佳期已定，四月春風和煦，日本的櫻花開得正盛，李叔同攜雪子登上英郵輪聖瑪利號，從神戶，經由太平洋駛向中國。

雪子第一次乘豪華郵輪出遊，但卻興奮不起來。他們憑欄遠眺，日本島漸漸消失在盡頭時，她落了淚，她很傷感地說：「離開家園，我已成為一個漂泊者，到異國去流浪。」

李叔同攬她入懷說：「中國古詩說『人生寄一世，奄忽若飆塵』，又說『人生天地間，忽如遠行客』。生命短促，如同遠行客，註定要漂泊。我作為客人東渡日本，雖背井離鄉，但我在日本求得了學問，又收穫了愛情。你到中國還會結識很多愛你的朋友，正所謂『相知無遠近，萬里尚為鄰』。」

雪子仰起臉：「三郎，你教我宋詞時，我記住辛棄疾的《定風波》詞中有『但使情親千里近，須信，無情對面是山河』。雪子有些擔心。」

表白海枯石爛永不變心，過於蒼白，李叔同兩眼直視雪子：「雪子應該相信叔同。」

海上風漸漸大起來，雪子濃密的黑頭髮在風中飄飛。他們到大堂餐廳，靠窗隔小桌相對而坐。李叔同要了一瓶日本的白鶴清酒，一盤清蒸鱈魚。雪子堅持點了一瓶中國茅台和一碟火腿筍丁。

李叔同笑道：「中日合璧。」

雪子也笑：「夫唱婦隨。」

李叔同喝了兩杯清酒。清酒酒精度最高才二十度，平常多是十三度、十五度，用糯米釀造，清香可口，在日本這麼多年，他已習慣此酒。而雪子卻偏偏喜歡上李叔同由天津運到東京的茅台酒，醬香、濃郁，她喝了多半杯，飄飄欲仙。

李叔同明白，雪子離開日本，心情複雜，為了不讓戀人失望，她沒有流露出太多的傷感。借酒澆愁，也是一種無奈。

他扶雪子回頭等艙臥室，抱她到床上。他坐在有檯燈的小書桌前，打開從日本帶回的第二期《女學生》雜誌，上面繼去年刊發他的《藝術談》（十），本期刊登《藝術談》（二），主要談美術的焦畫法、炭畫法。《女學生》係上海城東女學校刊，改報紙為雜誌。他正在醞釀的《藝術談》（三）主要是關於普通圖教育、圖畫與教育之關係及其方法等，《藝術談》是中國藝術界最早的帶有個人觀點的關於西方美術的評論和實踐。李叔同很重視。

相當現代化的英國聖瑪利號郵船很快就在上海靠了岸。李叔同的朋友已在碼頭迎迓。然後早已安排好的汽車把他和雪子及行李送到法租界海倫路一棟小樓裡，這是李叔同與雪子的舒適住宅。朋友們把行李放在擺滿全套西式傢俱的客廳，那裡靠南窗下為雪子準備的一架西洋名貴鋼琴最為顯眼。

他們休息的間隙，前兩天雇好的用人已用精緻的茶碗為眾人送來李叔同最愛喝的茉莉花茶。稍事休息，眾人就擁著李叔同和雪子來到地道的寧波菜館「香滿樓」。

從此，海倫路上的這棟小樓便常常飄出悠揚的鋼琴聲和婉轉動人的歌聲。

§

重返上海，各方文友皆來拜訪，詩成有共賦，酒熟無孤斟，李叔同和雪子更是「花徑不曾緣客掃，蓬門今始為君開」，這裡似成一文化沙龍。滬上青樓裡的那些紅粉知己苦苦相邀，李叔同偶爾約會昔日相好金娃娃、謝秋雲諸人。重溫「走馬胭脂隊裡」的「歡場色相」溫柔之鄉，「休怒罵，且遊戲」。但是，別離七年，佳人們或人老珠黃已離風月場，或殘花敗柳羞於見舊人。這讓已三十二歲的李叔同想起乙巳年（一九〇五）所賦《為老妓高翠娥作》詩：「殘山剩水可憐宵，慢把琴樽慰寂寥。頓老琵琶妥娘曲，紅樓暮雨夢南朝」，便有「浮生若夢，為歡幾何」的無限感慨。

一天，傍晚時分李叔同微醺歸來，雪子把他攙扶到沙發上，斟上茶。他走的時候，說是應朋友之邀去赴宴，不帶雪子，是因為上海文人吃酒常請紅粉女郎或交際花助興，席間的打情罵俏，摟抱親暱的放蕩行為，怕她不適應。雪子笑道：「是呀，當著雪子的面，你怎麼與昔日的老相好親熱呀。三郎你去吧，七年離別，你教我的《古詩十九首》裡有『盈盈一水間，脈脈不得語』。見見面，敘敘舊很正常啊！」

李叔同帶著些微醺和愧疚回來，並未見雪子的不滿，善良又解風情的雪子讓他落了淚。

他匆匆離滬赴津後，這棟小樓只有那架鋼琴陪伴雪子，孤獨和寂寞籠罩了這裡。月色溶溶夜，花陰寂寂春，雪子獨自彈琴、唱歌，常常思念三郎，思念家鄉，常常在細雨綿綿的長夜欲哭無淚……

北方的春天來得稍晚一些，但到了四月，伴著和煦的春風，桃花梨花相繼開放，也是春光明媚。

李叔同應直隸模範工業學堂之邀，乘船抵達天津碼頭。走下舷梯，他驚奇地發現，碼頭上竟有一群歡迎他的親友，身材瘦高笑得燦爛年逾四十的兄長文熙最為顯眼，他率全家人包括手上牽著兒子，臉上浮著恩愛笑容的俞氏，及朋友在那裡迎候，多年離別後的相見，親親而尊尊的血肉親情，「知君命不調，同病亦同憂」的知己友情，讓李叔同很激動。

李叔同與家人及朋友分乘幾輛歐式馬車，回到闊別近六年的家。途中，兄弟同乘一輛車，中國人當時尚無擁抱禮節，同父異母的兄弟二人緊緊握著手，彼此都深深地感受到「會桃李之芳園，序天倫之樂事」的手足之情。

兄弟二人因性格不同、人生經歷不同，對一些問題的看法難免會有一些歧異。比如灑脫又執拗的李叔同對兄長的處世哲學並不認同，他認為文熙比較功利，有攀權倚貴之嫌，便如實相告。而文熙認為李叔同只關心文藝不愛惜金錢，花天酒地，對此他心有不滿，也曾委婉地告訴李叔同。人與人之間有分歧是正常現象，李氏兄弟互相坦誠相告而不鬩於牆，實在難得。

李文熙執掌李家經濟，管理錢莊鹽業買賣，古人云「天下熙熙，皆為利來，天下攘攘，皆為利往」，「日中為市，致天下之民，聚天下之貨」，原本就是功利，不謀財害命，取之有道，又何錯之有？李叔同從出生到削髮為僧，一直過著尊貴享樂的生活，沒有為李家賺取過一分錢。所用錢財，多由哥哥慷慨提供，他反而指責兄長為人功利，攀權倚貴，似乎說不過去。文人的清高，更多只能在精神層面，沒有李家財富的支撐，李叔同會變成另一個李叔同。

§

李叔同回津，被聘為直隸高等工業學堂教員，是由日本留學回津任該校語文教員的周嘯麟邀請的。直隸高等工業學堂前身是廢除科舉後，光緒二十八年（一九〇二）創辦的近代官辦實業教育北洋工藝學堂。因李叔同早就是津門名人，美術界翹楚，到學堂執教實至名歸。李叔同以李哀之名在這裡開啟藝術教育，邁出傳播現代應用美學和西洋藝術的第一步。

秋天，李叔同身著當時流行的教師服裝：灰布長衫，罩黑色馬褂，足蹬白色布襪黑色布鞋，走進新式學堂。由老友周嘯麟帶領參觀校舍，學校裡的建築一律中西合璧，以長廊相連，校園草木蔥蘢。

在會客廳，周嘯麟把李叔同介紹給學堂教師。李叔同發現執教者大多是有過海外留學經歷的新型人才，以留日者為多。後來發現的一九一六年改校名後編印的《直隸公立工業專門學校同學錄》中，有這樣的記載：「圖繪教員，李哀，字叔同，直隸天津人。日本東京美術學校畢業。」同時擔任圖繪教員的還有孫鳳墀和日本人原田武雄、松長三郎（皆是李叔同同學）。這份珍貴資料證明李叔同曾任教該校屬實，也證明了一些研究李叔同者云「這所學府為叔同開了一科『繪畫』課程」之說乃子虛烏有。

直隸高等工業學堂在河北區元緯路，距離糧店後街李宅不遠，李叔同常常夾著布書包，步行往來，有時會與學生同行，眾學生知道李老師是津門名流，學富五車，滿腹詩書，精通音樂、美術，且俊朗儒雅，都很敬重他。憶起他第一次走進教室，會莞爾一笑。

那天，學生坐在教室，教室前黑板右側的掛鐘的指標已指向十點，一位三十出頭的老師優雅地走上講臺，站在講臺桌前，向大家微微一笑，回身在黑板上寫下李哀二字。那字是極有功力的隸書，台下便發出驚嘆聲，接著，他用極簡潔精確的語言和事例，並輔以漂亮的板書，講清繪圖課對工業生產的重要性。下課鈴響前，他引用《論語．述而》句「自行束脩以上，吾未嘗無誨焉」作結。意為，作為教師我會全力以赴履行師責。結識你們，我感到很高興。學生報以熱烈的掌聲。下課後，學生圍住他，對他的演戲、詩文、油畫、音樂的成就表示欽佩。

李叔同對於教師之職心存敬畏，他本著「德無常師，主善為師」、「學而不厭，誨人不倦」的精神，盡力做到無貴無賤，無長無幼，道之所存，師之所存。行傳道授業解惑之責。

他熱愛戲劇，不管生旦淨末丑，只要登臺，便認真投入角色，去念、唱、做、打。而作為教員，為人師表，他也要求自己走有走相，站有站相，講有講相。他認真備課，認真講解輔導。不但要做經師，而且要做人師。誨爾諄諄，聽我藐藐，滯者導之使然，蒙者開之使明，以其昏昏，使人昭昭。受到師生推崇。

授課餘暇，李叔同就在宅內「意園」北面少年讀書時的「洋書房」讀書、繪畫、彈琴、治印。「洋書房」也是他會客的場所，有嘉賓、高朋、密友來訪，談笑一樽酒，重與細論文，不惜沾衣淚，並話一宵中。李叔同常常到深夜才回到臥室，俞氏早讓丫鬟備好夜宵。他先到孩子的房間看看已熟睡的孩子，然後才回到臥室與俞氏小酌。日子雖平淡卻也有世俗之樂。

一個周日，李叔同在「洋書房」為友人治一方印，兄長文熙匆匆推門而入，尚未落座便神色慌張地說：「叔同，糟了！」

李叔同忙讓座：「兄長莫急，糟在何處？」

李文熙跌坐在官帽椅上：「咱家的鹽業及義善源錢莊全完了。」

叔同一愣，聽文熙說清，才知道隨著天津鹽業和錢莊的官價大跌，李家五十萬銀圓全部蝕本。掌管李家財富的李文熙欲哭無淚地說：「這可是咱們祖先苦心經營攢下的血汗錢啊！」

李叔同並不驚慌地喟嘆：「兄與身孰親？身與貨孰多？得與亡孰病？人生變幻無常，財富得失也無常。莫說咱家的財富，那大清之命運，不也是朝不保夕嗎？哥，莫急壞了身子。」

說罷，命小廝到後廚弄幾樣小菜、溫一壺老酒，兄弟二人無言對酌至黃昏時分方散了。

又過了幾日，天津經濟越來越不景氣，李家另一錢莊「源豐潤號」也全軍覆沒，李家除了兩處宅院外，損失了全部資產。曾經在津門顯赫一時的巨富豪門「桐達李家」被時代巨浪吞沒了。

桐達李家破產，對文熙打擊最大。接管李家經濟後，他拼盡全力苦苦支撐，李家財富才得以保全。突然的家道敗落，沉重地打擊了他，使他幾乎絕命。好在他多年學習中醫藥，已掛牌行醫，他的醫術不俗，又宅心仁厚，生活總能繼續下去，只是由巨富變為小康，苦苦煎熬，他的心情十分失落。

而對一直視黃金如糞土的李叔同來說，在精神上並未受衝擊，反而使他更加專心於藝術創作，在藝術中找尋生命的不朽，為此他感到輕鬆快樂。家道敗落後，李叔同沒了花天酒地，生活更認真、教學更努力，雖衣著樸素，卻活得更真實，更踏實，更有尊嚴。正所謂「時窮節乃現，一一垂丹青」，風簷展書讀，古道照顏色。從今以後，庶幾無愧一君子。

家道敗落後，李叔同從衣錦緞、食美饌的公子哥，跌到為柴米油鹽操心的普通人，這是李叔同生命的一次轉折，也是他靈魂的一次昇華。正是：「人生到處知何似，應似飛鴻踏雪泥。」何當罷俗累，浩蕩乘滄溟。其實，李家破產對李叔同並未有太大影響，昔日安家上海時，兄長饋贈的那筆安家鉅款，是他一生都受用不完的。

▲ 1911 年，李叔同（居中者）在東京美術學校畢業時的合影

好風憑藉力。辛亥年（一九一一）十月，辛亥革命爆發，統治中國二百九十年的清政府土崩瓦解，孫中山在南京就任中華民國臨時大總統。

和當時許多覺醒的中國知識分子一樣，李叔同欣喜萬分。中國北方兵荒馬亂，百姓仍沉於苦海，又逢上海朋友朱少屏誠邀，讓他到上海《太平洋報》籌辦廣告部，同時兼任城東女學國文教員。再加上雪子獨在滬上苦等他半年，他不能讓她孤守空房。於是他安頓好俞氏及孩子，決心回到比北方更開放的上海去。臨行前，他衣冠整齊認真地在學堂上完最後一堂課，課堂上學子們全神貫注地聽他講課，一雙雙明亮的眼睛閃爍著求知若渴的光芒，為自己的離去，他心裡充滿了愧疚。下課前，他在黑板上用隸書寫了南朝梁江淹《別賦》中的句子：「黯然銷魂者，唯別而已矣。」然後向學生深深鞠躬……

是年初冬，李叔同告別兄長、俞氏和孩子，登上從天津至上海的客輪。家境敗落，再無半年前碼頭上盛大的迎送場面，只有兄長文熙和髮妻俞氏及幾位老友為他送行，場面清寂，彌漫著濃濃的傷感。李叔同心情複雜，此次離別，不知何時歸來。「存為久離別，沒為長不歸」，只能「寄心海上雲，千里常相見」了。

兄長已年過四十，受破產打擊，顯得格外蒼老，俞氏兩眼含淚，丈夫五年前東渡日本，剛回津半年又要離別，讓她一人撫育二子，孤兒寡母，怎一個愁字了得！只能過「白雲一片去悠悠，青楓浦上不勝愁」的日子了。

李叔同登上舷梯時，不敢回頭，真是人間離別盡堪哭，何況不知何日歸。當船慢慢離岸，初冬的冷風中，憑欄的李叔同眼睛還是模糊了。

§

客輪抵達上海黃浦江碼頭時，已是下午。天上飄著江南初冬淅淅瀝瀝的冷雨，碼頭籠罩在茫茫煙雨中。李叔同提著皮箱走下舷梯，忽然聽到熟悉的雪子的呼喚：「叔同！叔同！」聲音歡快而清脆。他努力在人群中尋覓，看見裹著一襲咖啡色長大衣的雪子，同時發現她身邊還站著結義兄弟幻園和日本上野的同窗孝谷，他們正向他揮手。

幻園叫了四輛黃包車，李叔同下船後，他們先到飯店為李叔同接風。法租界的飯店除西餐外以滬菜為主，大廚多是寧波人，菜做得地道，幻園做東，叫了日本清酒，雪子與郎君團聚，此物最合雪子的心意。她想起在東京上野，與李叔同對酌，清酒比起茅臺五糧液，過於清淡，李叔同一杯一杯地豪飲，後勁很大的清酒讓李叔同有些失態，摩挲著雪子又軟又修長的手，唱起青樓裡男女調笑的小曲，懂得漢語的雪子，先驚，後羞，猛地抽出手厲色道：「你得自重，叔同君！」李叔同一怔，酒醒，然後起身鞠躬道歉：「雪子，三郎失禮了！」……

現在，她與三郎默默相對而笑，她看到他的眼裡充盈著愛和愧疚。幻園和孝谷見狀，相視一笑。幻園說：「二位，久別勝新婚，今後有大把時間秀恩愛，不必在我們面前『盈盈一水間，脈脈不得語』吧。」然後把話題引到時局，問叔同光復後天津的情況。

李叔同嘆了口氣：「在北方，光復後變化不大，軍閥仍在招兵買馬，忙著爭奪地盤，民生依舊艱苦，知識界並未覺醒。」

孝谷則興奮地說：「上海大不同，光復後多數文化人已投入革命，英雄有了用武之地呀！」

幻園接著道：「文人正在大顯身手，創辦了《蘇報》、《民報》的著名報人陳英士，又要乘勢再辦《太平洋報》，繼續為民眾、為社會發聲。朋友朱少屏、陳白民不是寫信邀你參與辦《太平洋報》嗎？叔同，你的智慧和如椽大筆可以派上用場了！」

他們的話題很廣，由灰飛煙滅的清王朝，到辛亥革命後的新民國，三位文人，聊得痛快淋漓。一旁的雪子被中國文人的擔當和道義所感動。

他們走出飯店，又叫了四輛黃包車，穿過濕冷的細雨，來到雪子在法租界的寓所，繼續暢談，情緒高昂的李叔同，讓正忙著煮茶的雪子拿來筆墨，在桌上鋪好宣紙，略加思量，揮毫幾無停筆便寫成一闋《滿江紅》：

皎皎昆侖，山頂月，有人長嘯，看囊底，寶刀如雪，恩仇多少？雙手裂開鼷鼠膽，寸金鑄出民權腦。算此生，不負是男兒，頭顱好。　荊軻墓，咸陽道，聶政死，屍骸暴。盡大江東去，餘情還繞。魂魄化成精衛鳥，血花濺作紅心草。看從今，一擔好山河，英雄造！

李叔同寫，幻園、孝谷高聲朗讀，雪子也跟著小聲吟誦。

《滿江紅》原注「民國肇造，填此志感」，說明孫中山領導辛亥革命成功，更激發了李叔同的愛國心，他熱烈地為山河光復而歌。

上闋寫高山明月，昆侖巍峨，被詞人賦予了代表中華民族重新屹立世界之巔的嶄新意象。也繼承了他在《大中華》中，發出的「振衣昆侖之巔」的豪情壯志。「寶刀如雪，恩仇多少」，意為只有拿起武器，才能推翻清王朝的統治，一雪被奴役之仇。「寸金鑄出民權腦」句，說出喚起民眾民權意識，對革命的重要，典出元代元好問詩「合著黃金鑄子昂」。「算此生，不負是男兒，頭顱好」句，先是化汪精衛《被逮口占》之「引刀成一快，不負少年頭」詩句，後句則用的是隋煬帝舉鏡自照，對眾臣笑曰「好頭顱，誰當斫之」的典故。

下闋則寫荊軻刺秦王被殺、聶政刺韓相俠累，死後暴屍街頭，以這些義士慷慨就義，「魂魄化成精衛鳥，血花濺作紅心草」歌頌辛亥革命志士用熱血和生命鑄就革命功業。「紅心草」出自唐代傳說，相傳，唐代王炎夢中侍吳王，後聞宮中鳴簫擊鼓，有輦出，說是葬西施，吳王十分悲痛，主詔國中詞客，為西施作挽歌。詞人炎應教作《西施挽歌》，有，「滿地紅心草，三層碧玉階」句。後人遂以「紅心草」指代美人遺恨。李叔同於一九〇五年所作《為滬學會撰冊既竟系之以詩》中，稱讚「鑒湖女俠」秋瑾為「氣任俠有奇女」。詩中云：「鼠子膽裂國魂號，斷頭臺上血花紫」，「看從今，一擔好山河，英雄造」，既歌頌了革命先人推翻大清王朝取得勝利，又表達了李叔同重任在肩建設好山河的雄心壯志。

初冬的細雨在窗外飄灑，屋內三位愛國文人對酒當歌，幻園將一杯貴州榮和酒坊生產的王茅酒飲乾，用昆曲的唱腔高歌明朝李王《千忠祿》之《慘睹》一折：

收拾起大地山河一擔袋，四大皆空，歷盡了渺渺程途，漠漠平林，疊疊高山，滾滾長江……

李叔同、曾孝谷也擊節而歌，硬是把靖難之役，建文帝被迫出逃的悲戚，唱得昂揚悲壯。雪子捧著茶杯，興奮地傾聽……

§

到了二月十一日，李叔同在有「聖手書生」美名的老友朱少屏的介紹下，以「李哀公、字叔同」之名填寫了《南社入社書》，成為南社成員。

南社是隨著辛亥革命高潮而出現的文學團體，醞釀於光緒三十三年（一九〇七）李叔同二十八歲時，兩年後的乙酉年正式成立，創建人為陳去病、高旭和柳亞子。第一次雅集時的十七人，十四位是同盟會會員。南社的辦社宗旨是提倡民族氣節，應和民族民主革命，反對清王朝的種族壓迫和專制。命名「南社」，意為「操南音不忘本」，即反清革命。陳去病，江蘇吳江人，受康梁維新運動影響，「有江湖任俠之風」。在成立南社之前，陳去病即為活躍的革命文人，他很早就參加了同盟會等革命團體，組織過神交社（上海）、秋社（杭州）等，以開展革命活動。「圖南此去舒長翮，逐北何年奏凱歌」，表現出奮發有為的革命精神。高旭，江蘇金山人，曾留學日本，歸國後，在上海創辦健行公學，提倡革命。柳亞子，江蘇吳江人，與陳去病同年，其經歷與其也相近，早年參加中國教育會，到上海入愛國學社，結識章太炎、鄒容等革命家，後參加同盟會。南社以詩歌為武器，抒革命襟懷，寫革命壯遊，表現出詩人們高歌慷慨、雄心勃勃的革命氣派，如「亡國慘狀不堪說，奔走海上狂呼號」、「宵來忽作亡秦夢，北伐聲中起雄獅」、「一曲清歌兩行淚，可能喚醒國人無」、「風雨飄搖同此感，可能詞筆挽滄桑」等詩文，表現南社詩人的昂揚鬥志。

南社於一九一〇年出版《南社》，分文錄、詩錄、詞錄三部分。多年後又出版《南社小說集》。辛亥革命前社員有二百餘人，到李叔同入該社時編號二百一十一，不久，社員增至千人。

南社的成立和發展，標誌著中國現代文學與革命緊密相連，文人不向黑暗勢力低頭，甘心獻身革命。

這裡需要指出的是，我們的文學史家們，在《中國文學史》（人民文學出版社出版）中，有關南社的記述中，居然隻字未提李叔同，是疏漏還是故意，不得而知，讓人詬病。當然，有的李叔同傳記，把一九一一年到上海的李叔同，說成是滬上的文魁，文壇重要

▲ 1912 年 3 月，第六次南社雅集合影（李叔同在後排右七）

的領軍人物云云，則有些溢美之嫌，比起詩界陳去病、柳亞子、蘇曼殊等，李叔同在文學界的影響還略遜一籌。

李叔同入南社後，自署「南社舊侶」，與柳亞子、蘇曼殊共同以詩文宣傳革命。諸友將李叔同的《滿江紅》發表在一九一二年六月的《南社叢刊》第五輯上。

三月，同盟會在滬上創辦《太平洋報》，由李叔同與陳士英、柳亞子、朱少屏等南社成員及同盟會會員一起籌辦。十三日，南社在愚園舉行第六次雅集，李叔同與剛從日歸滬的春柳社成員曾延年，及城南文化諸友一起赴會。詩人雅集，又逢辛亥革命勝利，出席者意氣風發。會上諸友請書畫皆佳的李叔同為《南社通訊錄》設計圖案，並題字，李叔同照做，署名李息。

三月十八日李叔同在柳亞子主編的《民生日報》上發表漫畫《侍戰》，幾日後又發表漫畫《風柳》及《落日》。

三月二十九日，日本美術團體赤翁會第十次展覽會在東京三合堂開幕。展覽會上有李叔同的美術作品入選。參展作品目前仍被日本珍藏。

四月一日，經過一番努力，《太平洋報》在望平街黃字七號報館正式出版發行。上面以顯著版面發表了李叔同署名「江東少年」的《太平洋報》出版《祝詞》：

天禍我民於甲乙之間，使我國民之生命財產，以逮種種自由之權，有受非我族類之宰割。載筆之士偶鳴不平，禁錮戮首不旋踵而至……攬二百六十餘年歷史之陳跡，固滴滴皆吾民血也。人怨鬼怒，集於辛亥……作於太平洋之沿岸，而又鼓蕩鴻蒙，東行西行，又南北行，繞五大洋一周。一時，圓其顱，方其趾，識文字，能言語之民，欣欣然如撥雲霧而睹蒼蒼之天，如聞暮夜之鼓，破曉之鐘，遽然醒其迷夢。則且人人願卷太平洋之水，浣濯洗滌其忮忿偏狹之心胸，歡然交臂，以食共和之賜，而享其祐。則此大報所以造福於世界者，尤與海水等深而同量已！

《祝詞》以詩的語言說出《太平洋報》的宗旨、使命和信心。

此日，《太平洋報》報館裡，張燈結綵，同人舉杯相慶，兼管廣告的李叔同，格外高興。接著，當時名噪一時的蘇曼殊之長篇小說《斷鴻零雁記》在該報副刊連載，一時間，有洛陽紙貴之勢。該報由李叔同力薦，文苑柳亞子、葉楚倫等名宿詩文彙集於《太平洋報》，又由李叔同牽頭成立文美會，編輯這些名家的書畫篆刻作品，讓讀者欣賞。

這時的李叔同，不再是家財萬貫的公子，為了養家糊口，為了不坐吃山空，他不得不打起精神，身兼數職。辦報的同時，他還在城東女校任國文、音樂兩科教師。

雪子雖沒從李叔同那裡聽到李家破產之事，但敏感的她，還是從李叔同生活的細微改變，察覺出李家敗落的蛛絲馬跡。從此，她主動辭去了兩個傭人，很少拉三郎到法國酒吧或日本餐館去消費，而是哼歌唱曲滿面笑容地繫上圍裙，像個地道的家庭主婦一樣，收拾房間，下廚做飯。三郎外出工作時，她才坐在鋼琴前彈琴唱歌。李叔同發現聘請的鋼琴老師也很少來家輔導雪子，問其故，雪子調皮地一笑：「當徒弟超過師父，師父還好意思再教嗎？」李叔同家散盡家財，卻為了雪子和天津的家人的生計，以勤勉的工作賺取稿費、書畫潤筆費等不菲的收入，維持他們優越的生活。

坎坷和挫折是有的。李叔同眾多工作中，那份收入較高，且李叔同付出許多心血的《太平洋報》的工作，因資方缺乏經驗，動作、場面過大，收益卻不多，沒幾個月就關張倒閉了。一群文人，只好各奔東西。但李叔同在《太平洋報》留下了太多東西。《太平洋報》創刊，李叔同作《祝詞》署名「江東少年」。李叔同主持的廣告卻破天荒使用最新式廣告，為上海報界四十年所未見。其署名凡民連載的《西

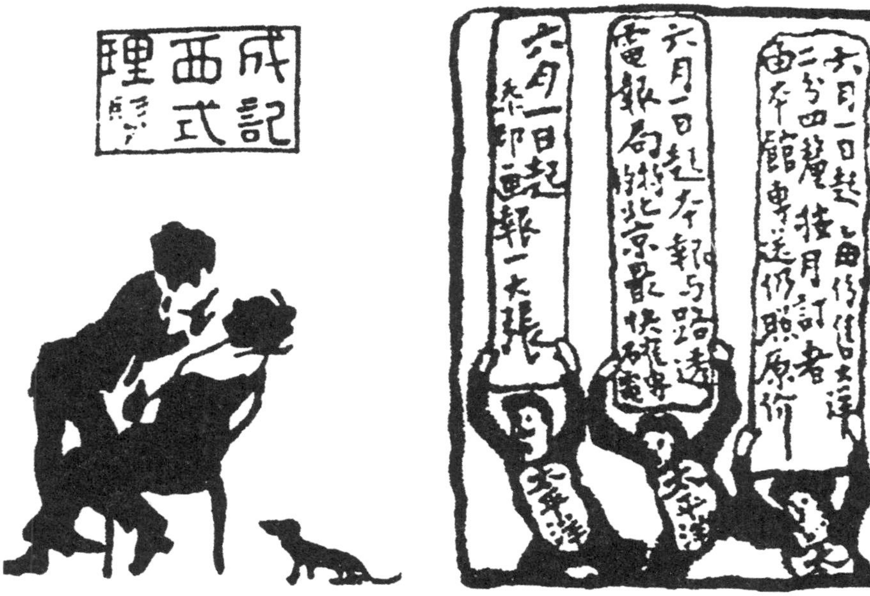

▲ 李叔同所作之廣告圖

洋畫法》，受美術界歡迎。其署名凡民連載的《廣告叢談》，報界效仿其現代廣告。漫畫《存吳氏之面相種種》發表，有說明曰：「原畫為明信片，己酉（一九〇九）夏日，存吳氏暫歸蜀中，息霜民自日本東京寄歸者也。」吳氏，即前文提到的李叔同曾為之畫十二個頭像同留學日本的曾存吳（曾孝谷）。李叔同在該報發表《李叔同書例》，未署名發表《孟俊女士書法》書評及介紹《中國實業雜誌》的文藝批評文章。六月一日起，添印畫報一大張石印，隨《太平洋報》附送。三天後，又發布《徵求滑稽諷刺畫稿》，多日後揭曉，後又發布《徵求小學校、中學校、女學校學生諸君毛筆劃》，後公布結果。七月，其詩《人病》署名微陽，刊於《太平洋報》，詩云：「人病墨池乾，南風六月寒。肺枯紅葉落，身瘦白衣寬。人世幾儕笑，當門景色闌。昨宵夢王母，猛憶少年歡。」從詩中讀者可以讀出忙碌中的李叔同，有身體的不適，也有辦報的艱難，其間流露出敬業精神和一種傷感。

李叔同在《太平洋報》發表小說、詩、書、畫、文藝評論，十八般武藝皆備，《太平洋報》辦得十分活躍，李叔同功不可沒。

壬子年（一九一二），李叔同發表三篇時評，值得一提。

其一，發表在上海《天鐸報》（五月二十二日）「鐸聲」欄，署名成蹊之《誅賣國賊——不殺熊希齡，不能救吾國》。文中指出：「自新政府成立以來，肉食諸公，除互爭意見，計算薪俸外，第一大政見，即大聲疾呼曰：大借款！大借款！袁世凱主張之，唐紹儀附和之，而自命為理財家之財政總長熊希齡，竟挺身而出，獨任其艱，日與資本團磋商。其結果也，乃竟承認外人於財政上變相之監督。而猶復掩耳盜鈴，粉飾天下，引為己功，而置國家於不顧。嗚呼！希齡！汝具何毒心，備何辣手；而敢悍然違反我民意……」

熊希齡時任北洋軍閥政府總理，曾參加湖南維新運動，維新失敗，被革職，辛亥革命時，為袁世凱竊國謀劃，後歷任袁政府之財政總長、國務總理。其為鞏固袁氏統治，主張大肆向洋人借貸，出賣國家主權，為世人所反對。李叔同由書生變為戰士，鬥志昂揚地以犀利的言論揭露其斂財賣國之勾當，勇敢地喊出打倒賣國賊口號，威震朝野。現在看來，他的言行雖略有偏激，但其精神可嘉。

其二，六月十七日在《天鐸報》「道職」欄，署名成蹊，又發表《聞濟南兵變慨言》一文。文中寫道，「莊嚴燦爛之新民國」成立之後，竟發生「某城、某省兵變，警耗頻傳，日襲擊於吾人耳鼓」。對此亂象，文章告誡「軍界諸公，速善其後，勿再縱兵以殃吾民也！」既體恤兵變下受難的百姓，又憐憫流血的普通士兵。

其三，六月二十日，又在《天鐸報》「道職」欄，署名成蹊，發表《趙爾巽如何》一文。該文告誡原清翰林院編修，時任東三省總督，曾在奉天（遼寧）成立保安會，阻撓辛亥革命之趙爾巽，勿屈服於日俄，任其肆意掠奪我東北豐富資源，「坐使貨棄於地，任外人之臠割，吾今為趙督告爾，寧去一官，當據條約以死爭，毋以『為阻無效』四字為卸責地步」。同時「吾又願吾民，亟起而為之後盾也」。

面對覬覦中國疆土和豐富資源的日俄帝國，李叔同發出「以死爭」的保衛國家疆土資源的怒吼，其拳拳愛國之心，可昭日月。

縱觀李叔同發表的三篇雄文，涉及國家經濟、民生、疆土等重大問題，表現出一貫鍾情於詩文、書畫、戲劇、音樂的文弱書生李叔同，已自覺地將文藝與現實政治社會聯繫起來，使文學藝術的研究不流於空談。中國的知識分子自古就有「位卑未敢忘憂國」、「賢者不悲其身之死，而憂其國之衰」等憂國憂民的愛國思想。李叔同已具備了樸素的對黑暗醜惡現實的批判精神和愛國主義精神，已成為有風骨的知識分子。

李叔同在《太平洋報》工作期間，正逢辛亥革命勝利，中華民國臨時政府成立，清王朝覆滅，人們的喜悅中滋生了一種浮躁之氣。「尤以一班文人，積習不能改」。特別是最大的文學社團南社，在繁華奢靡的大上海，表現得風頭最勁。《太平洋報》的創辦者是以南社社員為主體的，班首柳亞子坐鎮報社。《太平洋報》十九歲的校對陳無我（筆名孤芳）在《憶弘一法師》中寫道：

（報社的人）他們編輯完了時，多的是歌場酒肆征逐……不脫東林復社公子哥兒的習氣。蘇曼殊以一個日本和尚——也側身其中，酒肉廝混，獨弘一法師（當時李叔同）孤高自持，絕不涸入……

三十二歲的李叔同，已不同於留學日本前也曾混跡青樓歌場任性放縱的風流才子，他完全變了一個人。有了雪子，他情有所屬，有了重要的工作，他全心投入。他成了有擔當、有道義的文人。

初秋九月，《太平洋報》夭折後，李叔同應同在日本留學的浙江一師校長經子淵之邀與好友夏丏尊、姜丹書二人到杭州夜遊西湖。經子淵聞知李叔同所就職的《太平洋報》停辦，便動了要把這位名動日本東京文藝界的才子請到自己所掌管的學校的心思。如能如願，李叔同與這裡的夏丐尊、姜丹書等名人聯手，可在杭州做一番大事業。

浙江一師校長兼浙江教育會會長經子淵，名亨頤，曾參與廢光緒帝活動，官至中央委員，是中共元老廖承志的岳父，民國時重要教育家，是他慧眼識才，想方設法將李叔同邀到浙江一師任教。李叔同在虎跑寺出家後，一九二二年經子淵又在白馬湖畔創辦私立春暉中學，夏丐尊、豐子愷、朱自清等到校任教，並形成一個「白馬湖派」散文群體，吸引了胡愈之、蔡元培、柳亞子、俞平伯、張大千等知名文人紛紛來校講學。遂有「北南開、南春暉」之稱。

西湖之夜，明月高懸，遠山如黛，水天一色，秋風徐來，蕩槳湖中，聯想風生水起的《太平洋報》，突然灰飛煙滅，便有「落葉西風時候，人共青山都瘦」，「萬事到秋來，都搖落」的傷感。考慮到生活還得繼續，李叔同決定來杭州教書。一來，自己的肺有些毛病，自東京上野時就常咳，雪子勸他去醫院診治，他認為並無大礙，一直拖至現在，這裡青山綠水，或可調理好咳病；二來，他擔負著津滬兩個家的生計，總得努力工作賺錢養家糊口。

雪子與李叔同一直都在分分聚聚，但此次李叔同去杭州，她卻變得溫柔纏綿難捨難分。行前的夜晚，秋風把窗簾吹起，雪子忙把窗關上，對咳了幾聲的李叔同說：「三郎，晚走兩天吧，我陪你去英國醫院診療，不然我放心不下。」

李叔同望著她那雙清澈中有些憂鬱的眼睛，微微一笑：「雪子，從上野咳到現在，小病而已。」

雪子取來李叔同從天津帶來的中藥「秋梨膏」，餵了一小勺送到李叔同的嘴裡：「我以為還是服西洋藥更好些，不然早治癒了。」

李叔同道：「這是我文熙二哥給我特配的一劑藥，療效不錯呢。」

雪子笑了：「還說呢，文熙二哥為治我不孕配的藥，可未見效呢！好在你已有兒子，不然，我不能生兒育女，可愧對你家祖宗了。」

李叔同把雪子攬在懷裡，有些哽咽地說：「你把如花的生命交給了三郎，又隨三郎背井離鄉到異鄉漂泊，三郎感謝雪子，你還記得我教你的《詩經》和《古詩十九首》裡的詩句嗎？『我心匪石，不可轉也，我心匪席，不可卷也』，『願為雙鴻鵠，奮翅起高飛』。」

雪子仰起臉：「三郎，我記得，『盈盈一水間，脈脈不得語』，我很幸福，一直沐浴著你的愛。」

李叔同：「此次我去杭州任教，你仍住在上海。我兩個星期回滬一次，小別勝新婚，別有情味啊。」

雪子：「一切由你安排，但你不要傷我的心，為了我們的這個家，你一定要保重身體。」

李叔同：「其實呢，《禮記》上說『百年日期頤』，活那麼長的人並不多，人生寄一世，奄忽若飆塵，浮生若夢，為歡幾何……」

雪子一下捂住李叔同的嘴：「不要說這等不吉利的話，雪子要與三郎白頭偕老呢！」

兩人相擁而臥，直到天明。

朋友將李叔同的行李搬到黃包車上。身材筆直修長的李叔同，身著灰布長衫，外罩黑毛料馬褂，白皙略長的面孔，高高的額頭下一雙細長的眼睛，微笑著。雪子後來說：三郎那天的穿著儀態，讓她認定這便是儒雅儀態，三郎就是中國儒家的標準書生，也像一個中國史書上的殉道者，讓她感到陌生，更心生恐懼。在他登車去往上海北站那一刻，她發現三郎竟沒有回頭告別，她後悔沒阻止他遠行。

此後，李叔同雖每兩週回滬一次，但總有不祥之感籠罩在她脆弱的心上。

第六章

浙江師範育良才，學堂樂歌唱中華

根之茂者其實遂，膏之沃者其光曄。
——唐．韓愈《答李翊書》

從日本歸國後，李叔同已由傳統士子，轉化為受過現代啟蒙學教育有專長的新人文主義者。他是作為藝術教育家到浙江一師任教的，其時他已三十三歲，之前的任教工作多是短暫的，此次來浙江一師執教，竟連續七年，浙江一師是他從津門出走的人生旅途中，駐足最長的驛站。這七年，也是他留下文化遺產最豐盈的七年。李叔同初到浙江一師任美術音樂教員，在當時引進的是西方教育模式。當時數學、國文、外語、史地才是重要學科，音樂和圖畫課並不被重視，每週各有一課時，校方、教師、學生皆視其為副科，對其十分輕慢，稱其為「遊戲課」。因此，初來乍到的李叔同並不受關注。師生在沒有體育課時的操場，常看到這位穿長衫的瘦高的李老師優哉游哉地散步，或傍晚在校園樹林默默地看遠山和夕陽。他顯得沉靜、安詳、友善而孤傲。

在深秋，浙江一師開運動會，校方送師生的紀念品是兩種信箋，其一印有「鍛煉」二字，篆體古雅，深受歡迎。得知由音美老師李叔同設計撰寫，有些人才開始關注他。

寂寞的李叔同常在音樂教室彈鋼琴，或在自己那間不大的備課室畫油畫。同事、文界有些聲望的夏丏尊及杭州的名流姜丹書、錢均夫等常到校拜訪李叔同，他們皆彬彬有禮。師生觀之，已料定音樂圖畫先生定是不俗之輩。

癸丑年（一九一三）四月，杭州《教育週報》發表署名李叔同之《歌唱法大略》；六月，又在《教育週報》發表署名為李叔同的《西洋畫特別教授法》（《西洋畫法》《序言》各部分）。一位不起眼的音樂圖畫教師，竟然有如此高深的音樂美術理論造詣，為學校帶來榮譽。

特別是在五月間，李叔同在教學之餘，組織師生美術活動，創辦了手抄石印的刊物《白陽》。他設計了封面，篆寫了《誕生詞》：

> 技進於道，又以立言。悟靈感物，含思傾妍。水流無影，華落如煙。掇拾群芳，商量一編。維癸丑之暮春，是為《白陽》誕生之年。

該《誕生詞》未署名。其著《西湖夜遊記》，發表在《白陽》誕生號上，署名息霜。這篇散文記述了壬子年（一九一二）七月，與好友夏丏尊、姜丹書同遊西湖之事。「起視明湖，瑩然一碧。遠峰蒼蒼，若隱若現，頗涉遐想，因憶舊遊」，「漏下三箭，秉燭言歸」，「秋生如雨，我芳何如？目瞑意倦，濡筆記之」。筆墨優雅，詩情畫意。李叔同在誕生號上還發表了《歐洲文學之概觀》，視角獨特，觀點新穎，評價公允，可見李叔同對西方文學十分熟悉，實為難得。但可惜，這篇《歐洲文學之概觀》只是以英國文學為開篇，沒再寫續篇，我們只能以斑窺豹了。

此外，他還為《白陽》誕生號寫了《西洋樂器種類概況》、《石膏模型用法》及三部合唱曲《春遊》等，涉及文學藝術各領域的理論文章，讓師生大開眼界，也令杭州各界為杭州擁有這樣博學的優秀人才而分外驚喜。歷史證明，李叔同在杭州生活七年，給這座風光秀麗的歷史名城打上了深深的文化烙印。

李叔同是中國現代藝術教育之開先河者，他的前半生，一直努力精研藝術，將西方現代藝術與中國傳統藝術有機地結合起來，透過藝術實踐形成自己個性化的藝術理論，然後別開生面地貫徹到教學中去。這在當時的藝術教育界，獨樹一幟。

而李叔同的藝術教育實踐，則具有中國傳統教育精神。

《論語．子罕》載顏淵語：「夫子循循然善誘人。」

夏丏尊在《弘一法師之出家》一文中，有寫李叔同在浙江一師的一段話，表現出李叔同為師的「誠敬」：

他比我長六歲，當時我們已是三十左右的人了。他教的是圖畫、音樂二科。這兩種科目，在他未來以前，是學生所忽視的。自他任教以後，就忽然被重視起來，幾乎把全校學生的注意力都牽過去了。一半由他的感化力大，只要提起他的名字，全校師生以及工役沒有人不起敬的。他的力量，全由誠敬中發出……

韓愈《送李願歸盤古序》有「濯清泉以自潔」句。

李叔同的學生朱文叔，在《憶李叔同先生．弘一大師》一文中，以一個「清」字寫出老師李叔同靈魂的高潔：

在我的學生時代，李先生是教音樂的；那時我對於先生的觀感只有一個字——清。人是清臒的，身材適中，尤其當他站在講壇上的時候，心中不期而起「仰之彌高」的感覺。有時先生在那裡觀賞花木，亭亭靜立，也使我生起一種「清標霜潔」的感覺……

目光是清澈的，不含絲毫垢澤，更不含絲毫嗔怒之意。因為他不多說話，和他日常相見，每有極短暫的無言相對的時候，在這時，只見他雙睫微醺，覺得好像懷有無量的悲憫之情，從

> 他目光中流露出來。
>
> 至於容止氣度，真是一清如水……只要你接近他……使你自慚形穢、使你的鄙吝之萌不復存於心……對著案頭先生的小影，真覺得無可說。

歐陽修《答祖擇之書》曰：「古之學者必嚴其師，師嚴然後道尊。」

李叔同的學生李鴻梁，在《我的老師弘一法師——李叔同》一文中，讓我們看到李叔同執教，就講究「嚴」字，他是一位不怒自威，使學生「敬學」的嚴師，他在文中說：

> 同學們對他都非常敬畏。你說嚴厲吧，他倒是很客氣的；你說他客氣吧，可是有時又不大好講話。雖然滿面慈祥，但是見了他，總是有點翼翼然。這不單是學生，就是同事中對法師也是非常敬畏。有一次我們同學擁到日本教師——本田利實先生房間裡，要求他給我們每人寫一幅書法屏條，可他那裡文具不完備，他不肯寫。我們請他到法師的寫字間裡去寫，他連說不好。後來探知法師出去了，他才答應。不過叫我們放哨似的在走廊上……都站了人，如果法師回來，須立刻通知他。我們說：「李先生絕對不會因此發惱吧？」他說：「在李先生面前是不可以隨便的。李先生道德文章固不必說，連日本話也說得那麼漂亮，真了不起。」等字寫好了……他就狼狽地逃到自己的房間裡去了。我們不由得大笑起來。

孔穎達：「慈者愛出於心。」

學生傅彬然在他的《懷李叔同先生》一文中，寫出李叔同「慈心」之美：

> 筆者直接受教於先生者，大約有二年之久……先生平時不多言笑，常衣灰布大褂，寬大

而整潔，總見得到挺直的褶棱。先生的儀態，平靜寧謐，慈和親切，但望之莊嚴可敬。民國二十八年秋，子愷兄與筆者同客桂林。子愷兄的書齋裡，懸掛著一張先生的相片，面容清臒，有如深山古木。

唐代詩人任華《寄李白》：「綠水青山知有君，白雲明月偏相識。」李叔同得意弟子豐子愷著文《懷李叔同先生》，用「真與美」概括先生，從形象、行止到靈魂的高尚：

在我們這師範學校裡，音樂教師最有權威。因為他是李叔同先生的緣故……李叔同先生為什麼能有這種權威呢？不僅為了他的學問好，不僅為了他的音樂好，主要還是為了他的態度認真。李先生一生最大的特點，是「認真」。他對於一件事，不做則已，要做就非做得徹底不可。他回國後……已由留學生變為「教師」，這一變，變得真徹底。漂亮的洋裝（西裝）不穿了，卻換上灰色粗布袍子，黑布馬褂，布底鞋子。金絲邊眼鏡也換了黑色鋼絲邊眼鏡。他是一個修養很深的美術家，所以對儀表很講究。雖然布衣，卻很稱身，常常整潔。他穿布衣，全無窮相，而另有一種樸素的美……穿了布衣依然是個美男子。「淡妝濃抹總相宜」，這詩句原是描寫西子的，但拿來形容我們李先生的儀表，也很適用。

從上述學生追懷老師李叔同的文章中，我們可分別從「誠敬」、「清」、「嚴」、「敬」、「慈」、「真與美」，看到師者李叔同人格的清潔高尚。

正如他的學生曹聚仁在《李叔同》一文中總結的：

在我們教師中，李叔同先生最不會使我們忘記，他從來沒有怒容。總是輕輕地像母親一般，吩咐我們。

§

到浙江一師執教的時期，也是李叔同音樂製作的最活躍時期。這一時期他創作了不少膾炙人口的歌曲，音樂界稱之為學堂樂歌，傳唱至今。李叔同這些優秀學堂樂歌與他的傳奇人生一樣，極富意味，為他在中國音樂史和文化史上贏得了重要地位。

李叔同前期的樂歌，如他在一九〇五年編創，由上海中新書局國學會出版發行的《國學唱歌集》中的《祖國歌》、《我的國》等樂歌，充滿了愛國激情，折射出他對國家與個體生命的新鮮認識，有現代政治倫理才具備的權責守恆的新觀念。他在《國學唱歌集．序》中說：

> 《樂經》云亡，詩教式微……沈子心工，曾子志忞，紹介西樂於我學界，識者稱道毋少衰。顧歌集甄錄，僉出近人撰著，古義微言，匪所加意。余心恫焉。商量舊學，綴集茲冊。上溯古毛詩，下逮昆山曲。靡不鰓理而薈萃之。或譜以新聲，或仍其古調，顏曰《國學唱歌集》，區類為五……數典忘祖，可為於邑……風雅不作，齊竽競嘈……

此序對沈心工、曾志忞所創作之歌「古義微言，匪所加意」不滿。批評二人在寫歌時，忽略了《詩經》、《樂記》以來的樂教傳統。而自己的《國學唱歌集》的二十一首歌曲中，選有《詩經》四首，《楚辭》和唐詩各二首，宋、清詩各一首，昆曲兩首。如《詩經．小雅．正月》：「正月繁霜，我心憂傷。」宋辛棄疾詞《菩薩蠻》：「鬱孤台下清江水，中間多少行人淚。」洪昇昆曲《長生殿．聞鈴．武陵花》：「萬里巡行，多少悲涼途路情」……

這些早期歌詞證明李叔同提倡樂歌要「古義微言」的主張，多悒鬱淒苦情緒。但是，他主張接續傳統的同時完美融合西方音樂的理念，與沈、曾的文化取向則多有不同。

李叔同的歌詞多憂鬱悲苦，這與當時他所處的歷史背景、社會環境、個人境遇有關。庚子賠款，日俄戰爭，中國正經歷被列強瓜分，清廷腐敗，經濟凋敝的亡國危機。作為一個有良知的文人，他對自己的祖國前途懷憂憤之情。他在《中國語言其一說》一文中有「沉沉支那，哀哀同胞」之語，在《論學堂用經傳》中有「前途茫茫，我憂孔多」之哀嘆。這皆緣於亡國危機境遇有感而發，正所謂：「山河破碎風飄絮，身世浮沉雨打萍。」

另外，個人的前途也令李叔同悲觀。原本在科考路上，兩次名落孫山，又經南洋公學因學潮失去保薦出身的資格，接著，科舉被廢除，再無中舉入仕之途，讓他陷入極度絕望。用他自己的話說，便是：「我志未酬人亦苦，東南到處有啼痕。」

再者，慈母病逝，失去了對他來說最重要的母愛溫暖，兄長文熙雖待他不薄，但畢竟二人同父異母，總隔一層。

李叔同在這樣宏觀（國家）時勢和微觀（個人家庭）遭際的背景下，他的樂歌豈能歡快？音樂如同文學，是人的情感的最直接的表達。

在音樂理念上與沈心工和曾志忞的分野，與李叔同的樂歌鬱悒淒苦情緒無關。作為音樂人，李叔同與沈、曾的音樂實踐，反映出一個時代的音樂全貌。

沈心工和曾志忞與李叔同被稱為中國近代學堂樂歌的「三駕馬車」。沈心工一九〇四年已在上海出版《學校唱歌集》，受到梁啟超的關注。曾志忞在日本東京出版《教育唱歌集》，沈、曾二人是將西方音樂作為啟蒙手段運用到中國的主要音樂人。

一九〇四年，李叔同在上海參加沈心工創辦的音樂培訓班時，對西方音樂產生興趣。那時的南方新思潮十分活躍，學堂樂歌活動也非常熱鬧。領軍人物是沈心工，李叔同的學堂樂歌只是音樂界的一朵浪花。

到了一九一三年前後，這朵音樂界的浪花已成為巨浪，蔚為壯觀。他創作的學堂樂歌思想進步，略鬱悒，藝術處理更加嫻熟，已經唱遍全國學堂。李叔同也因此成為著名的音樂教育家。當然，這也是李叔同年齡和心智成熟後對藝術的回饋。其鬱悒，與李叔同嚴重的肺病與精神衰弱症有關，他自己在《人病》詩中說：「肺枯紅葉落，身瘦白衣寬」，在致好友許幻園的信中，有「今日又嘔血」句。但他在努力教學育人的同時熱心藝術創作，以在身體和精神上自救。

藝術具有啟蒙功能，李叔同看重藝術提升道德、美化心靈的作用，他說：「琢磨道德，促社會之健全，陶冶性情，感精神之粹美。」比蔡元培提出的「以美育代宗教」，早了幾年。

他在浙江一師的幾年裡，創作的學堂樂歌，表現了愛國精神和濟世情懷。

《春遊》發表時署名息霜，其歌曰：

> 春風吹面薄於紗，春人妝束淡如畫。遊春人在畫中行，萬花飛舞春人下。梨花淡白菜花黃，柳花委地芥花香。鶯啼陌上人歸去，花外疏鐘送夕陽。

這首歌的歌詞乃是一首寄情山水的詩歌，詩歌描繪出一幅怡情的春遊圖畫，有靈動、恬淡、蘊藉之美。古典詩詞常用的意象：「飛花」、「鶯啼」、「疏鐘」、「夕陽」，寥寥幾語便將聽者帶入其境。

一九九三年六月三日，在北京人民大會堂舉行的二十世紀華人音樂經典頒獎典禮上，李叔同這首

《春遊》歌曲，由中華民族文化促進會提名，經藝術委員會評議，榮獲經典音樂獎。

此外在浙江一師，他還寫了不少聞名遐邇、至今仍被傳唱的歌曲。如《送別》、《早秋》、《悲歌》、《月夜》等。

《送別》：

長亭外，古道邊，芳草碧連天。晚風拂柳笛聲殘，夕陽山外山。
天之涯，海之角，知交半零落。一壺濁酒盡餘歡，今宵別夢寒。
長亭外，古道邊，芳草碧連天。問君此去幾時來，來時莫徘徊。
天之涯，海之角，知交半零落。人生難得是歡聚，唯有離別多。

《送別》的曲調，借用了美國十九世紀通俗歌曲作家約翰·P·奧德威（John Pond Ordway）的《夢見家和母親》的旋律。此曲曾由日本人填詞改為《旅愁》：「西風起，秋見深，秋容動客心。獨自惆悵嘆飄零。寒光照孤影。憶故土，思故人，高堂念雙親。鄉路迢迢何處尋，覺來歸夢新。」李叔同根據《旅愁》又填詞為《送別》。對比《旅愁》，《送別》的意境何等相似。兩詞與原樂曲旋律相結合，簡直可以說渾然天成，都是濃濃的鄉愁和淡淡的相思。

對這一點，雪子有獨特見解。她曾給李叔同彈唱過《旅愁》，引起李叔同的關注。這首歌詞在杭州填好之後，李叔同帶回上海，彈唱給雪子，雪子聽罷，驚呼：「三郎，《送別》歌詞移入了犬童球溪的《旅愁》的意境，卻有中國古典詩詞的清麗和平易曉暢，別有況味。好個『知交半零落，一壺濁酒盡餘歡』，好個『人生難得是歡聚，唯有離別多』！三郎你是在為咱倆聚少離多而歌呀！」

李叔同是個真君子，從不隱瞞自己內心的真實想法，他告訴雪子：「雪子，要說借鑒犬童球溪的

《旅愁》並不錯，但我更多的是汲取了宋代詩人戴復古的《世事》意境，那詩說：『世事真如夢，人生不肯閒。利名雙轉轂，今古一憑欄。春水渡旁渡，夕陽山外山。吟邊思小范，共把此詩看。』另外，我二十歲在上海讀同朝龔自珍作《己亥雜詩》，有『吟到夕陽山外山，古今誰免餘情繞』，也啟發了我。至於雪子你說，這詞裡有抒我們間的相思離別之情，說得對。但寫的是人的普遍情感，並不是專為咱倆的相思而作。」

雪子堅信《送別》是她和李叔同滬杭聚別的真實寫照，平常生活中，三郎很少直率吐露對雪子的真誠熱烈的愛，往往寄予詩詞歌賦和繪畫之中。後來李叔同決然遁入空門，從此《送別》成了雪子的思念之歌，每每撫琴彈唱，都淚流滿面……

《送別》的歌詞，是一首中國現代詩苑膾炙人口的小令，借助美國奧德威《夢見家和母親》之曲，是一曲李叔同在國內外影響最為廣大久遠，唱遍大江南北的樂歌，至今仍廣為傳唱。

《誠》，李叔同作詞，美國的威爾森·喬治·史密斯作曲。

> 大哉一誠，聖人之本。彌綸六合炳日星；唯誠可以參天地，唯誠可以通神明。
> 大哉一誠，執厥中；大哉一誠，聖人之本。大哉，大哉，一誠。

時間久遠，我們很難確定《誠》創作的具體年代，但可確定的是在一九一五年至一九一八年，李叔同在浙江一師任教時所作。

一九一六年前後，南京高等師範學校（今南京大學）校長江謙為該校作校歌，特請李叔同為之作詞。其校歌一開頭便與當時南高師校歌「大哉一誠天下動，如鼎三足兮」如出一轍。浙江一師校長經亨頤的教育思想與南高師校長江謙相近：「人格之最完成者為天，即一『誠』字。各個人不遺餘力秉其至誠以形成人格，即思誠者，人之道也。」

李叔同出身詩書世家，自幼受儒學思想薰陶，深諳「誠」在儒學中的重要，這也是浙江一師治學的根本，因此才有唱「誠」的歌詞應時而生。

《誠》詞共五十字，六次出現「誠」，四次出現「一誠」，五次出現「大哉」，主旨十分突出，層次亦十分分明。

《誠》之曲，出於史密斯哪首歌，未得其詳，博大、神聖、莊嚴的詞作，或可從宗教讚美詩中探尋曲譜的蹤跡。

§

在浙江一師，李叔同還寫了《憶兒時》歌詞：

> 春去秋來，歲月如流，遊子傷漂泊。回憶兒時，家居嬉戲，光景宛如昨。茅屋三椽，老梅一樹，樹底迷藏捉。高枝啼鳥，小川游魚，曾把閒情托。兒時歡樂，斯樂不可作。兒時歡樂，斯樂不可作。

追憶童年是一種人的基本情感，許多喜歡追憶童年的文人，都把這種感情化為一種人生的鄉愁。美國作家福克納說：「我最大的財富在於我擁有一個苦難的童年。」他把童年的記憶寫成《喧嘩與騷動》，獲諾貝爾文學獎。

李叔同的童年生活，前文已說過。《憶兒時》回憶了自己在天津那個有虎座門樓、掛進士第呈田字布局的四進院落，他在有意園、藏書房、存樸堂、遊廊、花園、小川等景物的老宅裡生活了十七年。認識雪子後，在她的請求下，他曾多次把童年記憶講給她聽，她瞪大眼睛驚呼：「偌大的東京也找不出一座這麼氣派有中國風格的貴族宅院啊！有這樣的家族和文化，才能孕育出才氣縱橫、至情至性、追求完美藝術的三郎呢。」

寫《憶兒時》時，李叔同已成為經歷了歲月蹉跎和家境敗落之風霜的中年人，可喜的是這些經歷並未消磨其人生的正氣和人性的純良，沒有丟掉童年時的天真無邪稟性和對歡樂的珍重。《憶兒時》之詞在雲淡風輕中，表現童年單純的出自人性天真的簡單的快樂。當然也寫出了遊子對故鄉的深深懷念，寫出了對歲月易逝的淡淡憂傷。

它的原曲，是美國威廉·海斯（William Shakespeare Hays）的一首通俗歌曲《我可愛的陽光明媚的老家》。

李叔同自作詞曲的《早秋》，也是在浙江一師任教時所創作。

> 十里明湖一葉舟，城南煙月水西樓。幾許秋容嬌欲流，隔著垂楊柳。遠山明淨眉間瘦，閒雲飄忽羅紋縐。天末涼風送早秋，秋花點點頭。

古詩寫秋，多賦悲愁，如辛棄疾之《昭君怨》，有「落葉西風時候，人共青山都瘦」，柳永《八聲甘州》有「漸霜風淒緊，關河冷落，殘照當樓」。但李叔同寫《早秋》毫無悲秋色彩。歌中將山、雲、風、花人格化，宛如一幅活潑、靈動、充滿人間煙火味道的早秋圖。透過這些景物，便有了獨處念故人、思往事的意蘊。中國詩詞歌賦，一般皆非虛構，都是對現實的有感而發。寂寞、多情、念舊的李叔同，見秋思秋，在秋天裡，闖進他情感世界的楊翠喜、金娃娃、謝秋雲這些紅顏知己翩然而至，這很自然，所謂睹物思人。正如他的好友與他同在浙江一師的同事姜丹書在一首詞中直言不諱地說他：「一腔牢騷憂憤，盡寄託於風情瀟灑間，亦曾走馬章名，廝磨金粉；與坤伶楊翠喜，歌郎金娃娃，名妓謝秋雲輩以藝事相往還。」

在浙江一師，李叔同還創作了歌曲《秋夜》，又名《初夜》，其詞：

眉月一彎夜三更，畫屏深處寶鴨篆煙青。唧唧唧唧，唧唧唧唧，秋蟲繞砌鳴。小簟涼多睡味清。

窗外新月如眉，屋內畫屏，鴨形香爐升著嫋嫋如篆字的輕煙，秋蟲（蟋蟀）陣陣鳴唱。睡在清涼的小竹席上，睡意漸消。不露情思，情愈深遠，更顯秋夜恬靜清雅的情味。

《秋夜》的曲，李叔同特意用日本式五聲大調，低緩和諧。我們不妨猜測這首歌是李叔同為自己的日本籍妻子雪子而作。自李叔同到日本與雪子相愛成親，從此鴛鴦不獨宿，其感情也不再放縱。自李叔同攜雪子到上海，二人的感情一直很好，據其浙江一師的弟子李鴻梁在《我的老師弘一法師——李叔同》一文中說「在我們畢業那年，先生還伴同她回娘家去洗溫泉浴」可證。一九一五年夏，李叔同曾攜雪子回到日本，夫妻去海濱洗溫泉浴，感情甚篤，《秋夜》寫的是他們夫婦的閨情繾綣。

李叔同從杭州回到上海家中，便彈唱了這首歌給雪子聽，雪子剛聽到旋律，便叫道：「三郎，日本曲風嘛。」

等聽完整首歌，她又說：「眉月一彎夜三更，我明白，『可寶鴨篆煙青』，『小簟涼多睡味清』，我不懂。」

等李叔同拉著她坐在沙發上一一解釋之後，雪子猜場景就是自家，她摟住李叔同羞澀地說：「啊，三郎你我共眠涼席，情話綿綿，肌膚之親都寫進歌裡了，好害羞喲！」

不久，李叔同又作《悲秋》：

西風乍起黃葉飄，日夕疏林杪。花事匆匆，夢影迢迢，零落憑誰吊？鏡裡朱顏，愁邊白髮，光陰暗催人老。縱有千金，縱有千金，千金難買年少。

悲秋是自古以來詩人墨客的詩文母題，如宋玉《九辯》，就云：「悲哉，秋之為氣也，蕭瑟兮草木搖落而變黃」，范仲淹《蘇幕遮》：「碧雲天，黃葉地，秋色連波，波上寒煙翠。」皆為秋悲。

豐子愷說，《悲秋》是傷感的，「是現代青少年所不宜唱的」。須知傷感緣於李叔同不堪受肺病、神經衰弱折磨，但這僅是一面。君不見，李叔同的悲秋所蘊含的掙脫世俗和渴求超越的精神及美學意象，他的弟子忽略了。李叔同在上面的學堂樂歌中所表現出來的鬱悒傷感情緒，是與他的人生際遇、人生困惑及其敏感的心靈相關聯的。在李叔同的樂歌裡，現代個體的孤零感受與鄉愁融為一體，這種帶著淡淡溫情與淡淡哀愁的美學情感，長久地打動了中國人。

李叔同創作的上述歌曲，清雅、優美，曉暢如春水、秋雲，不僅在浙江一師校園裡傳唱，很快又傳到大江南北的學府，幾成當時歌曲的主流。

李叔同創立的學堂樂歌，具有現代思想意味和愛國情懷，在中國現代音樂史上，具有不可取代的重要地位，它真實地記錄了那個時代人們微妙敏感的心靈在現代化進程中不斷嬗變的心路歷程。他在繼承中國傳統詩詞的基礎上，汲取西方音樂的營養成分，不僅帶有音樂的現代技法，而且有政治觀念的先進性，蘊含豐富的思想。研究李叔同的音樂，有利於深入研究李叔同的藝術精神氣息和近現代思潮之脈動。可惜，音樂史沒有重視李叔同的音樂成就。

§

李叔同在浙江一師執教這幾年，始終堅持既教書又育人，用自己的人格、道德、學問去感化學生。他在上美術課時，不僅傳授繪畫理論、技藝，還在杭州以極大膽魄，首次上人體寫生課，驚動各學府。他的好友夏丏尊說：「我與叔同相交十年，他的一言一行隨時都給我以啟誘。」還說，「李先生教圖畫、音樂，看得比國文、數學還重。這是有人格背景的緣故。因為他教圖畫、音樂，而他所懂得的不僅是圖畫、音樂，他的詩文比國文先生的更好，他的書法比習字先生的更好，他的英文比英文先生的更好。」他曾把李叔同比作「一尊佛像，有後光，故令人敬仰」。

一九一二年，李叔同剛到浙江一師不久，天降大雪，學生劉質平寫了一首歌，冒雪趕到音樂老師李叔同的住處，請老師指教。李叔同忙把肩披雪花的學生讓進屋，請他坐下，接過寫在紙上的歌曲，認真品讀後他若有所思，劉質平以為自己太唐突，太急於求成，羞愧滿面。結果，李叔同說：「今晚八時半，請赴音樂教室，有話講。」

當夜，劉質平準時趕到音樂教室，卻見室內漆黑，在大雪中他等了大約十分鐘，突然室內燈光明亮，早就在室內的李叔同拿著手錶走出音樂教室，只說：「相約無誤，你可回去了。」李叔同認為這位學子誠實守信，從此對他傾心輔導，兩人建立了很深的師生之情。一九一六年夏，劉質平將要畢業之時對先生說，畢業後也想當教師教書育人，李叔同很是讚許，建議他最好先到日本留學深造，學成後報效國家。劉質平深表同意，但因家門貧寒，無力去東瀛留學。經李叔同努力，他得到公費留日的機會。但到日本僅一年，他便給李叔同來信說得不到第二年的公費，打算輟學歸國。李叔同一面回信告誡他：「學而無成，反致惡果」，讓他堅持學業；一面奔走各方，籌措借款，在均無著落之後，李叔同從自己每月的薪酬中拿出一部分寄給劉質平，助其完成學業。劉質平學成歸國，實現了自己當教師的願望，後來，成為中國現代著名的音樂教育家和收藏李叔同書法作品近千件的大收藏家。為此他總想報答恩師，但都被李叔同拒絕了。直到李叔同出家後，為佛門計，才答應接受劉質平供養。後來師生常有書信來往，劉質平收恩師書信多達百封，寄來的墨寶也不少。到一九四二年弘一大師圓寂，劉質平已收藏墨寶近千件，皆交蘇州裝裱名家張雲伯親自裝裱，在特別的十二隻樟木箱中保存。雖經歷災禍兵燹，仍完整保存下來。這是劉質平對恩師最有價值的回報。

李叔同的另一位得意弟子是豐子愷。豐子愷於一九一四年秋入浙江一師，成為李叔同的學生。豐子愷自幼便有美術天賦，李叔同很快就關注到他。一天晚上，豐子愷到李叔同備課室談學習情況，準備離去時，老師對他說：「你的繪畫很有基礎，進步也明顯，作為南京杭州兩校圖畫課的老師，我尚未見過像你這樣有繪畫才華的學生。」李叔同沒有料到，正是這一鼓勵，確定了豐子愷的美術人生，使他後來成為中國現代著名的畫家和作家。李叔同的簡樸、端莊、善良、正直和愛國的風骨深深影響了豐子愷。

早在一九〇五年，李叔同作《祖國歌》，當時上小學的豐子愷就唱著「上下數千年，一脈延，文明莫與肩。縱橫數萬里，膏腴地，獨享天然利。國是世界最古國，民是亞洲大國民……」「和同學們掮下旗幟，排隊到街上去宣傳『勸用國貨』」（豐子愷《李叔同的愛國精神》）。當時他並不知道《祖國歌》的作者是誰，等到考入浙江一師，才知道此歌的作者就是教圖畫、音樂的李叔同老師。他宣傳愛國，而且自己帶頭施行，他脫下西裝洋服，一身布衣。因鬆緊帶是進口貨，他就堅持繫布帶，棄用此物。

豐子愷後來回憶，老師在天津為文昌宮小學寫的校歌：「文昌為天，文明之光，地靈人傑，效師長，初學根本切實強、精神騰躍成文章……」；老師寫的《我的國》：「東海東，波濤萬丈紅，朝天百日，雲霞文捧，亞洲唯我中央中，二十世紀誰稱雄，請看赫赫神明神，我的國……」；《大中華》：「赤縣膏腴神明裔，地大物博，相生相養，建國五千歲，振衣昆侖巔，濯足扶桑之漪，千山靈秀所鐘，人物光榮永垂……」這些歌曲，表達了李叔同熱愛祖國，熱愛民族，呼喚國家強盛、民族覺醒的愛國愛民熱忱，眾多青年學子，在這種愛國主義精神的感召下，成為愛國者，如劉質平、豐子愷。

乙卯年（一九一五），三十六歲的李叔同赴北京訪友。春天，應南京高等師範校長江謙之聘，兼任該校音樂、圖畫教師。這樣，李叔同便常常往返於杭州南京兩校與滬上三地之間。

三地奔波，李叔同疲於奔命，兩校布告欄經常有「音樂、圖畫教師李叔同請假」的牌子。即使是這樣，也沒有減少學子對音樂圖畫的特殊興趣，他們渴望的是經常與這位社會名流晤面，聽他彈琴，看他繪畫，參加他組織的藝術活動。比如，他一到南京高等師範，便組織寧社，借佛寺陳列金石書畫，引起學生特殊興趣，藝術活動吸引該城各界人士，成為古城

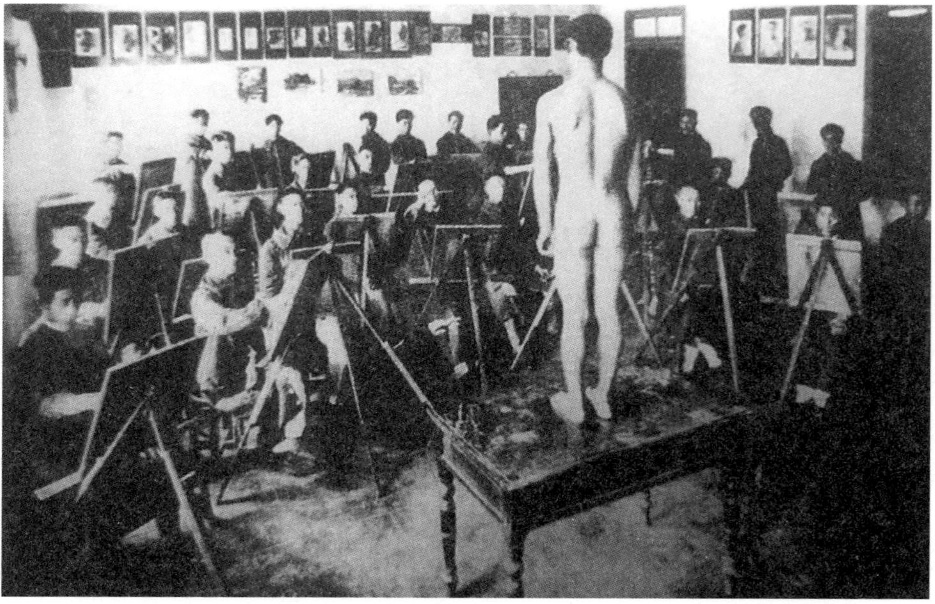

▲ 1914 年，李叔同在浙江省立第一師範學校以極大膽魄首次上人體寫生課，驚動各學府

金陵的文化景觀。後來，在李叔同的主持下出版了《樂石》雜誌，並向日本東京美術學校贈送。至今該校尚存《樂石》第三至八集。

南京高等師範與各地學校一樣，只重視國文、數學、英語等課，將音樂、圖畫課視為旁門左道，無關緊要，學生學習態度鬆鬆垮垮。李叔同授課前，曾多次觀摩別的老師上音樂、圖畫課的情景。幾乎是慣例，這兩門課皆排在下午第一、二兩節。上課鈴聲搖響，學子們才三三兩兩、無精打采地陸續進教室，教室裡嬉嬉笑笑人聲鼎沸，老師走進教室，常常大聲呵斥多次，課堂才可稍微安靜。教師在臺上講，學生在課堂或翻看別的書，或與鄰桌耍貧鬥嘴，或乾脆伏桌打瞌睡，情況大體與他初到浙江一師相似。

李叔同上課，別開生面，讓學生不曾料到。

學生們如同往常，無精打采，勾肩搭背，三三兩兩，哼哼唱唱，魚貫進入教室，但走進教室後，忽見講臺上端坐一人，兩眼微閉，面色莊重，如寺廟僧人參禪，身上披著由西窗射進的陽光，端若崖壁之青松，清素若九秋之菊，著實讓人一驚一怔。他們雖然知道新老師是文界名流，聲望甚高，但年輕人因襲舊習，不會很快改變常態，眼前這一幕超出他們的經歷和想像。於是都紅著臉，低著頭，走到自己的座位上，默默地仰望著這位不同尋常的師長。

學生們看到，老師已揭去鋼琴的布罩，講桌上擺著點名冊、講義、粉筆，還有一塊金懷錶。而黑板上，已工整地寫滿歌詞和曲譜。

老師先站起來，向學子們鞠了一躬，起身時，寬闊額頭下面那雙細長的眼睛閃出明亮的光彩，然後聲音不高卻清晰地講出本課的要點。講完他走向鋼琴，坐下來，靈動的琴聲飛進學生的耳朵和心田。

下課時，他留下一位入教室後還看閒書的學生，和藹地說：「希望下次上音樂課時，不要再看別的書了。」

學生紅著臉說：「先生，我記住了！」

李叔同有些好奇地問：「你看的是什麼書？好像很投入。」學生不好意思地把手裡攥著的那本書交給李叔同。李叔同接過一看，是癸丑年（一九一三）杭州出版的《教育週報》第一期，上面有署名李叔同的文章《唱歌法大略》。該生說，這是他父親買的，知道李叔同到南京高等師範教書，就拿給他，還說，教你們音樂的老師就是這位李叔同，於是自己就開始閱讀。

李叔同看罷，忙站起又向該生鞠一躬，道：「上課時，還是專心聽講吧。」

§

乙卯年（一九一五）五月十四日，夏丏尊三十歲生日那天，李叔同作《始平公造像》字幅奉壽。始平公，其人難考，大約是北魏太武帝拓跋燾太子。《始平公造像記》，點畫峻厚，雄強偉岸，刻於河南洛陽龍門山古陽洞，是魏碑代表作《龍門二十品》之一。

夏丏尊與李叔同留學日本時相識，夏丏尊小李叔同六歲，後又同在浙江一師教書，是李叔同一生好友。夏丏尊二十八歲生日剛過，李叔同便摹漢長壽鉤銘以贈，為之祝壽。之前，還曾寫字幅《高陽臺．為歌郎金娃娃作》贈夏丏尊，可見二人相交之深。

五月十六日，深春時分，正是西湖卉木萋萋、鶬鶊喈喈、采蘩祁祁時，南社柳亞子、高吹萬、馮春航等皆攜眷屬到杭州踏青。李叔同見到詩壇老友，殷勤陪遊，他在杭州生活多年，對四季有不謝之花，長青之草的西湖八景已十分熟悉。帶諸友人同游西湖，李叔同有其獨有的路徑，幾人游中談古說今，甚是愉悅。南社領袖及骨幹到杭州，按慣例總要雅集，此次也不例外，他們假西湖西泠舉行臨時雅集。在此盛會，李叔同以昆曲，唱柳亞子的《論詩六絕句》之「少聞曲筆湘軍志，老負虛名太史公。古色斕斑真意少，吾先無取是王公」。

李叔同十分讚賞柳亞子批評氣焰高漲的擬古詩派，主張抒發革命情懷的詩風，故唱了這首絕句。他唱得聲情並茂，眾人讚不絕口。為紀念此次雅集，與會者集體合影留念。

游杭期間，正逢馮春航欲在西泠為長寂此處的明代才女馮小青築墓樹碣。馮小青，明代萬曆年間揚州人，其人早慧，很有文才，與才女們聚會，常以詩文驚四座，十六歲嫁與杭州馮氏豪公子為妾。其大婦善妒，將之移到孤山幽居。孤淒生活，馮小青抑鬱成疾，請畫師畫像，一慟而絕，年僅十七。馮春航為馮家之後，念其祖輩未能善待馮小青，決定為其造墓碑，柳亞子遂撰《祭馮小青墓題碑》，李叔同應邀書丹。

鑒於柳亞子在南北的詩名，李叔同邀其加入他在師範組建的文藝社團樂石社，柳亞子欣然允諾。一個在全國文壇享有盛名，擁有千人社員的文化團體領袖，能以普通社員身分，加入一個學校不足百人的師生組織的小藝術團體樂石社，成文壇佳話。

此次游杭之後，高吹萬作《武林新遊草》，李叔同為其作封面題字，署名李息。此次文人雅集，喚起李息時代的往事，那時的李息，是個「歸來宴平樂，美酒鬥十千」，「少無適俗韻，性本愛丘山」的單純文人，又是一個「黃金百璧買歌笑，一醉累月輕王侯」的富家公子。

夏天到來之時，李叔同攜雪子，再次買舟東渡日本，作為快婿看望雪子家長，拜訪東京美術學校，看望師友故人，還特別重訪他和雪子定情的房舍。木樓依舊，只是換了一對老年房客，屋裡的陳設已完全變了，變得更簡單、乾淨也更有煙火氣。

雪子向兩位老人鞠躬，拉著李叔同說：「這是我的中國丈夫，這間房舍曾是我們定情和成親的地方，我們在這裡留下了太多的回憶。」

男主人很親熱地說：「你們走後，我們就到了這裡了，你先生就是大名鼎鼎的演《茶花女》的李君啊。」然後向李叔同鞠躬說，「我和我夫人都是你的觀眾呢。」

李叔同忙施禮：「先生過獎了，那都是很久遠的事了。」

老人看著身著西裝的已是中年人的李叔同，他寬額，細長眼睛，黑頭髮略亂，老人說道：「風采依舊，風采依舊。」

在老人的盛邀下，他們被請進屋——這也是他們的心願，在他們的生命裡，這兒可是重要的驛站，舊地重遊，他們渴望在這裡重溫舊夢。兩人盤腿坐下，喝著老人泡的清茶。

從這年春天起，雪子便提出要與李叔同一起去日本看望母親及家人。李叔同心裡一直很矛盾。乙卯年（一九一五）初，日本駐華公使當著大總統袁世凱的面，悍然提出對華「二十一條」，赤裸裸地提出剝奪中國主權、占中國領土、控制中國經濟的罪惡企圖，遭到中國人的強烈反對，袁世凱拖延時日，以待外援，尋求國際援助。但在日強壓之下，中國政府節節讓步，最後日方又提出換湯不換藥的修正案。

李叔同作為愛國者，一直關注此事件，因袁世凱接受日本最後通牒，承認「二十一條」，在全國爆發「五．九國恥紀念日」運動。

民眾群情激憤，各愛國團體，特別是各大中學校，紛紛集會，拒不承認「二十一條」。湖南學生彭超為袁世凱承認「二十一條」憤然投湘江自殺。自殺前留下遺書：「我同胞應知我國之最可慘、最可羞、最可恥的事，莫過於此次外交失敗，吾有何面目以對國家也？其將何求以救國也？」

浙江一師、南京高等師範等學校師生也積極參與這一鬥爭，開展「抵制日貨」等拒日抗日活動。全國教育聯合會決定五月九日為「國恥紀念日」。

李叔同過去曾以多首詩歌謳歌祖國，他萬萬沒想到，辛亥革命勝利之後，國家會出現如此亂象，他歌頌之國的當權者竟會這般無恥，他感到茫然。

雪子提出到日本省親，乃正常的家務，原本與「五．九」無關，但在這樣的背景下，他怎能超然物外，平靜地去日本？他只能以各種藉口敷衍雪子。

雪子是何等聰明之人，她不露聲色地對李叔同說：「三郎，你講的湘南學生彭超，為反對袁總統承認『二十一條』而投湘江自殺，是個多麼愛國家的學生。以強凌弱，奪人主權，日本的『二十一條』是強盜行為，作為中國的日本媳婦，雪子心裡明鏡般清楚，我應站在三郎一邊。不單純是『嫁雞隨雞，嫁狗隨狗』，我隨的是真理。」

李叔同很感動，抱住雪子說：「我心裡有數了。」

回到日本，李叔同發現雪子似乎並不十分愉悅：從碼頭上她拉著迎接他們的大弟弟的手，滿臉熱淚；到回家給母親鞠躬擁抱，哽咽抽泣，母親卻態度冷冰冰的，她一直後悔女兒這樁婚事；再到告別時，她在船舷上一手捂嘴慟哭，一手揚起與弟妹告別，雪子一直沉浸在深深的憂鬱、悲涼之中。直覺告訴她，這或許是與故土和親人的訣別。

只有到海濱，與李叔同在細軟的海灘踏浪而行，在升騰著熱氣的溫泉與三郎共浴，朦朧細雨中在海灘小酒館與三郎對酌，說起綿綿的情話時，雪子才現出率真的微笑。

一次，二人在小雨中到離海灘不遠處看農舍。見木屋、池塘、稻田，雪子感嘆道：「三郎，日本的鄉景恬靜，不如杭州的鄉間熱鬧。」

李叔同：「這裡『黃梅時節家家雨，青草池塘處處蛙』，如你所說有恬靜之美。天津郊野是『過雨荷花滿院香，沉李浮瓜冰雪涼』，熱鬧歡快，各有佳景啊。」

雪子：「三郎，這『黃梅時節家家雨，青草池塘處處蛙』是誰的詩？就是眼前景致呀！」

李叔同：「這是宋代趙師秀的《約客》詩，寫的是夏季梅雨時的景象，全詩是『黃梅時節家家雨，青草池塘處處蛙。有約不來過夜半，閒敲棋子落燈花』。兩位詩人約好，要在雨中對弈，孰料那位仁兄過了半夜仍不到來，弄得主人一個人敲著棋子，直到油燈的燈撚燃盡，於是寫出了江南梅雨時節的美景和文人的閒逸情趣。」

雪子：「三郎，你教我學杜甫詩時，雪子記住了他的《北征》詩中有『雨露之所濡，甘苦齊結實』。雪子有三郎文化的雨露滋潤，胸中存有不少中國詩文呢。」

李叔同：「雪子天資聰慧，夏丏尊就常說你比我教的那些學生還富有詩書氣呢！」

雪子望著蒼茫的大海，非常平靜地說：「三郎，我們相識相愛結為夫妻，已經九個年頭，雪子一個日本人，義無反顧、毫無條件地背井離鄉陪你到上海生活，從不干涉你的家庭、你的妻室子女諸事，你富有還是破產，我都不介意，我們時聚時離，我也從無怨言，只要你心中有雪子，我就十分滿足了。雪子以身相許，只求與三郎相濡以沫，白頭偕老。可是三郎，從你到杭州任教，特別是這兩年，我發現你回到上海常常沉默，歡愉也愈來愈少。你翻經卷的時間越來越多，與雪子傾心交談的時間卻越來越少，雪子想盡力扭轉這種局面，甚至想透過共同回到日本，讓你清楚雪子不惜從此永訣日本親人，向你表明與你共度下半生的決心。可是三郎，你讓雪子很失望，你一直沒有向雪子吐露你的心曲，總是遮遮掩掩，言不由衷……」

在返滬的客輪上，在面海的客房裡，雪子的一番話，讓李叔同無言以對。

從日本回國後不久，學生吳夢非在李叔同的指導下，創作了一幅油畫，送到巴拿馬國際博覽會展覽，不料被籌備處退回。總是低調卻處事認真的李叔同對此頗為不滿，他非常自信地與吳夢非、豐子愷等美術學生說：「我們的作品，過了百年以後，一定會有人瞭解的。」這些學生受到鼓舞，後來都成了國內一流的美術家、音樂家，並聯手在上海創辦師範學校，設美術、音樂科，也培養了一批藝術人才。

次年暑假，李叔同夜晚至孤山公祠，與吳夢非等泛舟湖上。李叔同以一張日本《朝日新聞》報紙相示，說：「日本報界頗為留學日本的藝術家懷才不遇不滿。」他借此勉勵弟子不要因巴拿馬博覽會籌備處退畫之事而氣餒。這張《朝日新聞》是雪子弄到的。

九月二十四日，李叔同回到上海與雪子相聚，儘管身體不適，他還是堅持參加了南社在上海舉行的第十五次雅集。會上與老友晤面交談，甚是歡愉。回到家，雪子精心準備了他愛吃的日本料理和清酒，夫妻對酌，至子夜時分，他又到書桌前，為《南社重訂姓氏錄》提前設計兩種封面。後於十一月，讓雪子交柳亞子。

看上去，一切正常，但正如雪子所料，李叔同在醞釀一件大事。

第七章 絕情斷義棄嬌妻，所積珍品贈友人

五嶽尋仙不辭遠，一生好入名山遊。
——唐・李白《廬山謠寄盧侍御虛舟》

朋友們發現，教學之餘，李叔同在杭州時常遊覽山水古蹟，拜謁寺廟道觀，與僧人吃茶說禪，並開始研究《易經》、畫佛像。

一次週六，夏丏尊在監督學生晚自習下課後，走出自修室去找李叔同。見其屋門半掩，燈光洩出的同時，李叔同的低聲誦經聲也飛出門外。他去敲門，誦經聲停止。推開門，見李叔同正伏書案畫佛像：佛像身披彩衣，坐在蓮花座上，黑髮、挽髻、眉宇間有濃密的白毫，眼瞼下垂，方口，大耳，雙手合十於胸前。李叔同示意夏丏尊坐下喝茶，自己拿著筆繼續勾勒。夏丏尊又發現在書案背後的牆上掛有一串深紫色念珠，赫然醒目。他誦經、畫佛像、掛念珠的行為讓夏丏尊心裡一驚，難道他只為這就放棄兩週一次回上海與雪子團聚的機會嗎?

他問：「讀什麼書?」

李叔同：「《易經》、《道德經》、《心經》、《金剛經》。」

夏丏尊：「叔同，你對理、玄二學多有研究，難道你開始學佛了?」

李叔同：「讀理學、玄學，是知識上的瀏覽，而佛學屬於精神的修煉。」

夏丏尊幾乎驚呆了：「叔同，你……」

雪子比夏丏尊更早有這種預感，她對李叔同的詰問也早於夏丏尊。

李叔同做出人生抉擇後，與好友夏丏尊有過一次對話，是在李叔同不回上海後發生的。

夏丏尊質問李叔同：「你這樣冷酷地對待深愛你的雪子是不道德的！」

李叔同平靜地道：「要出家之人，必須持二百五十戒。當苦行僧，要遵守僧人戒律。我目前只是想做居士，茹素、念佛、讀經。還沒出家，無法對雪子說。」

夏丏尊：「但即便只當居士，也有各種戒律。」

李叔同：「只要學佛，便遵戒律。」

夏丏尊：「你只顧自己清淨，便對雪子、朋友薄情寡義。」

李叔同有些悲戚：「丏尊，請尊重我的選擇。」

在夏丏尊看來，人性真是複雜，突然執意要遁入空門的李叔同，就在前不久，還有興趣介入凡俗，以妙策幫自己在學校抓學生中的竊賊。

一日晚自習時，自修室裡劉質平、豐子愷等幾個學生正在議論李叔同。有的學生輕慢教副科音樂、圖畫的李叔同，他平日寡言少語，不如國文、數學、英語老師有學問。豐子愷不苟同，說：李老師不像一些老師高調張揚，總在會上口若懸河發表雄論，自鳴得意。李老師日本留學，日語、英語俱佳，比英語老師的英語高出不少，可沒在課堂說過一句日語或英語；比國學，他詩詞歌賦，造詣極深，他沒有在課堂上吟過一首自己的詩詞；他所教的音樂、圖畫，從理論到創作，出類拔萃，他的學問深不可測。

他們正議論著，夏丏尊作為監舍，急匆匆來到自修室，宣布：學生宿舍裡，一位學生的皮箱被人撬開，錢被偷走，實在丟人。學校讓我負責徹查，找出竊賊，嚴懲不貸，希望大家協助破案。我在這裡宣布，如果偷者找我承認錯誤，三天之內自首歸還錢物，我可以為之保密，不再追究。三天過後，仍不自首，可要嚴辦了。

過了兩天，案子仍未破，夏丏尊有些慌亂，就找到李叔同。將此案告訴他：「叔同，幫我想想辦法。」

李叔同很有興趣地聽完事情經過，認真思索了一會兒，說：「丏尊，你宣布若不破案，做監舍的你就以身殉道，就自殺。」

那時的李叔同，還食人間煙火，參與俗事。當他決心做出人生的重要選擇後就真的與昨日的一切告別了。

研究李叔同的學者，沒有一人能對李叔同的皈依佛門做出科學的、合理的、令人信服的解釋。道可道，非常道，李叔同落髮為僧，是個人選擇，無須臧否。事實是李叔同出家後，對佛學、文化做出卓越貢獻，這才是人們最感興趣的，並為此才懷念祭奠這位大師。

§

丙辰年（一九一六）冬，十一月三十日晨，天氣陰冷。

李叔同衣著灰布長衫，罩黑色棉馬褂，戴細鋼絲眼鏡，正要出門，夏丏尊推門進屋。見狀問：「叔同，回上海與嫂夫人團聚？」

李叔同：「非也，去虎跑寺斷食修心。」

夏丏尊一怔：「你多日不回上海見雪子了，怎麼卻到虎跑寺去斷什麼食？」

李叔同：「試試無妨。」

接著李叔同告訴夏丏尊，他已向校方請了十天年假兩週事假，到虎跑寺斷食二十日，並說，他與校工聞玉說好，為他請二十天假一道陪著住寺。果然，聞玉已揹好李叔同整好的兩件行李：一包衣物，一包筆墨紙硯與書籍，笑著對他點頭。

夏丏尊只好送他們出校門，望著瘦高的李叔同和壯實的聞玉漸漸遠去。

夏丏尊很懊惱，去年秋天，他從一本日文雜誌發現一篇關於斷食療病的文章，覺得好奇，就帶著鄙夷的神色拿給博學的李叔同，並說：「日本這個民族很奇怪，他們造出了『天照大神』頂禮膜拜；又弄出『武士道』精神，虎視眈眈，對外擴張；現又發明『斷食醫病』，更是莫名其妙。」

李叔同讀過該文，說：「『斷食療病』並非日本人推出，其源於印度婆羅門教。我在日本上野圖書館閱讀時，曾看到過日本人翻譯的這類文章。印度是古老文明之國，斷食或許真能醫病。」

但讓人沒想到的是，李叔同今天就去驗證印度的療病古法了。

到太陽西斜時，李叔同與聞玉踏進大慈山虎跑寺山門。因早已聯繫好，寺裡僧人已為他們各準備一間僧舍。

安頓好，李叔同對聞玉說：「明天就開始斷食，有些事告訴你，請一定按我的要求辦。」

聞玉一一記下：

斷食期間，不會任何親友、不拆任何信函、不問任何事，謝絕一切談話。若家中有事，由聞玉處理、記錄，在斷食期滿後告知他。

斷食間他的每日功課是：練字、治印、靜坐、寫日記。

第一天伙食：早一碗粥，午一碗半米飯一碗菜，晚一碗飯一碟小菜。其飯量相當於過去的六成。

聞玉謹遵先生之囑，如虔誠護法者，一一嚴格執行。倒是李叔同沒嚴格按其規定執行，如十二月九日，李叔同特為陳師曾《荷花小幅》題字。陳師曾是美術家、藝術教育家。陳寅恪說，此事未記《日記》中。

《日記》丙辰年（一九一六）十一月三十日始至十二月十九日。事無鉅細，皆錄其中。

三十日晨，命聞玉攜蚊帳、米、紙、糊、用具到虎跑。室宜清閒，無人跡，無人聲，面南，日光遮北，以樓為宜。是晚食飯，拂拭大小便器、桌椅。

午後四時半入山，晚餐素菜六簋，極鮮美。食飯二盂，尚未饜，因明日始即預備斷食，強止之。榻於客堂樓下，室面南，設榻於西隅，可以迎朝陽。聞玉設榻於後一小室，僅隔一板壁，故呼應便捷。晚燃菜油燈，作楷八十四字。自數日前病感冒，傷風微嗽，今日仍未癒。口乾鼻塞，喉緊聲啞，但精神如常。八時眠，夜間因樓上僧人足聲時作，未能安眠。

十二月一日，晴，微風，五十度（華氏溫度，下同）。斷食前期第一日。疾稍癒，七時半起床。是日午十一時食粥二盂，紫蘇葉二片，豆腐三小方。晚五時食粥二盂，紫蘇葉二片，梅乾一枚。飲冷水三杯，有時混杏仁露，食小橘五枚。午後到寺外運動。

余平日之常課，為晨起冷水擦身，日光浴。眠前熱水洗足。自今日起冷水擦身暫停，日光浴時間減短，洗足之熱水改為溫水，因欲使精神聚定，力避冷熱極端之刺激也。對於後人斷食者，應注意如下：

（一）斷食時，練習多飲冷開水，斷食初期改飲冷開水，漸次加多。因斷食時，日飲五杯冷水殊不易。且恐腹瀉也。

（二）斷食初期時之粥或米湯，於微溫時食之，不可太熱，因與冷水混合，恐致腹痛。

余每晨起後，必通大便一次。今晨如常，但十時後屢放屁不止。二時後又打嗝兒甚多，此為平日所無。是日書楷字百六十八，篆字百零八。夜觀焰口，至九時始眠。夜微嗽，多噩夢，未能入眠。

二日，晴和，五十度。斷食前期第二日。七時半起床，晨起無大便。是日午前十一時食粥一盂、梅一枚，紫蘇葉二片。午後五時同。飲冷水三杯，食橘子三枚，因運動歸來體倦故。是日舌苔白，口內黏滯，上牙裡皮脫，精神如常，但過則疲□□。運動微覺疲倦，頭目眩暈。自明日始即不運動。

晚侍和尚念佛，靜坐一小時。寫字百三十二，是日鼻塞。摹大同造像一幅。原拓本自和尚假來，尚有三幅，明後續□□。八時半眠，夜夢為升高，跳躍運動。其處為器具拍賣場，陳設箱櫃几椅並玩具裝飾品等。余跳躍於上，或騰空飛行於其間，足不履地，靈捷異常，獲優勝之名譽。旁觀有德國工程師二人，皆能操北京語。一人謂有如此之技能，可以任遠東大運動會之某種運動，必獲優勝，余遜謝之。一人謂練習身體，斷食最有效，吾二人已二日不食。余即告：余現在虎跑斷食，亦已預備二日矣。其旁又有一中國人，持一錶，旁寫題目，中並列長短之直紅線數十條，如計算增減高低之表式，是記余跳躍高低之順序者。是人持以示余，謂某處由低而高而低之處，最不易跳躍，讚余有超人之絕技。後余出門下土坡，屢遇西洋婦人，皆與余為禮，賀余運動之成功，余笑謝之。夢至此遂醒。余生平未嘗為一次運動，亦未嘗夢中運動，頭腦中久無此思想，忽得此夢，至為可異，殆因胃內虛空有以致之歟？

三日，晴和，五十二度。斷食前第三日。七時半起床。是晨覺饑餓，胸中擾亂，苦悶異常，口乾飲冷水。勉坐起披衣，頭昏心亂，發虛汗作嘔，力不能支，仍和衣臥少時。飲梅茶二杯，乃起床，精神疲憊，四肢無力。九時後精神稍復元，食橘子二枚。是晨無大便，飲藥油一劑，十時半軟便一次，甚暢快。十一時水瀉一次，精神頗佳，與平常無大異。十一時二十分食粥半盂，梅一個，紫蘇一枚。摹普泰造像、天監造像二頁。飲水，食物，喉痛，或因泉水性太烈，使喉內脫皮之故。午後四時，飲水後打嗝篤，食小梨一個，五時食粥半盂。是日感冒傷風已癒，但有時微嗽。是日午後及晚，侍和尚念佛靜坐一小時。八時半眠。入山預斷以來，即不能為長時之安眠，旋睡旋醒，輾轉反側。

四日，晴和，五十三度。斷食前第四日。七時半起床。是晨氣悶心跳口渴，但較昨晨則輕減多矣，飲冷水稍癒。起床後頭微暈，四肢乏力。食小橘一枚，香蕉半個。八時半精神如常，上樓訪弘聲上人，借佛經三部。午後散步至山門，歸來已覺微疲。是日打嗝兒甚多，口時作渴，一共飲冷水四大杯。摹大明造像一頁。寫楷字八十四，篆字五十四。無大便。四時後頭昏，精神稍減，食小橘二枚。是日十一時飲米湯二盂，食米粒二十餘。八時就床，就床前食香蕉半個。自預備斷食，每夜三時後腿痛，手足痲木。（余前每逢嚴冬有此舊疾，但不甚劇。）

五日，晴和，五十三度。斷食前第五日。七時半起床。是夜前半夜頗覺身體舒泰，後半夜仍腿痛，手足痲木。三時醒，口乾，心微跳，較昨減輕。食香蕉半個，飲冷水稍眠。六時醒，氣體甚好。起床後不似前二日之頭暈乏力，精神如常，心胸愉快。到菜園採花供鐵瓶。食梨半個，吐渣。自昨日起，多寫字，覺左腰痛。是日腹中屢屢作響，時流鼻涕，喉中腫爛尚未癒。午後侍和尚念經靜坐一小時，微覺腰痛，不如前日之穩靜。二時食梨半個，吐渣。食香蕉半個。午、晚飲米湯一盂。寫字百六十二。傍晚精神稍差，惡寒口渴。本定於後日起斷食，改自明日起斷食，奉神詔也。

斷食期內，每日飲梨汁一個之分量，飲橘汁三小個之分量，飲畢漱口。又因信仰上每晨餐神供生白米（上句疑為「每晨餐，供神生白米……」）一粒，將眠，食香蕉半個。是日無大便，七時就床。是夜神經過敏甚劇，加以鼠聲、人鼾聲，終夜未安眠。口甚乾，後半夜腿痛稍輕，微覺肩痛。

六日，晴暖，晚半陰，五十六度。斷食正期第一日。八時起床，三時醒，心跳胸悶，飲冷水橘汁及梅茶一杯。八時起床，手足乏力。頭微暈，執筆作字殊乏力，精神不如昨日。八時半飲梅茶一杯。腦力漸衰，眼手不靈，寫日記時有誤字，多遺忘。九時半後精神稍可。十時後精神甚佳，口渴已癒。數日來喉中腫爛亦癒。今日到大殿去二次，計上下廿四級石階四次，已覺足乏力，為以前所無。是日共飲梨汁一個，橘汁二個。傍晚精神不衰，較勝昨日，但足乏力耳。仍時流鼻涕，晚間精神尤佳。是日不覺如何饑餓。晚有便意，僅放屁數個，仍無便。定夜能安眠，前半夜尤穩安舒泰。眠前以棉花塞耳，並誦神人合一之旨。夜間腿痛已癒，但左肩微痛。七時就床，夢變為豐顏之少年，自謂係斷食之效。

七日，陰復晴，夜大風，五十四度。斷食正期第二日。六時半起床。四時醒，心跳微作即瘉。較前二日減輕。飲冷水甚多。六時半即起床，因是日頭暈已減輕，精神較昨日為佳，且天甚暖故早起床也。起床後飲橘汁一枚。晨覽《釋迦如來應化事蹟圖》。八時後精神不振，打呼欠，微寒，流鼻涕，但起立行動如常。午後身體寒益甚，擁被稍息。想出食物數種，他日試為之。炒餅、餅湯、蝦仁豆腐、蝦子麵片、什錦絲、鹹胡瓜。三時起床，冷已瘉，足力比昨日稍健。是日無大便，飲冷水較多。前半夜肩稍痛，須左右屢屢互易，後半夜已瘉。

八日，陰，大風，寒，午後時露日光，五十度。斷食正期第三日。十時起床。五時醒，氣體至佳，如前數日之心跳，頭暈等皆無。因天寒大風，故起床較遲。起床後精神甚佳，手足有力，到院內散步。四時半就床，午後益寒，因早就床。是日食欲稍動，有時覺饑，並默想各種食物之種類及其滋味。是夜安眠，足關節稍痛。

九日，晴，寒，風，午後陰，四十八度。斷食正期第四日。八時半起床。四時醒，氣體極佳，與日常無異。起床後精神如常，手足有力。朝日照入，心目豁爽。小便後尿管微痛，因飲水太多之故。自今日始不飲梨橘汁，改飲鹽梅茶二杯。午後因飲水過多，胸中苦悶。是日午前精神最佳，寫字八十四，到菜園散步。午後寒，一時擁被稍息。三時起床，室內運動。是日不感饑餓。因天寒五時半就床。

十日，陰，寒，四十七度。斷食正期第五日。十時半起床。四時半醒，氣體精神與昨同。起床後精神至佳。是日因寒故起床較遲。今日加飲鹽湯一小杯。十一時楊、劉二君來談至歡。因寒四時就床。是日寫字半頁。近日神經過敏已稍瘉。故夜間較能安眠。但因昨日飲水過多傷胃，胃時苦悶，今日飲水較少。

十一日，陰寒，夕晴，四十七度。斷食正期第六日。九時半起床。四時半醒，氣體與昨同。夜間右足微痛，又胃部終不舒暢。是日口乾，因寒起床稍遲。飲鹽湯半杯，飲梨汁。夕晴，心目豁爽。寫字百三十八。坐簷下曝日，四時就床，因寒早就床。是晚感謝神恩，誓必皈依。致福基書。

十二日，晨陰，大霧，寒，午後晴，四十八度。斷食正期第七日。十一時起床。四時半醒，氣體與昨同，足痛已癒，胃部已舒暢。口乾，因寒不敢起床。十一時福基遣人送棉衣來，乃披衣起。飲梨汁及鹽湯、橘汁。午後精神甚佳，耳目聰明，頭腦爽快，勝於前數日。到菜園散步。寫字五十四。自昨日始，腹部有變動，微有便意，又有時稍感饑餓。是日飲水甚少。晚晴甚佳，四時半就床。

十三日，晨半晴陰，後晴和，夕風，五十四度。斷食後期第一日。八時半起床。氣體與昨同。晨飲淡米湯二盂，不知其味，屢有便意，口乾後癒，飲梨汁橘汁。十一時飲濃米湯一盂，食梅乾一個，不知其味。十一時服瀉油少許，十一時半大便一次甚多。便色紅，便時腹微痛，便後漸覺身體疲弱，手足無力。午後勉強到菜圃一次。是日不飲冷水。午前寫字五十四。是日身體疲倦甚劇，斷食正期未嘗如是。胃口未開，不感饑餓，尤不願飲米湯，是夕勉強飲一盂，不能再多飲。

十四日，晴，午前風，五十度。斷食後期第二天。七時半起床。氣體與昨同，夜間較能安眠。五時飲米湯一盂，口乾，起床後精神較昨佳。大便輕瀉一次。又飲米湯一盂，飲橘汁，食蘋果半枚。是日因米湯、梅乾與胃口不合，於十一時飲薄藕粉一盂，炒米糕二片，極覺美味，精神亦驟加。精神復元，是日極愉快滿足。一時食薄藕粉一盂，米糕一片。寫字三百八十四。腰腕稍痛，暗記誦《神樂歌序章》。四時食稀粥一盂，鹹蛋半個，梅乾一個，是日不感十分饑餓，如是已甚滿足。五時半就床。

十五日，晴，四十九度。斷食後期第三日。七時起床。夜間漸能眠，氣體無異平時。擁衾飲茶一杯，食米糕三片。早食藕粉米糕，午前到佛堂、菜圃散步，寫字八十四。午食粥二盂，青菜鹹蛋少許。夕食芋四個，極鮮美。食梨一個，橘二個。敬抄《御神樂歌》二葉，暗記誦一、二、三下目。晚飲粥二盂，青菜鹹蛋，少許梅乾。晚食粥後，又食米糕飲茶，未能調和，胃不合，終夜屢打嗝兒，腹鳴。是日無大便，七時就床。

十六日，晴，四十九度。斷食後期第四日。七時半起床。晨飲紅茶一杯，食藕粉、芋。午食薄粥三盂，青菜芋大半碗，極美。有生以來不知菜芋之味如是也。食橘、蘋果，晚食與午同。是日午後出山門散步，誦《神樂歌》，甚愉快。入山以來，此為愉快之第一日矣。敬抄《神樂歌》七葉，暗記誦四、五下目。晚食後食煙一服。七時半就床，夜眠較遲，胃甚安，是日無大便。

十七日，晴暖，五十二度。斷食後期第五日。七時起床，夜間仍不能多眠，晨飲瀉油極少量。晨餐濃湯一盂，芋五個，仍不足，再食米糕三個，藕粉一盂。九時半大便一次，極暢快。到菜圃誦《御神樂歌》。中膳，米飯一盂、粥二盂，油炸豆腐一碗。本寺例初一、十五始食豆腐，今日特因僧人某死，葬資有餘，故以之購食豆腐。午前後到山門外散步二次。擬定出山門後剃鬚。聞玉採蘿蔔來，食之至甘。晚膳粥三盂，豆腐青菜一盂，極美。今日抄《御神樂歌》五枚，暗記誦六下目。作書寄普慈。是日大便後愉快，晚膳後尤愉快，坐簷下久。擬定今後更名欣，字叔同，七時半就床。

十八日，陰，微雨，四十九度。斷食後期最後一日。五時半起床。夜間酣眠八小時，甚暢快，入山以來未之有也。是晨早起，因欲食寺中早粥。起床後大便一次甚暢。六時半食濃粥三盂，豆腐青菜一盂，胃甚脹。坐菜圃小屋誦《神樂歌》，今日暗記誦七下目，敬抄《神樂歌》八頁。午，食飯二盂，豆腐青菜一盂，胃脹大，食煙一服。午後到山中散步，足力極健。採乾花草數枝，松子數個。晚食濃粥二盂，青菜半盂，僅食此不敢再多，恐胃脹也。餐後胸中極感愉快。燈下寫字五十四，輯訂斷食中字課，七時半就床。

十九日，陰，微雨，四時半起床。午後一時出山歸校。囑託聞玉事件：晚飯菜，橘子，做衣服附袖頭，廿二，要：轎子油布，轎夫選擇，新蚊帳，夜壺。自己事件：寫真，付飯錢，致普慈信。

日記所提的「福基」和「普慈」是同一人，即叔同的日籍夫人雪子。

§

丙辰年（一九一六）臘月，斷食十七日，李叔同身心靈化，歡樂康疆，即書「靈化」二字，送給朱穌典，署欣欣道人李欣叔同名，鈐「一息尚存」、「不食人間煙火」二印。朱穌典為李叔同在浙江一師的弟子，早年從事音樂、國學、美術教育工作，後與葉聖陶、豐子愷、夏丏尊等為師友，同時，贈際平「金石大壽，歡樂康年」條幅，署「丙辰李欣叔同」。際平，名杜建時，直隸武清人，曾任北洋軍混成第五軍旅旅長等職。日本入侵中國後，不與日偽合作。

是年臘月十九（一九一七年一月十二日）下午三時許，李叔同回到浙江一師。放好行李，讓聞玉回家，自己清掃灰塵。夏丏尊來了，見叔同叫道：「叔同老哥，黑了些，精神不錯，看來斷食有效啊！」

李叔同用雞毛撣子撣了撣椅子，叫夏丏尊坐下：「我正想簡單收拾一下房間就去找你。斷食屬宗教活動，不瞭解者會大驚小怪地指責是迷信，會說我『離經叛道』，所以不宜張揚，咱校只有聞玉和你知曉。」

夏丏尊：「斷食有療效，這就好！」

李叔同：「在虎跑寺斷食的經過，我都記在《日記》裡。」說著，他拿出在虎跑寺記的一部日記和兩方壽山石印。日記是用上好宣紙以小行書所寫，封面上鈐「李息翁章」，竟有一尺多厚。那印一為「一息尚存」，一為「不食人間煙火」。

夏丏尊驚訝地看著這厚厚一摞日記，李叔同又說：「我寫的這些日記，是我斷食的精神開荒，你得閒時看看。看罷還給我，這兩方印，將來我留給你。」

夏丏尊沒說話，呆呆地坐在那裡。

李叔同回校後，教學工作繼續。二月教學之餘，在校與經亨頤論畫。經亨頤浙江上虞人，近代教育家、書畫家、浙江一師校長，曾培養柔石、潘天壽等一批優秀人才。四月，南社在杭州臨時雅集，李叔同參會並介紹經亨頤入南社。九月，柳亞子與朱鴛雛展開有關同光體詩問題的論爭。「同光體」過去為詩壇勢力最強的詩派，到王國維《人間詞話》提出「寫真景物、真感情」的「境界說」，對詩詞創作有重要影響。但其強調主觀精神和形成技巧等唯心論哲學觀點。南社主張詩歌要表現時代，追懷民族英雄、悼念革命烈士，揭露社會黑暗，抒發革命的懷抱和理想，表現革命熱情和意志。風格上，清新樸實。朱鴛雛與柳亞子的論戰熱點，是堅持王國維某些唯心論，還是表現革命精神。李叔同態度鮮明地站在柳亞子一邊。並支持開除朱鴛雛出南社，支持柳亞子連任南社主任一職。

九月底，李叔同再次到虎跑寺，聽法輪法師說法，深有所悟，靈魂又近佛門一步。回校即研墨鋪紙，書一「永日視內典，深山多大年」聯，署「嬰居士息翁」答謝法師。

丁巳年（一九一七）春節，李叔同陽曆年假在虎跑寺度過，沒赴滬與雪子相聚，已傳遞了某種信號，春節依然不回上海，證明李叔同已下決心皈依佛門。此時，他正在虎跑寺度歲。

他給雪子寫了一封極簡單也極有分量的信函。

雪子：

舊曆除夕，仍有大事待辦，未能回滬聚首，至用歉然。

——岸．丙辰除夕

戊午年（一九一八）二月十八日，再次在虎跑寺度除夕的李叔同，初一清晨入大雄寶殿，拜了佛，不多久，他的好朋友江南名士也是居士的馬一浮也來了。馬一浮，紹興人，一八九八年縣試考了第一名，他的同鄉周樹人即後來的魯迅，考了第三十七名。馬一浮後成為中國現代思想家、詩人和書法家，與梁漱溟、熊十力合稱「現代三聖」，馬一浮又是中國引進馬克思《資本論》德文版第一人。

李叔同在虎跑寺「斷食」後，曾告訴馬一浮，虎跑寺不僅環境幽雅，而且泉水極佳。馬一浮今日到虎跑寺來見李叔同，還帶來一位身材魁梧，方臉，濃眉大眼，滿腮短髭，氣宇軒昂的陌生人。馬一浮介紹：「這位便是名滿天下的息翁君李叔同。這位呢，我的朋友彭遜之君。」

彭遜之，智敏有奇才，一九〇七年創辦《小說月報》，任主編。一人包攬兩期大部分作品，可惜只辦兩期。但其名垂一時。

二人行拱手禮。此刻，虎跑寺比丘僧來到李叔同面前，經李叔同介紹彼此行禮，應李叔同之邀，帶三人參觀寺廟後，也安排二位新客住下。

寺院退居方丈了悟老僧為李叔同安排每日功課。應馬一浮彭遜之之請，寺裡的法輪長老，為其講經說法。就在誦經聽法中，三人度過了八天清淨又充實的日子。在事先沒任何徵兆的情況下，彭遜之在一個清晨吃齋飯時，極平靜地對兩位朋友說：「我要削髮出家了。」馬一浮一驚，李叔同也感到極大震驚。

正月初九早晨九點，上完早課，法輪和尚為彭遜之剃去頭髮，成為僧人。

在場的馬一浮心情複雜，彭遜之從未說過皈依佛門之事，怎麼八天之內就毅然落髮為僧了呢？

李叔同看著眼前偉岸的彭先生落髮，其莊嚴又超然的神態讓他心情很複雜：讚嘆毫無宗教氣質的彭先生，突然放下世情入佛門，這需要怎樣的大智大勇；反觀自己，又是「斷食」，又是聽法，最後卻一直沒下決心。他還在留戀俗世什麼呢？

劉向《說苑．談從》中說：「時不至，不可強生也，事不究，不可強成也。」彭遜之削髮為僧的第二天，二月十八日晚間，李叔同去見了了悟老僧，頂禮膜拜之後，他誠懇、堅定地說：「請師父悲憫。

弟子李叔同決心已定，皈依三寶弘揚佛法，誓成佛道，請您為我接引。」了悟和尚雙手合十道：「善哉。先生為世之大儒，皈依佛門，虎跑寺有榮焉。」了悟和尚遂為李叔同授三皈依，成為正式在家弟子，法名演音，號弘一。

二月二十五日，李叔同受三皈依。

江南早春，草與水同色，雜英滿芳甸時，李叔同回到浙江一師，其人如舊，平易謙和，衣如舊，長衫馬褂，師生並未發現什麼異樣，只有聞玉敏感地發覺李先生的臉上多了些笑容。回校當天，李叔同就喚了他去，說：「聞玉，又要麻煩你哩，從明天起，我的飯菜，不要葷腥，請你到廚房關照一聲，我要吃素了。」

聞玉：「食素？在虎跑寺吃了二十多天素食，先生還沒吃夠？而且您一直喜歡吃的日本西米、料理、芥末，能捨棄？」

李叔同想解釋，但放棄了，只說：「素食，也是一種選擇。」

聞玉：「先生，我這就去廚房知會一聲。」

李叔同：「不急，你沒發現我這小屋有什麼變化嗎？」

聞玉這才發現牆上掛了大幅佛像，一大串黑色念珠掛在佛像旁，案上多了香爐，三炷藏香飄著嫋嫋青煙，忙說：「先生，您這裡的擺設，很像虎跑寺的禪房呢！」

李叔同：「聞玉呀，住禪房供佛、拜佛、誦經，怎能不吃素食呢？」

聞玉從此常見李叔同自然地吃素、供佛、讀經，朝暮做功課。夏丏尊、豐子愷等人來訪，見狀以為先生敬佛像很多名士一樣，修身養性，都沒在意。

到了清明，學校放假，夏丏尊問李叔同假期是一起到西湖泛舟、尋古，還是回上海與雪子團聚。李叔同表示要去上海。夏丏尊心裡很高興，前一段時間，李叔同往虎跑寺跑的次數太多，冷落了雪子。當晚他送李叔同到火車站，乘九點夜車到上海。

火車在清明的紛紛細雨中行進，李叔同望著車窗外漆黑的夜色和偶爾閃過的星星點點的燈火，思緒有些零亂。自從他做出皈依佛門的重大決定，並以「斷食」為開端、一步步進行時，最讓他犯愁的就是雪子了。近十年的夫妻，除了母親，他付出感情最多的人就是雪子，得到最深的眷戀也來自雪子。僅憑雪子為了愛情，毅然離開故土和親人，孤身一人，遠渡重洋嫁到異國，他只有用一生的鍾愛才能報答。「山無棱，江水為竭，冬雷震震，夏雨雪，天地合，乃敢與君絕」。應該是「結髮同枕席，黃泉共為友」。選擇了佛門，無異於選擇了絕情。人們說不管多麼崇高的理由，都不能成為背叛愛情的藉口。生命誠可貴，愛情價更高。問題是，自己是深愛雪子的，有了雪子的愛，他的人生才有了價值，有了雪子的溫暖，他才能在藝術中自由馳騁。現在為了追求自己皈依佛門的理想，不得不犧牲愛情，從道義上講，是不是一種無恥的背叛……

李叔同的靈魂原本是乾淨的，皈依佛門追求的是更乾淨、更博愛的精神。面對與雪子斷絕情緣，他不能自圓其說，他痛苦萬分，靈魂受到煎熬。

到上海法租界時，大約是子夜時分，抬頭見自家百葉窗透出幾縷燈光。他輕輕敲了敲門，不多時年輕女傭微笑著開了門。裡邊臥室傳來雪子的聲音：「三郎回來啦？」

李叔同：「哎，雪子還沒睡？」

雪子披著睡衣走出臥室，擁抱了李叔同，然後讓女傭準備夜宵，她特意吩咐，餐桌上擺一瓶清酒。

李叔同：「怎麼還沒睡？都已深夜了。」

雪子：「正讀《斷鴻零雁記》，放不下。」

李叔同：「蘇曼殊這部小說，寫自己的飄零身世和愛情故事。文辭清麗自然，情節曲折生動。」

不多時女傭端著茶盤送上兩杯龍井茶，李叔同呷了一小口，說：「身世的感慨，悲劇的愛情，寫得動人，曼殊好手筆。人世間的愛情，白頭不相離的不多，倒是如白居易的《花非花》詩中所說『來如春夢幾多時，去似朝雲無覓處』的悲劇者多。」

這時，篤定要皈依佛門的李叔同，在曲折地表達愛情和婚姻如同蘇曼殊之《斷鴻零雁記》一樣，總會有「山盟雖在，錦書難托」的悲劇。讓雪子心理上有所準備。

雪子根本想不到有一天李叔同會與她切斷俗世的愛情，在東京，二人定情時，李叔同曾吟「春蠶到死絲方盡，蠟炬成灰淚始乾」，以示對二人愛情的忠貞，又用整整十年鑄就了這份情感，這豈能說斷就斷。

雪子：「比起曼殊的愛情悲劇，雪子越發為擁有三郎的這份真情而感到幸運和幸福。雪子『之死矢靡它』。」

李叔同想以對宗教的虔誠抵消自己的世俗之念，但面對雙眼乾淨如水的雪子，他感到自己無能為力。

女傭在客廳擺好幾樣小菜、一瓶清酒。

二人對坐桌前，雪子在享受團聚的喜悅，因愛得太深，愛得篤定，那麼敏感的人，竟然對悲劇的到來沒有一點察覺，佛言「情深必墮」，這可憐的深情又善良的女人！李叔同的靈魂因在出家和愛情間苦苦纏鬥而備受煎熬，他在為愛情的割裂而無限哀傷。

夜宵吃得有些沉悶，雪子見李叔同精神有些倦怠，且偶有咳嗽，只揀素菜夾了幾箸，她以為他舟車勞頓，就取出枇杷止咳膏讓他服用，然後二人上床睡覺。雪子很快入眠，微微的熟悉的鼾聲，聲聲入耳。李叔同豈能睡得著？他想到天津的家，與俞氏成婚，生兒育女，相敬如賓，但並無太深的感情牽絆，況多年離多聚少，只要在經濟上不虧待他們，總會好合好散。而對雪子的這份情感，豈能說斷就斷，愛噬咬著他的靈魂。

第二天，李叔同要會見滬上的各界朋友。他拒不赴酒席，也不設家宴，一律清談。清晨，雪子讓李叔同服過枇杷膏，問他早點想吃什麼，他說：「雪子，從今起我要素食。」

雪子：「三郎要素食，我看行。這對你的身體調理有益。去年到虎跑寺『斷食』且素食二十多天，你的狀態不錯。但素食的營養，難以滿足身體需要。短期素食可以，但長期不好。」

李叔同發現，直到現在，雪子仍未清楚他素食意味著什麼，便說：「你與夏丏尊、子愷他們的意見一致，但問題不是肉食素食哪個更利於健康，而是要信佛的人必須遵守戒律呢。」

雪子還沒參透李叔同的用意，笑著說：「三郎，你敬佛，成為居士，雪子支持你，但居士並不一定是素食者，為了你的健康，請尊重我的意見。」

聽了這話，李叔同有些心軟：「雪子，我在虎跑寺斷食吃素，證明素食不但對身體好，而且對精神也很好，要緊的是，這有利於完成獨特的我。如同你過去贊成我學佛，也贊成我成為素食者吧？」

雪子猶豫了一下，說：「三郎，雪子一直誠心誠意地支持你學佛。」

李叔同望著還不足三十歲雙眼皎潔晶瑩、看上去還很年輕的雪子，很感激地說：「如果雪子認為我信佛做得對，那就請支持到底，但你可能要付出更大的代價。」

雪子隔著小桌，凝視著臉上略帶滄桑的李叔同，認為是他在向她表白「天長路遠魂飛苦，夢魂不到關山難」的深情，李白的這首《長相思》，是李叔同到杭州執教臨行前講給她聽的，雪子眼角溢出一串清淚。

李叔同見雪子流淚，以為她已明白他皈依佛門的決定，趁熱打鐵，他必須忍著內心如刀割的傷痛，說出連他自己都肝腸寸斷的決定。

李叔同不敢直視雪子，而是將目光投向窗外初春的天空，聲音很低卻十分清楚地說：「雪子，為了學佛，必須盡形壽，我不是一個堅定者，但必須倔強地成為佛教忠實的信徒，成為一個遺世的苦行僧。」

「三郎！」雪子聽罷，臉色驟變，「你學佛當居士，沒人阻攔你，在家學佛，不也是一種虔誠的修行嗎？為什麼一定要當僧人？」

李叔同為終於說出自己的決定而感到一種解脫，為了自己的決心不被雪子的深情軟化，他索性「敢道人之所難言」：「雪子，『成佛道，度群迷』是我之目的。但是，我出家當和尚，一定要得到你的同意，否則我決不出家。結束十年恩愛夫妻的世俗關係，沒得到你的首肯，道義上我無情無義，一世都要受到良心的譴責，而且也修不到真佛，取不到真經。剃度為僧是斷絕一切塵世，專心修佛，得大自在，度眾生。」

已泣不成聲的雪子說：「三郎，事實是你出家修佛度眾生之前，先毀掉了我，埋葬了我們十年的愛情。我們的愛情不是鏡花水月，而是水乳交融，血肉凝成的。我們恩愛夫妻，你突然恩斷義絕，離我而去，你……」

李叔同有些心慌意亂：「雪子，我在從事一種精神上的艱難超越，你得幫助我。只有你才能成全我的大志向。」

雪子捂著臉痛哭，絕望地不再爭辯。乘機，李叔同將後事講給雪子：「上海這個家，今後全屬於你，足夠你一生享用。鋼琴、樂譜、書畫和滿屋的書籍，這些與我生命有關的東西，算是我留給你的精神寄託。看到它們，你會憶起從前的三郎。至於今後你是否再找歸宿，或回日本，或留上海都由你做主。我知道，這些不足以補償你為我做出的犧牲。孑然一身的我，就此與你作別，珍重，雪子。」

李叔同悵然離去的那一刻，雪子抬起頭，往後攏了一下飄然的長髮：「三郎，我是個弱女子，我沒勇氣就這麼捨棄我愛的人……」

雪子是一個美麗大方、聰慧、善解人意又很有藝術造詣的善良女人，與李叔同相愛結婚後，丈夫便是她的整個世界。特別是丈夫李叔同的那種中國文人儒雅睿智之氣，還有一身的才學和藝術天賦，再加他那股實詩書門第所孕育的輕財重友的飄逸豪爽氣度，都深深吸引了她。尤其讓她感動的是，他倆在一起後，他再無與名伶青樓女子間的風流韻事，而是專心藝術創作和教學，這讓她感到十分安全。十年來，李叔同是她的整個世界和人生的主角。他們甘苦與共，一旦這個世界的牆坍塌，雪子真的就一無所有了。她不是聖賢，她的悲愴和絕望可想而知。

李叔同帶著臨別時雪子那種哀痛和絕望、悽楚的眼神回到浙江一師。

§

四月七日，清明剛過，楊白民來杭州訪問。楊白民曾留學日本，回國後在上海創辦城東女學，自任校長，設文藝科，請李叔同任教。來浙江一師參觀時，由李叔同陪同，並帶其拜訪校長亨頤。

夏，友人王仁安到訪，王仁安有詩記交談甚歡喜之情狀。

李叔同離校去大慈山虎跑寺，至八月十九菩薩誕日剃度之前，李叔同給天津俞氏和其兄李文熙致函兩次。表示自己已決定出家，任何阻攔都不能改變他的決定。但從世俗兄弟情的角度，曾相濡以沫的兄長極力勸阻，文熙甚至以「你放著人不去做，為何單單要當和尚」的激烈言辭質問李叔同。李叔同決絕回曰：「你們就當李叔同得『虎烈拉』死了。」

令李叔同沒料到的是，原配妻子俞氏，居然對他的出家不置一詞。

不置一詞，卻勝過萬言。一個安分守己的明媒正娶的妻子，自從進入李家便悉心侍奉婆婆，相夫教子，唯丈夫之命是從，即使丈夫在外尋花問柳，至日本留學，歸國又帶回日本妻子，在上海居住，而把正房丟在天津守空房養育孩子，她都默默承受，而不提任何要求。《漢書．孔光傳》說「夫婦之道，有義則合，無義則離」，但她對丈夫之「無義」無情，仍「糟糠之妻不下堂」，嫁雞隨雞，夫唱婦隨。中國的傳統女性就是這樣，都是百年苦樂由他人。丈夫出家，算是一樁大事，李叔同居然絕情地連當面辭別都沒有。哀莫大於心死，俞氏沒有哭天搶地，而是傲然以不置一詞回敬，這顯示了俞氏身為一位普通婦女的自尊和磊落，此刻真是無聲勝有聲。

出家前，李叔同將舊時名媛歌姬朱慧百、李蘋香所贈的詩書畫扇面精心裱裝成卷軸，自題其端曰《前塵隱事》，贈予了夏丏尊。

年輕時放縱情感，在青樓柳巷，沉醉於聲色犬馬之樂，自古是文人墨客的雅好。風流便風流了，其與紅粉知己之間，卻是私事，當尊重其隱私，即使是妓女，也當尊重人家的人格，互贈的你道情我說愛的唱和詩畫，可作為感情的一種特殊經歷珍藏。但將之贈予別人，是否妥當？存疑。另，一個皈依佛門，了斷塵世俗情的侍佛之人，尚如此珍惜這些孟浪韻事的紀念物，也讓人茫然。

李叔同此刻，已經把出家前的家務事安排停當，他把更多的時間用在向朋友、師生宣布他皈依佛門的決定，在人們迷惑茫然間，向他們耐心講佛學之神聖，修行之必要，布道中，他得到了一種快樂。

暑假即將到來時，他覺得有必要再給兩眼充滿迷茫、絕望、悽楚的雪子寫一封告別信：

雪子：

我的決定出家為僧，目前已在事務上向有關人們交代清楚了。現在你已考慮了兩個多月，如果你認為我做得對，請你告訴我！你絕望的心情，與失去一個生命關係的人所受的摧殘，我並非沒有想到。可是，你是不平凡的，請吞下這一杯苦酒；忍耐，忍耐，靠佛力加被你，菩薩護持你。雪子，你的光輝永駐！我想你體內住的不是一個庸俗、怯懦的靈魂。

這在我，並非寡情絕義——人同此心，心同此理，唯一的不同，我為了那更永遠、更艱難的佛道歷程，我不僅放下了你，雪子！我也放下世間的一切已享有的名譽、藝術的成就、遺產的繼承（我可能還有三十萬至五十萬的遺產可繼承），可見，我並非厚彼而薄此；世間的一切，都等於煙雲；我們要建立的，是未來的光華無垠底世界，在佛陀的極樂國土，我們再見！

雪子！永別了，我不在家，免得你目前痛苦加深，我們那個家，還有使你維持生命的東西；我們的鋼琴、貴重的衣物、金錢，悉數由你支配，作為我們的紀念。但望你看破這一點，人生幾十年，有一天我們總會離別——現在，我們把它提前幾個剎那而已！大限總要到來。

在佛前，我祈禱佛光照耀你，永遠如是；請你珍重，念佛的洪名。

——叔同　戊午年七月一日

寫罷這封重過千鈞讓他肝腸寸斷的信，他站在窗前，遠處山巒正有一輪即將落下的通紅的太陽。很少落淚的他，已是滿臉清淚。濕熱的夏風中，他感到冷，是徹骨的冷。雪子那迷茫、絕望、悽楚的眼神，讓他靈魂怎能安寧，好像大限已經到來。

三天之後，一個多雨的下午，聞玉撐著油布雨傘，匆匆來到李叔同的房間，從懷中取出一封信：「李師，是上海夫人的信。」然後放下一小竹籃剛熟的楊梅走了。

李叔同沒留意聞玉的離去，只顧剪開信封，取出信，坐在書桌前讀起來：

叔同：

我知道萬事不必勉強，對你我最愛的人，亦復如此；請放下一切，修行佛道吧！我想過了，世間竟是黃粱一夢，夢醒時，什麼都是一場空。將來我能否去看你一次？我希望如此，至於今後，我的行蹤還無法確定，在貴國，除你，我沒有第二個可以聊解愁苦的人——目前，我要試著念經，念佛；這一切都是宿世前緣？

為了那種聖與凡之間一層蟬翼似的隔膜，我同你一起走，去追求那個遠似銀河星宿般遙遠的佛道，望你珍重。

——雪子

李叔同讀信時，已經落下了淚，讀到最後，竟放聲痛哭起來，哭聲與窗外雨打芭蕉聲融在一起。他沒看錯，雪子是個不平凡的女人，她的溫柔多情如輕風明月，她有善解人意的睿智和大度，她有不染一塵的靈魂。特別是她篤信李叔同，明大是大非。一旦她想清楚，就大義凜然地放棄世俗的情感，義無反顧地「吞下這杯苦酒」，不僅同意李叔同出家，且要與李叔同一起追求遙遠如星宿般的佛道。他不能不感謝這位不平凡的雪子。李叔同心裡最難釋懷的事，意外地瞬間解決，讓他喜極而泣。正是「喜心翻倒極，嗚咽淚沾巾」（杜甫《喜達行在所三首》）。

李叔同這一哭，是與塵世做最後的作別。

六月底，放暑假前一天早晨，按事先約定，老友夏丏尊及弟子豐子愷、劉質平、黃濟慈等悉數來到李叔同的房間，不久聞訊又來了學生吳夢非、王平陵等。

李叔同一襲灰色麻質長衫，光腳蹬一雙青色布履，微笑著迎候眾人，他示意大家找地方坐下。聞玉為大家斟了虎跑寺的明前龍井茶，然後垂手立於門口。

李叔同依然微笑：「今天，請大家來，是想把我的一些東西奉送各位。你們知道我即將皈依佛門，我的這些身外之物，權當紀念品收藏起來吧。」

然後，他將多年收藏的書法作品，以及以往寫的摺扇，還有一塊金錶交給夏丏尊，並說：「我這許多年來治的印，在半個月前封在『西泠印社』的『印塚』裡，我所有的油畫也郵到北京國立美術專門學校（一九一八年四月，在蔡元培積極宣導下成立的美術教育學府，徐悲鴻等為校長），這些也請丏尊保管。」

夏丏尊黯然神傷道：「先生這麼珍貴的文物，就放棄了？」

李叔同依然微笑：「這些東西對我已毫無意義，留給你，會有用處。」

然後他指著一摞畫譜、一些畫作及發表其美術理論的書刊，對豐子愷說：「這些全留給你。」

劉質平得到的饋贈是李叔同所有的樂理、曲譜、音樂作品及音樂名著。留給王平陵的是收藏的所有世界名劇劇本、南社文集和一些物品。

他又把聞玉叫過來，指著床上和皮箱裡的被褥衣物，對他說：「聞玉，這些東西就留給你了。」

聞玉嚇了一跳：「先生，這麼貴重的衣物，聞玉不敢當。」

李叔同拍拍聞玉寬寬的肩：「我總不能穿著輕裘錦衣去出家當和尚。」還有些筆、墨、硯、筆筒、鎮尺、筆洗、瓷瓶等就分別送給來告別的人。饋贈的儀式很簡短，之後，是受饋贈者長久的悲痛和沉默。

李叔同雖然一直微笑，大家從他的眼神裡，還是尋到對友朋告別的憂傷。真正的告別，是吃過午飯後，聞玉挑著一卷簡單的行李隨李叔同去虎跑寺。

出校門的時刻。

李叔同告別學校，到虎跑寺出家，儘管一直暗暗進行，但消息還是在學校傳開。

夏丏尊及一群弟子簇擁相送時，假期尚留在學校的師生黑壓壓一大群人站在校門口將李叔同圍住，其中有校長經子淵。挽留的、感謝的、祝福的、依依惜別的聲音，又讓所有的人動容。

李叔同微笑著雙手合十，鞠了一躬，然後對著兩眼淚汪汪的夏丏尊：「丏尊，有勞你，讓大家就此止步。這樣驚動大家，叔同不敢當啊。」

人們眼含熱淚，望著烈日下那個衣著灰麻布長衫，腳穿黑布鞋，戴著草帽的瘦高羸弱的身影，漸漸遠去，消失在樹林中……

　　就這樣，二十世紀初星光閃爍的藝術家，中國現代藝術啟蒙的先驅者，即將迎來三十九歲生日的李叔同，於五四運動的前夕，割斷世情塵緣，毅然皈依佛門，從此青鞋布衲，由風華才子成為雲水高僧。

第二卷

雲水高僧

李叔同的後半生

1920～1942

八月二十九日下午，弘一又喚來妙蓮法師，向他交代臨終的幾件事。無非是「我沒有享受那份『死後哀榮』的心，一切祭吊從簡」。但弘一特別交代，在臨終助念時，看到我流淚，不是留戀世間、掛念親友，而是悲欣交集的情感呈現；停止呼吸後，身有餘熱，送去火葬，只穿一件破舊短褲。遺骸裝龕時，要四隻小碗，準備墊在龕腳上，裝水，別讓螞蟻昆蟲爬上來……

【第八章】放教鞭皈依佛門，日籍伴侶悲離別

鬢底青春留不住，功名薄似風前絮。

——北宋．毛滂《漁家傲》

李叔同離開浙江一師，告別了簇擁在校門口送行的師生，到西湖時，已是夕陽西照、南屏晚鐘敲響之時，湖光山色迷人眼，微風陣陣撲面，李叔同沿湖畔柳堤踽踽而行，挑著行李的聞玉跟在他身後，路上他們不斷與年輕的情侶相遇，時而有陣陣歌聲從湖中扁舟傳來，李叔同面帶微笑，雖走了兩個時辰，但腳步卻很輕鬆。

傍晚，他們到達大慈山的虎跑寺。山門前早有一位小僧在那裡等候，他是退居老僧了悟派來迎接他們的。小僧引領著李叔同和聞玉穿過大殿，來到一個十分幽靜的小院落。了悟正在門口微笑合掌而立，在他的引領下他們又穿過兩進院落，越過一個用漢白玉砌成的月亮門，把他們讓進自己誦經的小禪房。這座花木扶疏的小院落，是虎跑寺為退居的方丈準備修行養老的。

了悟坐定，李叔同倒身便拜：「師父，受弟子一拜。」

老僧站起，合掌：「我們有緣啊，有你這樣知名的大家出家，是佛門的榮耀。」

李叔同謙恭地站在一邊：「感謝師父將叔同引進佛門。」

小僧見天色已暗，忙點上油燈，退出。

老僧告訴李叔同，寺院為他準備了一間僻靜的禪房，在剃度前，先瞭解一下僧人的生活，擇吉日剃度。

李叔同住的禪房，離了悟老僧的禪房不遠，是個十分幽靜的一明一暗的小套間，外間「供佛」，內間「掛單」（居住）。聞玉幫著李叔同把簡單的行李放進屋裡，行李很簡單：一床薄被褥，幾件換洗的單衣及洗漱用品，只有文房四寶及一些書籍較為顯眼。

其實，這裡是李叔同很熟悉、以泉水聞名的寺廟，一年前他斷食二十天，就是在這裡進行的，並留下了日記。當時尚有聞玉陪伴侍候，現在聞玉幫他安頓妥當，乘著月色向他告別：「先生，晚輩這就別過了。」

李叔同有些不捨，希望他明天一早下山。聞玉說，回去還有些事要辦。李叔同：「在學校多虧有你幫忙，諸事順遂，特別是出家之事，你的功德不小。」

聞玉忙躬身施禮：「先生，話太重了，是先生一直幫助聞玉。上次陪先生斷食，受到先生鼓勵，我成了居士，先生一直影響著我。」

李叔同也彎腰合掌：「你為人溫良，有人緣和佛緣。」

聞玉再次深深鞠了一躬：「先生，聞玉這就走了，何時需要我只管寫信。」

李叔同一直送到寺門，彎腰合十：「阿彌陀佛！」

等到不斷揮手的聞玉漸漸消失在夜色裡，他又站了許久方回寺廟，見大殿燈火通明，他知道「晚香」開始了，記得去年來寺斷食醫病，初見「晚香」場面，他心靈受到感召，彷彿身處靈境，更堅定了自己的選擇，今晚又臨「晚香」，雖尚未剃度，他卻感覺自己已是這裡的一名僧人了。

晚飯他和了悟老僧一起吃，一天走了那麼多路，肚子有些餓了，齋飯讓他感到格外有滋味。他埋頭吃飯時，了悟老僧微笑了。

這夜月色如水，透過窗櫺瀉在小床頭。躺在床上，他思緒萬千，徹夜難眠。

在剃度前，他無法關閉波濤洶湧的世俗情感。最先想起的是在上海法租界裡的雪子，臨別時，她那張靈秀的臉上悲慟欲絕的神情及如杜鵑啼血般喊出的「三郎……」的哀號，讓他淚如泉湧。雪子是他一生最珍視的女人，他在上海十里洋場，沉醉於煙花柳巷，醉月流觴地流連在李蘋香、楊翠喜中間，不能說只有床第之歡，那些詩詞唱和中，也流露出真情實感，但他自從在日本接觸了這位日本姑娘，便被她的美麗、善良、純潔、靈秀所傾倒。她不像俞氏賢良卻無趣，也不像風月場中的女人們逢場作戲。雪子純淨如水、甘甜如飴、濃似佳釀的愛情，讓他對上海那段荒唐的行為無地自容。特別是，雪子一個異國女子，為了愛情遠渡重洋，陪他到完全陌生的上海生活，這種抉擇，需要多大的勇氣，做出多大的犧牲？

還有雪子尊重自己心愛的丈夫決絕地遁入佛門的選擇，寧願犧牲後半生的幸福也不阻攔挽留……啊，雪子，你拯救了我輕浮的人生啊！

雪子，你又支持我的精神世界尋求人格的圓滿和昇華……

農曆七月十三日是大勢至菩薩生日。了悟法師建議李叔同在這個吉祥的日子剃度，正式皈依佛門。剃度前，了悟法師喚李叔同來到自己的禪房。

了悟法師對李叔同說：「你是大根的人。這次我為你披剃，你將是我最後一個弟子。」

李叔同激動得滿眼熱淚：「弟子永世不忘師父的恩德。」

了悟又問：「你能直下承當佛陀的正法嗎？」

李叔同：「我能，師父。」

那日，西子湖山水，一派濃濃的秋色。溫暖的秋陽，將金色的陽光投向大慈山坳的虎跑寺。快九點時，李叔同身披海青，足蹬芒鞋，儀態安詳地來到大雄寶殿前。彼時，那裡已擠滿了觀禮的僧人，一位社會知名度極高的賢達剃度，讓眾人感到新奇。李叔同抬頭看了一眼大殿內，佛龕前，紅燭放光，爐香高燃，高高的金身佛像前，換上新鮮的供品，肅穆中平添幾許喜氣。

剃度儀式開始時，李叔同走進大殿，靜穆地向金佛頂禮三拜。然後，回轉身，再向觀禮眾僧頂禮一拜。

須臾，「當」的一聲大磬長鳴，引出鐘聲齊響，響聲在寺廟裡回蕩。了悟法師莊嚴踱出，他身披紅金袈裟，面帶慈祥笑容，至大殿佛龕前閉目斂神。等大磬再鳴，大殿內靜默無聲，各就各位。

大磬三鳴，眾僧在引禮僧的帶領下，向金佛三拜後唱起梵音佛曲，《大悲咒》等佛經響亮悠揚地飛出殿宇，飄向蒼綠的山野。

李叔同與了悟法師相對，了悟法師就李叔同出家的因緣說法，念「金刀剃下娘生髮，除卻塵勞不淨身……」偈文。念罷，便有一僧端來一把剃刀，一個盛帖子的承託盤。了悟法師取出剃刀，在李叔同事先已剃光的頭上比畫，三稱：「誓斷一切噁心；誓除一切苦厄；誓度一切眾生。」然後為被剃度者說三皈依：「皈依佛、皈依法、皈依僧。」接著上供。李叔同向披剃師了悟頂禮三拜，再向眾僧頂禮一拜。

剃度禮完成後，李叔同從託盤裡取出帖子，展開後，見了悟法師為他起了法名，正名演音，法號弘一。

從此刻起，李叔同正式成為佛祖釋迦牟尼傳法的沙彌，開始真正的僧侶修行。

也從今天開始、本書不再稱他李叔同，而稱弘一和尚了。

§

李叔同在虎跑寺削髮為僧成為弘一和尚的消息很快飛出大慈山，讓雖早有思想準備的天津、上海家人，還是遭到天崩地裂般的打擊，他們悲慟欲絕。二哥文熙，呆呆地在曾教文濤讀書的太師椅上，整整坐了一天，這一天他拒絕行醫、見客，滴水未進，粒米不食；俞氏抱著兒子號啕痛哭，讓傭人不知所措，她病在床上，半月不起；雪子一直坐在鋼琴前彈貝多芬的《月光奏鳴曲》，她與三郎定情時，窗外月光似水，三郎即興彈奏了《月光奏鳴曲》，她雙手溫柔地撫著他的雙肩，把臉頰貼在他的臉上……如今，窗外秋雨綿綿，秋風寒深，屋內琴聲悠揚，淚水流淌。

消息傳到文藝、教育界，人們錯愕震驚。大凡知道這位當時最負盛名的現代藝術家、教育家者，都在驚愕的同時，提出他為什麼放著現代藝術和現代藝術教育的工作不做，非要去當和尚的疑問。

是的，他的人生跌宕起伏、豐富多彩、充滿傳奇色彩，突出之處在於他在功成名就的鼎盛時期削髮為僧，這成為一個難解的謎團，值得後人認真探究。

這是個問題，是個很重要的問題。但可惜，眾說紛紜，迄今沒有誰能解答這個問題。

他的得意弟子豐子愷，在他圓寂六年之後，著文《我與弘一法師》說：「我以為人的生活，可以分作三層：一是物質生活，二是精神生活，三是靈魂生活。物質生活就是衣食，精神生活就是學術文藝，靈魂生活就是宗教……藝術的最高點與宗教相接近，二層樓的扶梯的最後頂點就是三層樓。所以弘一法師由藝術昇華到宗教，是必然的事。」

此論可稱「藝術昇華為宗教」論。如果我們以豐子愷為例，反問一下，你也是具有很高的藝術造詣的大師，卻未去剃度當和尚，只做了居士，這是為什麼呢?

陳星贊同豐子愷的「三層樓說」，在他寫的《說不盡的李叔同》一文中，對此說又做了進一步理解：「『三層樓』說也可以叫作『人格圓滿說』……之所以說豐子愷的論斷是比較符合性格發展的趨勢……以這樣的觀點來審視弘一大師這個個體較為貼近實際……李叔同從沒有把佛門看作人生幻滅的標誌，他的行為仍是一種超越世俗價值觀的悲壯的追求人生價值的表現。」

此可謂「人格圓滿」論。如果說出家就是人格圓滿，難道那些為真理、為民族、為家國做出極大貢獻的仁人志士的人格就不圓滿了嗎？

李鴻梁也是李叔同的高徒，他在《我的老師弘一法師——李叔同》一文中說：「先生為什麼出家……先生以為造成這樣悲慘罪惡的社會，完全是由於人們無窮的物質欲望和狹隘的自我執著所致。若欲根除此害，就非喚起人們的覺醒，把狹隘的小我擴大起來，博愛群生，普及物類不可。但在他的階級局限下，尋找來，尋找去，最後尋找到的途徑與方法，卻是自己甘願吃大苦，以苦行僧的意志和行動作現身說法，以達到移風易俗的目的，以救度群眾出於這個惡濁世界。」

此可謂「濟世」論。從弘一前半生的社會活動和藝術詩文看，他並無濟世的思想、言論和行為。李鴻梁過高地評價了他老師的濟世願望，而更多的是自我約束，自我靈魂的纏鬥和救贖。

鄧經武在弘一法師圓寂四十六年後的一九八八年，著文《一代奇人李叔同》，在「中國士大夫的必然悲劇」一節中他說：「他將上述不同性質的各種現象，都看作是社會發展的必然規律所致。他因此陷入了極度苦悶之中，在『生本無樂』、『四大皆空』的誦經聲中……拜倒在杭州虎跑大慈寺的佛祖足下，成了『演音和尚』、『弘一法師』……在他看來，半生閱歷亦是『眼界大千皆淚海』。李叔同在這種文化氛圍中生長，而後又經歷過國家與家庭的多種不幸，其間還幾涉域外成一種無物可致、無術可學的空虛，其拜倒在青燈古佛下，也就自然了。」

此可稱「厭世」論。僅「幾涉域外成一種無物可致、無術可學的空虛」句，就站不住腳，弘一在日本求學，成為中國現代戲劇、美術、音樂的先驅，一筆抹掉，在虛構的論據下之論，豈能正確？這對風華才子頗為不恭。

田濤在二〇〇九年出版的《弘一大師的前世今生》一書中，也談到弘一大師的出家問題，對於另外一些傳統知識分子來說，面對傳統文化的蕩然無存，他們痛心於社會的混亂、道德的淪喪，對現實不無苦悶和無奈之感，「出家前的李叔同實際上就沉浸在這樣一種精神狀態中……他以人格修養為工具，挽回道德頹風，重建新的社會理想和人倫秩序，正是李叔同作為文化貴族的社會責任意識……他以出家這種極端方式，忠誠地踐履了自己的意願。」

此可稱「社會責任意識」論。社會責任，精神上的自我救贖，並非只有出家才能踐履。

一九九〇年，錢仁康曾作《李叔同出家緣由》，力求解開其出家之謎。該文先列舉弘一法師早年與佛教的結緣，接著說：「叔同發願弘法利生，不自出家始。他在俗時創作的許多詩詞歌曲，都吐露了弘揚佛法，利益一切眾生的願望……這些詩詞和歌曲中透露的『誓度眾生成佛果』的想法，是一九一八年披剃出家的思想基礎……少年時期所受到的家庭教育的影響和青年時期所受的梁啟超等人的影響，是李叔同出家為僧的根本原因。」

此說謂「因緣」說，長期受佛學思想沐化積澱者，如馬一孚、趙朴初皆是，但他們並沒有披剃出家。故此說也難以服眾。

除上述之「藝術昇華為宗教」、「人格圓滿」、「濟世」、「厭世」、「社會責任意識」與「因緣」諸論外，關於李叔同為何出家的推論，還有不少，但都是從上面幾種論述推演出來的，也無新意。

本書想從弘一法師的人生經歷說起，給讀者一個清晰的脈絡。

先說童年。

一九三〇年的深秋，弘一法師曾到浙江慈溪金仙寺說法，告眾僧自己幼年的生活狀況。胡宇梵正好在場聆聽，在其《論弘一大師的童年》一文中，記述了弘一大師的講話內容：

> 筱樓公精陽明學，旁及禪宗……公年至七十二，因患痢疾，自知不起，臨終前病忽癒，乃屬人延請高僧，於臥室朗誦《金剛經》，靜聆其音，不許一人入內，以擾其心。……公臨歿，

毫無痛苦，安詳而逝，如入禪定。每日延僧一班或三班，誦經不絕。時師見僧之舉動，……以後即屢偕其侄輩，效焰口施食之戲，而自處上座，為大和尚焉。

朱經畬在《弘一法師年譜》中，一八八一年條，提及：

天津有王孝廉其人，曾到普陀山出家，返京後，居無量庵，因為叔同大侄媳早寡，從王學《大悲咒》、《往生咒》，常旁聽，亦能成誦……其後對世事更多理解，至十五歲時，有句云：「人生猶似西山月，富貴終如瓦上霜。」

該年譜一九一三年條，記該年初冬，弘一法師由杭州到紹興主持說法，將行之日，蔡冠洛與徐悲鴻來為其畫像，並想為大師寫年譜，大師聽罷云：

平生無過人行，甚慚愧，有所記憶，他日當為仁等言之。至二十歲時，陳元芳居士已得其略。年七八歲時，即有無常、苦、空之感，乳母每教誡之，以為非童年所宜。

二十歲到出家前。

弘一法師於一八九七年十八歲時，與俞氏結婚，次年應天津縣學科考，不中。八月奉母命南下上海。參加城南文社，結交滬上文友，以文名申城，沉於醇酒美人間。一九〇五年二十六歲赴日本留學。

夏丏尊在《弘一大師永懷錄》中收有豐子愷《法味》一文，其中有：

> 他（弘一法師）關於母親，曾一皺眉，搖著頭說：「我的母親——生母很苦！」

他非常愛他的母親……他自己說：「我從（一八九九）二十歲至二十六歲間的五六年，是平生最幸福的時候。此後就不斷地悲哀與憂愁，一直到出家。」

要麼是豐子愷記述有誤，要麼是弘一大師言不由衷。二十六歲之後赴日本留學，至三十二歲歸國，這六年間，他成為中國現代戲劇、現代美術、現代音樂的先驅而名滿東瀛，為他的豐富多彩的人生最為光彩的一段，而且收穫了美滿的愛情，與日本女子雪子喜結良緣，從此忠於愛情。即使李家破產，但以他當時的財富，此生無憾。請看朱經畬之《弘一法師年譜》一九一一年條：

> 是年李家遭變，百萬資產，一倒於「義善源票號」，損失五十餘萬元……從而家道中落，叔同對此不甚在意。

在日本這六年，何「悲哀與憂愁」之有？

但從一九一二年，經歷了慈母逝世、日本留學，家道中落的三十三歲的弘一法師到浙江一師任教之後，才漸漸對佛法因緣有了興趣和認同的端倪。

在該校，因弘一法師的名氣和慈善——他天生有悲憫的人性，很快在他身邊聚集了一群朋友和崇拜他的師生，再加上杭州多寺廟，有濃厚的宗教氛圍，這些都有利於他近佛。

一九一五年，他資助品學兼優的愛徒劉質平留學日本。這一年他備感精神苦悶，於是盛夏的八月十九日致信劉質平，其中有：

宜信仰宗教，求精神上的安樂。據余一人所見，確係如此，未知君以為如何？

一九一六年弘一法師又曾致函弟子楊白民：

前寄來琴書預約卷、《理學小傳》等皆收到。因入山故，未能答覆。

此函所提《理學小傳》，乃理學，即宋明時的一種哲學思想，也稱道學。書中認為主觀意識是派生世界萬物的本原。當時弘一法師正專注研究理學、佛學。

夏丏尊在《弘一法師之出家》一文中說，一九一六年弘一法師：

這時他只看些宋、元人的理學書和道家的書類，佛學尚未談到。

此論差矣，從童年至中年，弘一法師一直接觸、閱讀、研究佛學，沒有佛學的支撐，他皈依佛門就是虛妄和莽撞。

如若讀朱經畬《弘一法師年譜》一九一六年條：

九月（陽曆十月八日）叔同將入山坐禪……題陳師曾畫荷花小幅，有《序》述其經過：「時余將入山坐禪（這一年夏天暑假已斷過食），『慧業』云云，以美荷花，亦足以自劭。詞云：『一花一葉，孤芳致潔，昏波不染，成就慧業。』」

倘無高深的佛學修養，怎能寫出充滿佛性、佛理的詩文。佛學，即佛教及其研究的學問。從童年即接觸佛經、佛典、佛法、佛事，有深厚的國學功底的弘一法師不學佛學，幾成笑話。須知，此年弘一法師棄俗活動已經開始。

一九一七年，弘一法師致函劉質平：

心倘不定，可以行靜坐法，入手雖難，然行之有恆，自可入門（君有崇信之宗教，信仰之尤善。佛、伊、耶，皆可）。

一九一八年二月，彭遜之在虎跑寺出家，在場的弘一法師頗有觸動，遂再致函劉質平：

不佞近耽空寂，厭棄人事，早在今夏，遲在明年，將入山剃度為沙彌。

之所以有「早在今夏，遲在明年」出家之語，是因為他那時正積極卻艱難地處理出家前後的家庭糾紛。俞氏老派婦人，只求生計、子女有妥善安排，沒有奢求，這對弘一法師省卻不少糾纏。而日本夫人雪子卻是弘一法師出家路上的重要一關。相愛的夫婦，難捨的幸福生活，彼此突然斷絕一切，成為陌路，談何容易？雪子的深明大義、犧牲家庭、婚姻，割斷世俗卻真摯的愛情，道義上支持丈夫的選擇，真乃不讓鬚眉的奇女子。弘一法師背叛了愛情，雖遂了心願，但在法理上、在道義上、在人格上，的確輸給了雪子。

這場悲劇中，有價值的毀滅、意義的失落，誠如後來弘一法師在南普陀所說：

「我的性情是很特別的。我只希望我的事情失敗，因為事情失敗，不完滿，這才使我常發大慚愧……一個人如果事情做完滿了，那麼這個人就會心滿意足，洋洋得意，反而增加他貢高我慢的念頭，生出種種過失來，所以還是不去希望完滿的好。」（弘一《南國十年之夢影》）

他圓寂之前，卻主張「華枝春滿，天心月圓」。這體現出弘一法師雲水行止中的矛盾。倘若我們把弘一法師說成了什麼菩提、般若，他肯定不贊同，會說：「錯了，我不完滿。」

綜上所述，弘一法師棄俗入佛，是在漫長生活實踐中尋出的適合他自己人生的理想之路。用他自己的偈語表達：「君子之交，其淡如水；執象而求，咫尺千里。問余何適，廓爾忘言；華枝春滿，天心月圓。」

§

成為弘一和尚的第二天，下午「坐香」之後，他走出大殿，抬頭遮眼，望了望天上的炎炎烈日。大暑時節，即使是幽深的大山裡也酷熱難耐，但他的心情卻平靜如深潭之水。下得石階，忽見夏丏尊呆呆地凝望著自己。剃度前，弟子豐子愷、劉質平曾來看望他幾次，唯丏尊未曾露面。

弘一法師微笑著對怔在那裡的丏尊叫道：「丏尊，你來了。」

老朋友夏丏尊只顧凝視剃光了頭，身披飄然粗布袈裟，手持一串念珠，儼然一副僧相的弘一法師，臉上泛著手足間特有的微笑，脫口叫道：「哎呀！叔同，你真的出家了？」

夏丏尊一向知道他的這位兄長，喜理佛談禪，有中國傳統士人的一貫修養，但他怎麼也不敢相信，這位受過西方文化影響的風華才子，真的會投身宗教，他彷彿看到了一個義無反顧將生命奉獻給佛祖釋迦牟尼的殉道者，又被他對信仰的至誠所感動。

已成沙彌的老友告訴他：「昨天，大勢至菩薩生日落髮的。可惜你沒到現場。」說罷，引著他穿過幾個院落，來到自己的僧舍。

夏丏尊見僧舍雖簡陋卻十分整潔，外屋一桌一椅，桌上有文房四寶、經卷，地下幾個蒲團，裡屋一小木床，床上一被褥、一枕，眼裡便湧出了淚。他後悔，後悔不該將那勞什子的關於斷食的文章轉送給這位老朋友，正是因為那篇文章，他才到虎跑寺斷食二十二天，才有了今天的落髮為僧！

弘一清楚丏尊的自責，於是他寬慰道：「丏尊，我的出家，感謝佛的呼喚。」然後坐在蒲團上，拍拍另一個蒲團讓他落座，「一個月，很想念你。」

夏丏尊坐下，傷感地說：「昨天，想來，但家父病了，不輕，耽誤了。」

弘一：「令尊大人有屙，貧僧不便去探看，望你諒解，我會祈佛，讓老人家早些痊癒。」說罷，他起身回內屋取出一卷軸，是他寫的一幅字，交給丏尊：「這幅字，作為我出家的紀念送給你。」

夏丏尊忙站起，接過字，他的心情很複雜，他在老友決定拋棄漂泊異國的雪子和他的藝術生涯出家時，苦勸無果，便憤然道：「學佛，學個什麼佛呢！拋妻棄子，拒絕社會，做居士不徹底，索性做和尚，豈不乾脆！」

當下，不幸被他言中，他不知道是該祝賀呢，還是繼續勸勉。

弘一將那幅三尺長、一尺寬的條幅展開說：「丏尊，這幅字是我出家的當夜寫的，也是第一次以字贈人。此中文字極為重要，是我要在後半生中竭誠奉行的。此乃《楞嚴經》中的第一節。不僅作為觀念，且倘若你也成為居士也望你奉行終生。」

說罷，弘一用他特有的純正而清亮的國語念道：

大勢至法王子，與其同倫五十二菩薩，即從座起，頂禮佛足，而白佛言：「我憶往昔者恆河沙劫，有佛出世，名無量光，十二如來相繼一劫，其最後佛，名超日月光，彼佛教我念佛三昧。譬如有人，一人專為憶，一人專忘，如是二人，若逢不逢，或見非見；二人相憶，二憶念深。如是乃至從生至生，同於形影，不相乘異；十方如來，憐念眾生，如母憶子，若子逃逝，雖憶何為！子若憶母，如母憶時，母子歷生不相違遠；若眾生心，憶佛念佛，現前當來，必定見佛，去佛不遠，不假方便，自得心開；如染香人，身有香氣，此則名曰：『香光莊嚴』。我本因地，以念佛心，入無生忍，今於此界，攝念佛歸於淨土。佛問圓道，我無選擇——都攝六根，淨念相繼，得三摩地，斯為第一。」

讀罷，弘一二目生光，面容沉靜。

那夏丏尊，聽得字字入心，雖對「念佛三昧」、「香光莊嚴」等這些深奧之義茫然不知，但《楞嚴經》簡潔扼要，敘理精妙，他十分驚訝、欣賞，並對其產生了一種敬畏之心。

夏丏尊注意到，弘一在條幅文末留有題款：

願與丏尊，他年同生安養，共圓種智。

見丏尊對此不甚了然，弘一解釋，此款講的是大勢至菩薩得證佛果的小故事，大勢至，用的是「念佛方法」，證得了「佛性」，它的方法則是「都攝六根（眼、耳、鼻、舌、身、意）淨念相繼」，便可得「三摩地」了。

弘一解釋之後，發現丏尊仍一臉茫然，笑道：「佛學，你不去實行，總是弄不懂的。」

夏丏尊一聽，淚便流出：「兄長，你入佛門，怕今後交流也要隔著一層了！」

弘一忙鞠躬：「今後，望你能從世俗的觀念護持我，我以佛心護持你。」

說到護持，夏丏尊想到已經成了孤家寡人的雪子，便問了幾句。

弘一平靜得如談與己不相干的人一樣，告訴夏丏尊：雪子還在上海法租界的那棟洋房裡，有他留給她的錢物，此生至終老都會體體面面、衣食無憂的。然後說：「我做了和尚，那個俗家便不能與我相干了。」

這話讓夏丏尊心裡一涼，再看弘一，臉上毫無悲戚和留戀，又有些氣憤，相濡以沫多年的恩愛妻子，遭如此無情地遺棄，連一點憐惜都沒有，弘一和尚的「慈悲之心」到哪兒去了！他憤憤告別：「好吧，這就別過了。」

轉身之後，他沒有回頭，心裡充滿了悲憤和惘然：這個和尚，變得如此不可理喻。然而他不知道的是，弘一一直站在寺廟山門前，看著他的背影消失在崎嶇的山路，兩眼汪著晶亮的熱淚……

§

上海法租界，雪子家樓前馬路便道上的大葉梧桐，撐起一把把大傘，傘下是一團團陰涼。雪子坐在一家臨街的咖啡廳，無精打采地望著窗外。這家法國人開的小店，裝潢是法國風格的，精緻典雅而不奢華。咖啡廳客人不多，但都體面優雅，曾經是她和三郎經常休閒會友的地方。

今天她到這裡小坐，因為她剛剛去醫院檢查，醫生微笑著對她說：「恭喜夫人，您已懷孕了！」她要了杯咖啡。品完，竟不知是喜是憂。

她記得那是一個秋雨綿綿的星期天，三郎從浙江一師回上海休假，他們午休之後來到這裡，三郎給她講學校裡的故事。忽然咖啡廳裡進來一個西裝革履的男子，還手拉著一個風情萬種的淑女，雪子認得那個男子是三郎的好友許幻園。三郎見到老友很高興，四人找了個雅靜的長桌坐在一起。許幻園介紹兩個女人認識。那女子正是曾與三郎很要好的名妓李蘋香。在日本時三郎講起過，李蘋香是風月場中的交際花，雖青春不再，卻仍光彩照人。她見三郎並不避諱雪子，驚喜地撲到三郎身上，啊，聽說你從日本回到上海，怎麼忘了老朋友，不來打招呼。

三郎倒不尷尬，拍拍李蘋香的肩，用下頜示意：「這是我的妻子雪子。」

李蘋香看著雪子說：「啊，怪不得，有這樣年輕漂亮的美人，怎麼還會想到我們。」

三郎與許幻園有很多話要說，兩個女人交流起來也很高興。夜幕降臨時，許幻園叫了四輛車，到城隍廟一家飯店吃酒。吃完酒雪子拉著三郎的手說：「怪不得你們相好，連我都喜歡，中國的女人真是又美又優雅。」

三郎告訴她：「這些風塵女子，其實都很苦，她們為了生存只能賣笑，但她們的善良本性從未泯滅。」

雪子深情款款地看著三郎：「為了我，三郎割捨了舊愛，再未沾惹她們，讓我很感動。」

咖啡廳窗外的雨漸漸變大，她的兩眼也迷濛起來，她給家裡的傭人阿香打了電話，讓阿香打把大傘來接她。在回家的路上，有個蒙著油布的報童在叫賣小報，雪子給了他五角錢，買了一份不知名的小報，孩子追著她找零錢，她拍拍孩子的頭：「去吃碗陽春麵吧。」

回到家，牆上的鐘已指向七點，傭人早已把晚飯做好。在飯桌上，她拿起不起眼的小報，隨意翻翻——買它只為可憐那個報童。閱覽中她發現有條新聞：「風華才子李叔同剃度虎跑寺」，她的心頭一顫：兩個月沒音信的三郎，竟然真的削髮為僧了，她擔心會到來的災難，終於結結實實降臨了。

巧得很，沒過兩天，許幻園攜其夫人登門，將這一消息告知雪子，並說：「他既然從此與石磬青燈為伴，你何必孤身一人在上海苦撐，不如回日本與家人團聚吧。」

客人走後，雪子的心更沉重。回日本？難道是三郎托許先生傳達的意思嗎？這與下逐客令又有何異？她不禁為三郎的恩斷義絕而悲痛，但當她冷靜下來，她熟悉的三郎或許怕她孤身一人，在上海多有艱難，讓他牽掛，回到日本，她不會寂寞。細想起來，愛情破滅，三郎遁入空門，除了回日本，難道還有更好的選擇嗎？

雪子來到大慈山虎跑寺山門時已將近中午。陽光下，她眺望著周圍的莽莽山巒，不知是喜是悲。三郎已經剃度成僧，一心向佛，讓他重回俗世是不可能的，她只是想見他最後一面，從此彼此天各一方，自己身懷六甲，有了愛的結晶，但她已沒了父親，有何可喜？悲，已悲得徹骨，眼淚早已流乾。她在離開中國之前，並不想告訴他自己已有子嗣，來牽絆他，讓他回心轉意。只想再見他一面，算是正式訣別。即使是一場春夢，也會有醒時。在以後漫長淒苦的歲月裡，她想讓愛人的音容笑貌，永遠清晰、真切。

在雪子下定決心回日本時，她要堂堂正正向三郎告個別，了結這段情緣。今天，她將法租界家裡的一切料理完畢，清晨她雇了一輛車到上海北站，買了去杭州的特等車票。在豪華的特等車廂，她靠車窗坐下，思緒翻飛，回憶著三郎到浙江一師任教時，她曾多次要求三郎帶她到西子湖畔一遊，他總是找各種理由拒絕。比如，學校是清一色的男性，忽然有年輕美麗的女子花枝招展地出現在校園，在當時尚未很開放的杭州，將成為各種小報的花邊新聞，弄得滿城風雨，這會影響他的聲譽，等等。三郎的勸阻使她一直未能成行。一次，夏丏尊到上海家裡做客，與三郎商量柳亞子、高吹萬、姚石子等名流攜眷屬到杭州雅聚的事。她聽罷一笑，便向夏丏尊求證三郎所說，若她去學校，會弄得滿城風雨，是否屬實。夏丏尊先一愣，又看看三郎，便說：「柳亞子等家眷都不如雪子年輕漂亮，況且都是華夏人，自然不會引起小報記者的興趣。」丙辰年（一九一六），三郎到虎跑寺進行斷食試驗，一個月未回上海，她曾與傭人阿香一起乘火車到虎跑寺，結果遭僧人拒之門外，苦求不遂，她憤然返滬……

有過那次在西湖邊峰巒青翠的山間小路之行，此行她不再貪戀湖光山色，一個人步履急促地來到虎跑寺山門。

雪子在山門停留片刻，便走進寂靜空闊的寺院。這座寺廟，比日本式佛寺要宏大得多，它以大殿為中心，向前後左右延伸，院落幽深，彼此相連，古松老柏蒼翠繁茂，殿宇也極為精緻。雪子輕輕過了前殿，穿過院落，見一鐵鑄的巨大香爐，這裡香客不多，香爐裡只有幾炷香在嫋嫋升著青煙。往前登上大殿的石級，只見殿宇高大，金佛、香葉，殿內空無一人，她的心猛然一震，心頭閃過三郎並未出家的想法，這讓她幾乎叫出來。

她癡癡地望著金佛，不由自主地跪下來，合掌參拜，請菩薩把三郎還給自己，那久已乾涸的淚泉，又突然湧出熱淚，滴在被磨光的黑灰的磚上。

就在這時，有聲音飄過耳畔：「施主，貧僧可否幫你？」

雪子抬頭站立起來，回過頭，見一著過膝羅漢衣，手持黑色念珠的僧人，合掌微笑。

「師父，請問寺裡有位剛剃度的弘一嗎？」

「施主，這位剛剛剃度的弘一是你什麼人？」

「師父，我是他上海家裡的人。」

僧人打量一下雪子：「施主，請在此處稍候。」

僧人從大殿的側門走向了裡院。

那個高個兒僧人叫彭遜之，原來是個居士，後剃度出家，他去見弘一時，將他的所見告知弘一。

弘一：「阿彌陀佛，慚愧。」

僧人：「依情，難道不應見見嗎？」

弘一：「我出家不久，恐業力牽絆，斷失佛心，如再存夫妻之情，豈不佛心不純。」

僧人欲言又止，轉身走了，但就在回身一霎，他從弘一的眼神裡捕捉到一絲辛酸。

要出門時，弘一又叫住僧人，背誦《地藏菩薩本願經》：

「願一切有情，共生安養，同圓種智，佛陀的光輝，照耀這苦難的世間。」

高個兒僧人：「師弟，我明白了。」

雪子在殿前焦急地等候，她想見的三郎難道也是光頭、穿黑羅漢袍、露孔鞋、手持念珠、瘦高清臒的？這還是那個在日本飾演《茶花女》的瀟灑男人嗎？

等了許久，已經十二點了，好不容易，那位高個兒僧人從月亮門裡走出來，面色沉重地走向雪子：「施主，你要找的那個人貧僧見到了。但是他說他剛落髮，不見俗家人。」

雪子彷彿挨了一悶棍，急忙道：「我是他的妻子呀！」

高個兒僧人無可奈何地說：「貧僧看出了你們的關係，也勸他與你相見，但他仍拒絕見一切親屬。」

雪子的心一下子亂了：「他不能不見我一面……」

高個兒僧人：「貧僧說了很多勸他的話，實在無能為力，現在正是齋飯時間，我帶施主吃過齋飯，就請回上海吧！」

絕望的雪子向高個兒僧人道了謝，婉言謝絕了齋飯後，高個兒僧合掌充滿歉意地去了。

雪子靠在一棵老松上，失魂落魄，欲哭無淚。正在這時，大殿後的魚板敲響了，其聲洪亮悠揚，僧眾的齋飯時間到了。

頂著太陽，雪子癡癡地走出山門，又癡癡地回頭望了一眼，然後頭也不回地向山坳走去。她伴著幽咽的哭聲，沿著西湖的堤岸小路，深一腳淺一腳地走到天黑。

雪子登上由杭州艮山門開出的九點夜車，走進特等車廂，她滿面灰塵，雅致的月白色衣裙已被汗水和淚水弄得髒汙不堪，以致她走進特等車廂時，乘務人員懷疑她上錯車了。

癡呆呆地在上海家裡過了兩天，她便買舟東渡，逃離了夢碎魂斷的異邦，回到了自己的祖國，永遠埋名故鄉……

§

黯然銷魂者，唯別而已矣。

雪子肝腸寸斷地離開上海位於海寧路的舊居，那座留下太多浪漫溫馨記憶的樓房。提著裝有一塊丈夫的懷錶、一縷鬍鬚、幾封書信、歌曲《送別》的手稿及幾幅油畫的皮箱，她買舟回到東京的老家。

年邁的母親原本就對雪子嫁給李叔同心存不滿，後她又隨李叔同到他們很瞧不起的中國定居，鄰居的冷言冷語，已讓他們吃盡了苦頭，突然又見雪子神色黯然地回到老屋，積鬱胸中的憤懣讓老人做出讓雪子猝不及防的決定：這個家不歡迎你。

古往今來皆涕淚，斷腸分手各風煙。雪子向老母深深鞠了一躬，留下一個裝滿美元的信封，然後躬身而退，身後那沉悶的關門聲讓雪子悲從中來，掩面而泣。

雪子默默地走著，竟然如夢似幻地想起杭州西湖那個薄霧的傍晚，已身懷六甲的她，請求叔同不要拋棄一直相愛的人出家當和尚。她之所以沒告訴他自己有身孕，是不想以此為條件逼他回心轉意。李叔同神色平靜地對她雙手合十：「我已剃度出家，請叫我弘一。」面前這個人，在她哀求不要以出家背叛彼此的愛情時，曾說：「出家，就是慈悲，就是博愛。」她追問：「你慈悲世人，為何獨傷我們的愛情？」接下來是長久的沉默。

湖上的霧越來越濃，雪子絕望地站在船頭，哭得淒切，「悲茄哀角不堪聽」，岸上的李叔同，一直雙手合十，不動聲色……

雪子在東京旅館住了兩天，重遊了她與李叔同邂逅和定情的房舍，然後搭乘一艘豪華郵船，去往日本最南端的沖繩島。

雪子決定在沖繩隱姓埋名住下，但久居總要有個自己的居所，受李叔同的影響，她對天津李家那座老宅大宅院十分感興趣。在丈夫的描述中，那是座承載著他童年回憶的樂園。於是雪子看中了有中國四合院風貌的院落：不高的圍牆和柵欄圍著幾間磚石砌成的房舍，院子寬敞有松樹和櫻花樹。

雪子從皮箱中取出丈夫多幅油畫中的一幅，鑒於李叔同在日本的聲望，此畫被人收購，不僅可抵購買這個小院的費用，連傢俱都可置辦齊全。

一切安排妥當，腹中的胎兒誕生了，取名春山油子，油子與遊子諧音，意為是個離開父親浪跡天涯的遊子。

雪子熱愛中國文化，她來沖繩，不只是為逃避母親的鄙視，而是她對沖繩有所研究，此島由諸多小島連接而成，處於日本與臺灣之間，屬亞熱帶氣候，氣溫常年在二十三攝氏度左右，島嶼四季樹木青翠，有鮮花、流泉，風景宜人，是旅遊者的聖地。另，這裡交通方便，那霸機場，飛機時起時落。更讓雪子鍾愛的，是離那霸機場不遠的一座山崗上有座十分壯觀的城堡，那裡曾是往昔琉球君主的官邸。該城堡建於中國唐代時期，因當時中日文化交流密切，該城堡是石木結構，氣勢巍峨，飛簷斗拱，牌坊、城門塗以朱色，具有濃郁的中國唐代建築風格。對中國媳婦、深諳中國文化的雪子來說，這種中國文化氣息與她對李叔同的思念融為一體，這裡是最理想的居住地，正所謂「遍地關山行不得，為誰辛苦為誰啼」。

雪子把這座四合院的房舍改造成中國北方平房建築風格，房舍間築了雕樑畫棟的木製走廊，她親自畫了山水花卉，還特在北面開了個小門，圍了一個小巧精緻的後院，按照李叔同多次給她描繪的天津故居的模樣築一小木亭，置以山石，又挖了小池塘，成為微縮的故居景觀。

最讓雪子得意的，是把三間正房布置成客廳兼臥室，把李叔同掛在上海他們同住房舍牆上的宋、明、清的字畫，及他以她為模特兒畫的幾十幅裸體油畫全都掛在四壁牆上。雪子還請上海的朋友把李叔同那架鋼琴及金絲楠木床榻托運到沖繩，擺在這裡。

用了大半年的時光，這個充滿李叔同氣息的院落安頓得妥妥帖帖。

雪子自己為家的落成搞了個獨特儀式：在飯廳的中國式的八仙桌上，擺上李叔同愛吃的以海鮮、蔬菜、牛肉為主的日本料理，準備三套餐具和一瓶清酒、兩個酒杯，雪子特意穿上一襲中國上海流行的白色繡花旗袍，給一歲的油子穿上中式對襟紅色小褂。

雪子斟上兩杯清酒，自己一杯，在空位一套餐具前放了一個杯子，她對女兒說道：「來，為咱們的新家，慶祝一下。」

又對空位那杯盛滿酒的杯子說：「三郎，我和女兒有了自己的新家，請放心。」然後一飲而盡，眼裡的淚水湧了出來。

雪子是熱愛生活的女人，李叔同留給她豐厚的家產，足以供她和油子一生錦衣玉食受用不完。但她厭倦不勞而獲的富足生活，便選擇到當地一家小診所工作。有時她還到當地一所小學義務教音樂。有時，她又與漁家下海捕魚，補貼家用。

雪子，在當地被視為特立獨行的女人，她出門工作，上街購物，穿一身得體的和服，優雅大方，一臉微笑。回到家裡，立刻換上典雅的中國旗袍，婀娜多姿。

在家裡，雪子會彈彈琴，唱唱歌，讀讀中文及其他語言的書籍。但她更多的精力皆用在教育、輔導油子的學習上。她從上海帶回的南宋劉克莊選本《千家詩》、清人選本《唐詩三百首》，都派上了用場。昔日李叔同就是用這些讀本教她深入瞭解中國文化的。每當她拿起這些李叔同讀過的書，往事就一幕幕地縈繞在眼前……

第九章

靈隱寺隆重剃度，法名演音號弘一

遊人不管春將老，來往亭前踏落花。
——北宋．歐陽修《豐樂亭遊春．其三》

農曆八月十九，剛剛過完中秋節，靈隱寺開壇傳戒，為期三十天。這是為眾僧接受佛家生活而辦傳戒，即傳播佛家「戒律」。

「戒律」，是制心守身的規範。追求佛道最重要的前提便是「戒」。它使每個出家僧人從衣食住行上，嚴格要求自己，由形式的戒文，軌正那顆瞬息萬變的心。沒有嚴持戒律的佛教僧人，談到高深的定力與大智大慧，只是一派謊言，佛言：「佛滅度後，以戒為師。」這是千古不移的真理。

佛教的戒文每條都有嚴格規定，不可曲解，如：「寧可犧牲生命，誓不殺一蟲一蟻……寧可犧牲生命，誓不妄取一草一木……」等。戒律律定了出家人的行為。

佛教戒律不同於儒家的「仁愛孝悌忠信」等抽象的倫理觀念那樣沒有實踐準則，戒律是具體的準則。從「披衣」、「持具」、「托缽」、「請師」、「長跪朗誦戒文」，至一切僧人的日常生活瑣事，都有嚴格的規範。

靈隱寺開壇傳戒，是剛剃度的弘一的重要一課，他決定到靈隱寺受戒。

西湖眾多的佛寺，大大小小的廟庵拱衛著這翡翠般的湖水，構成西湖獨特的幽雅莊嚴的景觀和文化特質。虎跑寺、玉佛寺、靈隱寺、白雲庵就點綴在西湖的碧水青山間，晨鐘暮鼓、梵音磬響，在蘇堤、雷峰塔、三潭映月、湖心亭繚繞，如天籟之聲讓風景如畫的西湖平添幾分仙氣。

瀕臨西湖的靈隱寺不僅規模宏偉闊大，其在西湖千年的歷史上也舉足輕重，無疑是西湖的靈魂，賦予這片山水獨特的精神。

弘一辭別了了悟法師和寺中同參，背上衣物，拜別大殿的金佛，出山門，向靈隱寺走去。

這條靠西的濱湖小路，弘一在浙江一師執教時，曾帶領夏丏尊、豐子愷、劉質平經過這裡去湖上泛舟。那時他醉情於湖光山色，此次卻是超然物外地去受戒，心裡湧動著莊嚴之情。眼中的雲高水碧，棲鴉聒噪也似乎很莊嚴。

到靈隱寺山門前，他走上鋪著石頭的平坦甬道，此時已有不少來寺求戒的僧人，與他一樣背著行囊，踽踽獨行。臨近山門，僧人更多了。青石上的山門矗立了幾百年，依然傲立。旁邊古松參天，篩下一地金色秋陽。幽深的石徑通向大殿，遠處是飛來峰下白綾般的飛瀑。弘一心裡暗自高興：這裡是受戒的最佳所在。

辦好求戒手續，他被分配到大殿後一幢樓的二層中的一間獨立的房舍。

在充滿詩意的環境裡，來自各地的二百多位戒子，雖一口南蠻北侉的方言，卻和諧地在一起受戒。來這裡作戒子得戒、說戒、羯摩、教授與尊證的諸師，皆是雲水高僧，虎跑寺方丈法輪長老就是尊證師之一。

其實，受戒並不是什麼神祕巫術，佛家受戒的過程，更重視生活教育的磨煉，使僧人在生活上養成遵守佛教教制的習慣，成為真正的傳教者、修道者。其餘時間，便是在戒壇上，熟悉戒文，接受「教授師」的教導，遵守戒文上的規定。然後燃頂香，以表虔誠，終生奉行。最後得戒僧人鄭重莊嚴地把一個正式比丘所必需的袈裟、戒牒、缽、錫杖頒給來此受戒者。從此，受戒者成為一個遵守二十五戒的比丘。

§

在戒期中，老友馬一浮至戒壇訪弘一，馬一浮先弘一學佛多年，卻一直未落髮為僧。得弘一受戒之音信，即趕到靈隱寺會晤老友，並贈他兩本關於戒律的書：一本是明代蕅益大師之《靈峰毘尼事義集要》，另一本是清初見月律師的《寶華傳戒正範》。

馬一浮：「弘公，為表達我對老友的虔心和敬意，送兩本戒律著作供養您。」

弘一忙雙手接過，「謝謝，謝謝」，然後將書置於佛案，頂禮三拜。

送馬一浮出山門，看老友遠去，弘一心中喟嘆，他感動於友人的深情厚誼。

豐子愷曾在《陋巷》中談過弘一與馬一浮，他們既是「佛侶」又是「法侶」，是靈山會上的有緣人。豐子愷十七歲時在浙江一師讀書，弘一從虎跑寺斷食返校。文中有：

> 他帶了我們到這陋巷裡訪問M（馬一浮）先生。我跟著李（叔同）先生，走進這陋巷中的一間老屋，就看見一位身材矮胖，而滿面鬍鬚的中年男子（時三十六歲）從裡面走出來接應我們……我其實全然不懂他們的話，只是片斷地聽到什麼「楞嚴」、「圓覺」等名詞，又有一個英語Philosophy出現在他們的談話中——聽到時怪有興味……他們的話越談越長，馬先生的笑聲越笑越響……

這些文字寫弘一與馬一浮在談高深的佛學，也可見弘一的佛學修養和後來的出家都受到了馬一浮的影響。

受戒之餘，弘一專心凝神研讀馬一浮所贈珍貴之書。發現其中不少地方表述完備。再看眼下，在佛學界，佛陀崇高的救世救人的教義已遭破壞，佛門德行敗壞，充滿江湖氣，被知識界譏為「三教九流」，看到這裡他不禁悲從中來，淚流滿面。

他感到重建佛門戒律，必須立行。

他感到作為僧人，肩上擔著重任。

不久，夏丏尊也到靈隱寺看望弘一。見其臉上陰鬱，還沒等丏尊開口，弘一便問：「莫非有不如意事發生？」

夏丏尊：「早就想來看你，不料家父上月中逝世了。」

弘一一驚合掌道：「阿彌陀佛，你要節哀。等受戒結束，我要為尊大人誦《地藏經》，祈尊大人早生安養。」

之後，是長久的沉默，直到夏丏尊悽楚地告別。

弘一：「滿戒之後，寫一經文給你，望你恭誦，為尊大人消業滅罪。」

夏丏尊留下一聲嘆息，頭也不回地走了。

弘一受戒期滿，回到虎跑寺，誦了一天《地藏經》，為夏丏尊父親祈禱。當夜又恭書該經一節，最後是：

> 復次地藏，未來世中，若天若人，隨業報應，落在惡趣，臨墮趣中，或至門首，是諸眾生，若能念得一佛名，一菩薩名，一句一偈，大乘經典，是請眾生，汝以神力，方使救拔；於是人所，現無邊身，為碎地獄，遣令生天，受勝妙樂！

仔細念了一遍，覺得此經文對夏丏尊很合適，就請寺裡同參轉交夏丏尊。

§

接著，弘一又到精嚴寺閱經。此行是應嘉興佛學會范古農居士之邀。弘一出家前，還在浙江一師執教時，一次春假回上海與雪子團聚，火車經過嘉興時，他下車拜訪過這位佛學大家范古農居士，二人相談甚歡，越是談到佛學興致就越濃。弘一告之，自己很快就要皈依佛門，二人相約，弘一出家後到這裡閱經。

農曆十月，已是初冬，江南已到霜凍季節，弘一到嘉興佛學會掛單，赴范古農居士之約。

弘一到精嚴寺已是下午四點多，山門前聚了一大群人，在那裡迎接這位原來的風華才子，如今的弘一和尚。佛學會會長范古農率寺裡的常住和尚、城裡的一眾有頭有臉的居士微笑著恭候，弘一忙合掌回敬：「太客氣，不敢不敢。」

在眾人引導下，弘一進寺，到大殿上香、拜佛。天色將晚時他進入藏經閣。

眼前浩繁的線裝佛典，散發著濃濃的沉香氣味。見此，作為有志讀經卷者，弘一恭然興奮。弘一鑽進藏經閣，埋頭讀經，從陽光照進南窗，到夕陽從西窗沉落，他分函夾註簽號後，靜心恭讀。

一天，有位中年人聽說大名鼎鼎的弘一法師來嘉興精嚴寺讀經了，便想方設法見到了弘一，他非常景仰弘一法師的才學，想求一幅字，留作紀念。弘一法師請范公定奪，范公笑了：「此乃植淨因之舉，以墨寶接引眾生，功德無量。本地學會道友，也早有求墨寶之請，請師慈悲。」

弘一：「悉皆如願。」

當場，小僧搬來書案，鋪紙，研墨。弘一以楷書寫下「應無所住，而生其心」，下款落「大慈一音」，贈予求字者。求字者千恩萬謝之後，欣喜而去。

接著，他又寫一聯：

佛即是心，心即佛
人能巨集道，道巨集人

將此聯供養給精嚴寺常住。其字之功力，其聯之絕妙，僧人莫不嘆服。從此眾僧口口相傳，香客也人人爭誦。弘一見墨寶可結緣，潛移默化間，可喚起人們佛性的覺醒。在精嚴寺的兩個月中，弘一法師研讀佛經的餘暇，常為上門求字的有緣人寫字，其間贈出幾百件墨寶，多是：

無住生心
是心作佛
老實念佛
無上清涼
慈悲喜捨
以戒為師
阿彌陀佛
……

在嘉興期間，弘一去聽過馬一浮講《大乘起信論》，並曾請馬一浮潤色自己寫的一篇贊詞。同時，在指導王心湛研究《華嚴》時，他極力推崇馬一浮，可見弘一對馬一浮的恭敬尊崇。

弘一是在精嚴寺讀經兩個多月後的嚴冬離開的，原因是他接到馬一浮的來信，說海潮寺法一禪師主持禪七，約他「同往打七」。

作為一個嚴行戒律的雲水僧，浮雲白日，四方漂泊，廣結善緣，皆是學佛。於是弘一就乘火車回到杭州虎跑寺，休整一日後，次日一早便與馬一浮同去海潮寺。

禪學，佛教禪宗的教義。禪學使中國思想從泥古不化的禁錮中解放出來，又深刻地影響了中國文學，使之獲得無限生機，詩、詞、歌、賦、曲，因「禪思」、「禪意」的介入，平添了豪邁、奇崛、悠遠、哲思等色彩。有學識的弘一對「禪」有特殊的體會。七天坐禪，旨在心靈專一，澄清堅定。

七天坐禪結束，他告別了馬一浮居士。因朋友程中和之故，他又到西湖玉泉寺掛單，與其相聚。到玉泉寺時，已是深冬歲尾，一場紛紛揚揚的大雪，封蓋了西子和玉泉寺。弘一在冰冷的禪房，加深修持。他注意到現有比丘的戒書，文字表達過於抽象、含混、煩瑣，甚至不適用，戒子們不易讀懂。佛門需要一本經過一番分析、整理、注釋補遺後，以翔實、準確、曉暢的文字表述的戒書，才能發揮實際作用。現有的《四分律》已不適用了。

弘一對佛學的最大貢獻便是整理出《四分律比丘戒相表記》，這本書改變了中國比丘「戒相」的模式。

這是一九一八年年底，弘一三十九歲，出家四個月。正如豐子愷所說：

弘一法師由翩翩公子一變而為留學生，再變而為教師，三變而為道人，四變而為和尚。每做一種人，都做得十分像樣；好比全能的優伶，起青衣像青衣，起老生像個老生，都是「認真」的緣故。

第十章　四十不惑苦修行，雲水漸東血寫經

松排山面千重翠，月點波心一顆珠。
——唐．白居易《春題湖上》

戊午殘冬，漫天大雪中，己未年（一九一九）即將降臨，弘一法師也將年滿四十歲，到了不惑之年。弘一說：「古人以除夕當死期，一歲末了，如一生的盡頭。往昔，黃檗和尚說：『你事先不準備一番，等臘月三十來到，恁你手忙腳亂，也嫌晚了！』人生是一場夢，那堪往往苒苒，悠悠忽忽，誰知道哪一天死神來臨！因此，生命無常，不要把美好的歲月蹉跎。」

這些話，是除夕前南洋公學時的老友楊白民帶著素食、素果到杭州來訪弘一時，弘一為了答謝老友的盛情，提筆寫的格言式的文字。他在宣紙上又寫了附記：「余與白民是二十年的知交，今歲，余棄俗出家，白民依舊埋首濁世，歲在暮尾，白民來杭州玉泉寺相聚，寫上幅古人語，余願與白民共勉之！」署名「戊午除夕．雪窗．大慈演音」。

過了除夕，新的一年開始，弘一在玉泉寺專心研究《南山律學》和《四分律》，寺裡的長老印心、寶善為了弘一精研佛學，維持他嚴淨的戒行，把午齋提前到上午十一點，以便他齋後小憩。他們發現，這位曾經的風華才子、藝術家，果然天資過人，夙慧深，善根厚，鑽研佛乘，融會貫通，成果豐盛，無僧可及。

一日，弘一正在僅可放三五個蒲團的小佛堂長跪念經，幾個小時過去，他唱了一首偈子，慢慢起身，向佛像頂禮三拜，然後脫下栗色袈裟，折成平整方形，放在小床上，轉過身來，這才發現已站在他身後多時未敢打擾他的老友袁希濂。

弘一很高興：「哎，是希濂！」然後沉默。

袁希濂也很興奮：「叔同！我們已有四年未謀面了。那年見面還是民國三年（一九一四）秋，你到浙師不久。如今你在這裡落髮為弘一法師了。」

弘一出家後，見了舊友，常常沉默，他的學生朱文叔在一篇《憶李叔同先生，弘一法師》的文章中說：

因為他「不多說話」，和他日常相見，每有極短暫的「相對無言」的時候，在這時候，只見他雙目微垂，覺得好像有無量悲憫之情。

袁希濂是弘一戊戌年（一八九八）十八歲初到上海，加入城南文社後結識的老朋友，他與許幻園、蔡小春、張小樓、弘一還有金蘭之交呢。留學後，因所學不同，他們很少往來；回國後，他們曾在天津相逢，弘一教書，袁入仕做官。甲寅年即民國三年（一九一四）他們又在杭州相會。人生何處不相逢，老朋友有四次相會，也算緣分。

一九一八年，袁希濂在杭州，身為法官的他似無佛緣，再加上工作繁忙，一年也無機會見弘一。這年三月，袁希濂奉調離杭州，想起老友弘一便來到玉泉寺會晤。

到玉泉寺山門，已是午後三時，袁希濂詢問了僧人，便往寺裡走，松竹間的小徑幽深，來到一排僧舍，被僧人指引，走進一間小佛堂，見一僧人長跪蒲團之上。從瘦削的後背，他認出是兄弟李叔同，見其專注誦經文，就沒打擾他。

二人見面，弘一推開佛龕一側的小門，將老友引進內室，只見內室中有一木床板，上有灰色被褥；床旁置一小方桌，很古舊；一個小書架，裝著線裝經卷；牆上有一掛鉤，掛一半舊毛巾，室內顯得極簡陋，卻很整潔，比起他在上海與母親、俞氏所住的「法國小洋樓」裡的客廳、書房中清一色的紅木傢俱，厚厚的進口毛地毯，及那架名貴的鋼琴和元明字畫，這裡簡直是另一個世界。

沉默很久的弘一凝視著袁希濂突然說：「兄長，你前生也是和尚。」

袁希濂一驚：「我也曾是和尚？」

弘一一笑：「望你多珍重，閒時念佛，便有歸處。佛書有《安士全書》，當專心一讀。那是一部為居士開闢思想棧道的著作。」

袁希濂很感動地說：「記住了，你是一盞引我前行的燈。」

弘一從床上取下袈裟，穿在身上，說自己的下一課時間到了，袁希濂陪他走了一程，記住了他的話：「人身難得，是萬古一瞬的因緣；佛法難聞，是歷劫不遇的際會；錯過了，沒有人能承擔得起這份過失，阿彌陀佛，珍重！」

袁希濂目送弘一走向大殿，那時已是夕陽西下，弘一消失在暮色蒼茫中。

光陰荏苒，五年後，袁希濂在江蘇丹陽任職時，不意得到一部《安士全書》，他認真研讀，次年真的皈依了著名的淨宗印光大師，如弘一一樣成了佛子。半年後，再度皈依西藏持松金剛上師學密。密，指密宗，是佛教派別之一，其把大乘佛教的煩瑣理論，運用在簡化通俗的誦咒祈禱方面，認為口誦真言（語密）、手結契印（身密）、心作觀想（意密）三密同時相應，可以即身成佛。但大乘佛教、密宗的差異在何處，難以斷言。

弘一在玉泉寺所行的，是律、淨併入的功夫，他以持律的功夫，作為專治時代病的清涼劑。他在那間小屋裡，除了研律，就是寫經，誦經。

不久，清明節到了。弘一的日課改為誦《地藏菩薩本願經》，並持「地藏王菩薩」聖名。地藏，是那位以「我不入地獄，誰入地獄」的誓願，常駐地獄、騎怪獸、宏佛法於九幽地府的神仙。

清明時節，細雨霏霏，在寂寥的寺廟小屋裡，弘一正焚香，伏地膜拜，口中誦念《地藏菩薩本願經》，為亡父母加被。這已不是俗世的祭悼，而是佛的慈悲。

頂著江南細密的春雨，嘉興范古農會長一行人來到玉泉寺。范古農與玉泉寺的印心、寶善兩位老僧很熟，進得山門，他徑直去其僧舍，又一道去大殿理佛，理佛畢，他們沿被雨水洗淨的青石板小徑走到弘一的小屋。

弘一已作完功課，站在窗前，看到淅淅瀝瀝的春雨中范會長一行人進來，忙開了門，合掌敬禮：「啊，范老、各位居士好！」

范會長也合掌施禮：「法師，我們請法師開示念佛法門來了。」

一眾居士也頂禮一拜。弘一忙請客人入屋環座而坐。

弘一笑道：「慚愧，念佛法門是一非常深奧的法門，我初讀經，范老乃功德中人，還是請范老開示吧。」

范會長忙道：「法師言重了，我這一知半解的癡漢，豈敢放肆。」

弘一沉默良久，然後說：「弘一更不敢放肆。我這裡有部《華嚴普賢行願品疏鈔》，請范老帶回。念佛一門，唯佛與佛，才知究竟。」

范會長歡喜地接過書，與同行者歸去。弘一目送范會長一行人消失在雨幕中，方轉身回屋。

§

端午節前，虎跑寺了悟上人集眾僧結夏安居，弘一便離開玉泉寺，回虎跑寺結夏。回到虎跑寺時已是陰曆四月十六。

何謂結夏？因酷暑的三個月，雨多瘟多，出家人不宜出門托鉢，要閉門集眾僧潛心修佛，故曰「結夏」。

出家人在結夏時，靜坐、聽經、念佛，過一種佛制的生活，安謐而寧靜，淡泊而清涼。結夏快二十天時，夏丏尊來了。

夏丏尊在弘一修佛行為的感召下，對佛學有了興趣，並開始食素、讀經、念佛。但是，作為傳統中國的知識分子，他很難放棄世俗的功名。誠如他在《弘一法師之出家》中所說：「我只好佩服他（弘一），不能學他。」

夏丏尊每會弘一，往往並沒很多要緊的事，只是弘一出家後，他失去一個可以交心的好朋友和兄長，他感到孤獨和索然無味，懷念二人在一起的那些歲月的溫暖和有味。他想向弘一傾吐胸中的思念和俗世間的鬱悶，但是相見之後，看到弘一已進入另一個精神世界，似陰陽兩隔，又不知從何說起。

這一次和往常一樣，二人把要緊的事簡要說完，便枯坐無語。

弘一笑了一下，說：「給你寫一段《大佛頂首楞嚴經》。」

一九一八年，弘一曾贈書法作品給夏丏尊，就是摘《楞嚴經》中的一節。此次又摘其中另一段，弘一寫，夏丏尊邊看邊小聲念。

> 佛言：「善哉阿難，汝等當知，一切眾生，從無始來，生死相續，皆由不知常住真心，性靜明體，用諸妄想，此想不真，故有輪轉。汝今欲研無上菩提，真發明性，應當真心，酬我所問！十方如來，同一道故，出離生死皆以真心……」

「文殊！吾今問汝，如汝文殊，更有文殊，是文殊者，為無文殊？」

「如是，世尊！我真文殊，無是文殊，何以故？若有是者，則二文殊，然我今日，非無文殊，於中實無是非二相！」佛言：「此見妙明，與諸空塵，亦復如是……」

「富樓那！想愛同結，愛不能離，則諸事間，父母子孫，相生不斷，是等則以欲貪為本。貪愛同滋，貪不能讓，則諸事間，卵、化、濕、胎，隨力強弱，遞相吞食，是等則以殺貪為本。以人食羊，羊死為人，人死為羊，如是乃至性之類，死死生生，互來相啖，惡業俱生，窮未來濟，是等則以盜貪為本。汝負我命，我還汝債，以是因緣，經千百結，常在生死，汝愛我心，我憐汝聲，以是因緣，經千百劫，常在纏縛。唯殺、盜、淫，三為根本，是以因緣因果相續……」

「若我滅後，其有比丘，發心決定，修三摩地，能與如來形象之前，身燃一燈，燒一指節，及於身上，燃一香爐，我說是人，無始宿債，一時酬畢……」

晚霞在西山漸漸暗去，群鳥歸林，丏尊慢慢站起，向弘一合掌，轉身要離去時，他看到弘一的眼神裡充滿了溫暖。

路上，他還記得弘一送他《楞嚴經》時說的那些話，《楞嚴經》是佛法中一部富有戲劇性卻結構嚴謹的經，是佛教修行大全，全名為《大佛頂如來密因修證了義諸菩薩萬行首楞嚴經》。為唐天竺沙門般刺密帝譯」。由一位和尚口述後被記錄下來。其思想源於印度，在印度也是口口相傳的。

夏丏尊回憶起弘一為他書寫和講解《楞嚴經》的情景，很是感動。那書法作品由一個瘦臞的、曾經風華絕代的才子，而今又成為佛門虔誠信徒所書寫。這真是一個奇蹟。

結夏結束，已是初秋，弘一回到秋景如畫的靈隱寺。他不斷地在各寺廟流連，作為僧人的弘一，遍訪西湖四周的廟宇，尋找佛門的悠遠的歷史遺風，遍參各寺的高僧，向他們學習精深的佛學，這是拈花一笑的境界。

弘一移單各寺的同時，不少朋友也在尋找他的行蹤。原上海《太平洋報》報社的同人胡朴安得知法師移單靈隱寺，便來拜訪他。

胡朴安，南社詩人，著名訓詁學家，曾就職於上海大學、持志大學，著有《中國文字史》，與陳獨秀相熟，思想進步。與柳亞子、弘一法師等創辦過「文美會」、《太平洋報》等。他回憶：與李叔同在《太平洋報》共事時，「朝夕相處，情誼日篤，後李叔同出家並寄居杭州玉泉」、「每到杭州，必前去看他，深敬這位高僧持律之精嚴，道行之高尚，音樂、書畫、藝術之精湛」。後他又寫《靈隱寺尋弘一和尚》贈給弘一法師。

老友相逢，兩人不勝感慨。

胡朴安：「法師，朴安甚是想念你呀！」

弘一：「阿彌陀佛，多謝。」

胡朴安：「沒什麼相贈，獻首拙詩，表達崇敬之意。」

他念道：

我從湖上來，
入山意更適。
日澹雲峰白，
霜青楓林赤。
殿角出樹杉，
鐘聲雲外寂。

清溪穿小橋，
枯藤走絕壁。
奇峰天上來，
幽洞窈百尺。
中有不死僧，
端坐破愁寂！
層樓聳青冥，
列窗挹朝夕。
古佛金為身，
老樹柯成石。
雲氣藏棟樑，
風聲動松柏。
弘一精佛理，
禪房欣良規。
誰知菩提身，
本是文章伯。
靜中忽然悟，
逃世入幽僻。
為我說禪宗，
天花落幾席。
坐久松風寒，
樓外山沉碧。

◀ 1918 年，弘一大師（中）入山修行前與弟子劉質平、豐子愷（右）合影

上面抄寫的詩名為《靈隱寺尋弘一和尚》，五言、二十八句，寫的是他訪弘一法師的所見、所思。儘管好話說得有些多，但真情實感，還是可以幫助讀者瞭解弘一的。其實詩意幽雅，讀來令人賞心悅目。弘一見詩，遂揮筆寫下「慈悲喜捨」四字，送給胡朴安，他說：「詩作過譽了，不敢當。弘一不是禪宗和尚，不敢妄說談禪門機。」

胡朴安坐了多時，談了俗世，特別是學界的情況，弘一陪他吃過午齋，二人合掌惜別。

十二月八日是釋迦牟尼佛成道日。回到玉泉寺苦修的弘一，在自己的佛堂內，穿好袈裟，與程中和共結佛七。在佛前，依照《楞嚴經》經文，燃十二炷臂香，然後跪下，誦「南無本師釋迦牟尼佛……」

那清晰悲愴的誦經聲飛出小佛堂，回蕩在深冬草木蕭疏的寺院……

大凡入佛門之僧，皆依其修證理想，在佛前發大誓願。弘一依西藏詩人天親菩薩的《菩提心論》內容，發十大誓願：接引眾生入佛門，以自己的血肉之軀作犧牲，奉行佛道，直到歸天，如地藏王菩薩所云：「眾生不度盡，誓不成佛道，眾生無盡，我願無窮。」

§

庚申年（一九二〇）乍暖還寒時節，弘一已四十一歲。

在弘一的影響下，程中和也皈依了佛門，成了弘傘法師，與弘一同在玉泉寺，埋首於浩如煙海的佛典中。

出家之後，弘傘發現弘一更加讓他感動：春寒料峭，冷風刺骨，瘦削羸弱的弘一袈裟單薄，坐在冰涼的青石板上的蒲團之上誦經念佛，身邊有一小盆火，似燃似滅地冒著白煙，弘一的誦經聲清脆，時急時緩。

有時，他到小佛堂去看弘一，發現弘一正在抄寫經卷，蠅頭小楷，字字方正端莊，現出佛法的莊嚴。他寫完一本經卷後便精心裝幀，不臻完美便不收手。

在弘傘法師眼中，弘一在用生命修佛，特別是當他聽到弘一不時地咳嗽時，更被弘一奉行佛道的血誠感動得落淚。

每當弘一讀起「戒律」，就更加嚴格要求自己。他知道，佛陀真義就是創造一種「完美」，一種乾淨的靈魂，而不僅僅是為「戒」而戒，學佛就要遠離醜陋的靈魂。

農曆二月初五，是弘一亡母的忌辰。

這天清晨，月亮尚在頭頂的時候，弘一就起身洗漱，到佛前拜佛。他在佛前誦《無常經》，為母親回向。很少有資料證明弘一曾為亡父祭悼，其父李世珍，富甲一方，為人謙遜、仁慈，行善積德，信奉佛教，對李叔同疼愛有加，而弘一卻不祭父親，不知何故。按佛家說，萬物皆有因果，所有的「果」背後都有對應的「因」。他不祭父親的「因」為何？存疑。

弘一對其母之孝，發自內心。晚課結束之後天色已暗，他回到小經房，點起油燈，鋪紙研墨，在小桌上恭抄《無常經》。

《無常經》，最早譯在《大唐三藏法師義淨》中，也收在藏經中。佛典的律部有諷誦《無常經》的相關記載，本傳非修行專著，此處略了。

後來，弘一在兩千字的敘文中說，此經流傳世間，有如下三種益處：

一、經中說老、病、死法，不可愛，不光澤，不可念，不稱意。誦經人痛念無常精進向道；

二、此經正文只三百字，偈頌八十句，諷誦方便；

三、佛許比丘，唯誦此經，作吟詠聲，妙法稀有，佛曲優美，聞者喜樂。

弘一寫畢，默坐許久。整整一天他不言語，無笑容，只癡癡誦《無常經》，慈母之容，現於目前，「老、病、死」也如清風從心中吹過。慈母如壽長，今夕正是六十歲，想到此處，他悲從中來，淚如雨下。

六月初，弘一來到富春江畔新登縣的貝山掩關，請弘傘法師做護關使者。一是酷夏可在此山中避暑讀經，二是免去慕名而來的老友名流打擾。

臨行前，念舊的弘一以濃墨恭寫「南無阿彌陀佛」六個大字，並摘抄蕅益大師名言一節，及三皈依、五學處。後又補寫「珍重」二字，留在玉泉寺，請人轉交夏丏尊。

兩位法師到了貝山深研唐代律學大師道宣和尚的遺著。

其間，弘一給夏丏尊寫了一封信。其中有：

丏尊，人世是一盆爐火，瞬息便化為灰燼，此身蹉跎，來生也無望，快努力吧……

他繼續勉勵夏丏尊修佛成僧。

貝山，寺院房舍尚未動工，弘一與弘傘借居而住，等待寺院房舍修建的同時，弘一抄寫完成了兩千多字的《佛說無常經》，還為弘傘法師亡母寫了《梵網經菩薩心地品》。

中秋過後，弘一又到衢州，參訪城北蓮花古寺，並掛單。

弘一每到一寺，都會說明寺廟整理經卷，為讀經者提供方便，在蓮花寺也不例外。整理經卷之後就是研修，他恭寫幾十卷《阿含經》，再將之裝訂起來。此外，他還在寒冷的殘冬完成了《印光大師文鈔》的序言和題詞，將之寄給印光。不久，他就收到了印光的回信：

弘一大師：

昨接手書，並新舊頌本，無訛勿念。信中所說用心過度的境況，光早已料及，故有止寫一本經之說。但因你太過細，每有不須認真，而不肯不認真處，所以受到損傷。觀汝色力，似宜息心專一念佛，其他教典與現實所傳布之書，一概不看，免得分心，有損無益……書此

順頌　禪安

蓮友印光　九年（一九二〇）七月二十六日

印光是弘一頗為尊崇的大師，他在信中，對弘一虛弱的身體表示關切，並提出建議。這讓弘一十分感動。於是他遵從印光大師的指引，暫時放下筆，調理虛弱的身體。

回到杭州已是辛酉年（一九二一）初春，弘一掛單鳳生寺。

在鳳生寺，弘一為一切生命懺悔，為眾生回向，決定「刺血寫經」，即以自己身上的血恭寫經書。如此，他以犧牲個人的生命，去實踐律宗，弘揚律宗。

弘一檢閱《四分律》期間，在一個殘雪尚未融化的寒冷傍晚，寺裡來了個二十出頭體形略胖的年輕人，他是弘一的學生豐子愷，已從浙江一師畢業。當年弘一把自己掌握的繪畫藝術幾乎全部傳授給了他，因為他有美術天賦，還把自己在日本留學時買的原文《莎士比亞全集》贈給了他。

豐子愷以弘一為人生楷模和個人偶像，以至連弘一灰布長衫粗布鞋的穿著，粗茶淡飯的飲食都一一效仿，他在借錢去日本遊歷前來看望老師。

進了寺廟，空寂無聲。一個小僧把他引至雲水堂，來到弘一的僧舍裡。

推開門，是一間很簡陋的小屋，昏暗的油燈下弘一正在伏案寫字。

「法師！」豐子愷叫了一聲，然後走進幾無陳設的小屋。

「哎，子愷！」弘一抬頭，站了起來，忙讓他坐。

「老師，我前幾天得知您在這裡駐錫，來看看您。不久，我就要去日本了。到那裡遊覽，看看藝術館和畫廊……」

「到那裡可以看到許多國內沒有的東西。」

弘一看著豐子愷，只見他微胖的身上穿一件灰布棉長袍，手裡攥著氈帽，一臉的興奮。當聽說他是借錢到日本觀摩美術時，弘一告訴他，年輕人走出去遊歷有時比讀書還重要，看看別人的藝術作品能吸收不少新東西。比如，日本有許多中國沒有的西洋藝術。但，學別人萬萬不要丟掉自己。

豐子愷注意到，弘一老師的面容比過去更加消瘦，肩膀更加單薄，但精神矍鑠，二目明亮，有一種超然物外的飄逸和睿智。

然後，師生便沉默，豐子愷見夜色已深，便站起身告辭。弘一送至寺院的小路，說：「珍惜歲月。」

豐子愷深深鞠了一躬，走了。

弘一雖是僧侶中的新人，但他在俗時，在藝術界有極高的聲望。他入佛門的消息不脛而走，成為各界關注的熱點，令親朋為之震驚，也讓追逐名利的俗人庸夫捕風捉影，編撰花邊新聞。因此，在寺廟中潛心修佛的弘一常常受來訪者打擾。後來弘一掛單慶福寺，這是一座俗稱「城下寮」的古寺，其清規謹嚴，以專修念佛法門聞名。掛單慶福寺後，弘一決心禁足，編著《四分律比丘戒相表記》，他告知同道：

弘一出家時短，修持淺薄，急於擯除外緣，先悉心辦自己願辦、要辦的事，因此，請諸位慈悲護持我三章規約：

一、如有舊友新知來訪，暫緩接見。

二、如有來索書法序文，不能動筆。

三、如有要事囑咐，暫時不能承當。

弘一在慶福寺住了一個多月，專心著述。但初夏因到上海為弟子講佛道，便將自定的三章規約破了。上海的楊白民邀請弘一到上海住幾天，他放下筆乘船走水路來到申城，下榻在十年前執過教的城東女校。

弘一剛住下，受過弘一教導的女弟子朱寶英就到校拜見師長。二人見面，望著對方被歲月磨蝕的面孔，都有些吃驚。

女弟子：「老師瘦了，弟子想問學佛應從哪裡入手？您的出家感動了許多人呢。」

聽到朱寶英要學佛，弘一笑道：「如果有此意志，高深的佛學，可從漸修。專心『持名念佛』，作為穩妥之路，下決心念下去，便可證『念佛三昧』。我是專心持名念佛的。」

女弟子：「何為持名念佛？」

弘一：「僅用口念、耳聽、心唯，念的方法隨你的選擇。念到忘記一切紛亂的妄念，念到佛聲掌握了你的心靈世界，朗朗清清。念到口不出聲而心自念，隨著呼吸出入流轉。」他看弟子聚精會神地聽，又說，「不懈怠，最後到了一心不亂的境界，時間久了，又從一心不亂，再漸斷無明，念佛的三昧立現，五蘊皆空被親證。」

女弟子：「我懂了老師，那最後的境界，便是『菩提』。」

之後，師生沉默。

第二天，弘一未接見任何親友，而是返回了慶福寺。

五月二十八日，又是弘一母親六十歲冥誕。弘一寫經三部。此後，又投入《戒相表記》的編撰。一個月後完成「戒相」的初步整理工作。接下來，又要做一番苦功夫對此鑒定、修潤、刪節、繕寫等。

弘一在寫經、靜坐、念佛中，又到了年底，丐尊又有信來：

音公法師：

我自發心素食以來，在心理上，覺得信佛還只是信了一半，信得不夠虔誠，每次看到你那種赤誠、犧牲的宗教家風，獻身於佛道的不休息精神，再回想你往日在藝術上的成就，以青年時代的生活，前後對照，如揮鞭斷流，便使我汗顏無已。因此，我現在開始實踐佛家的修持生活，每天早晚持「阿彌陀佛」經號，願師在光中加被。我今天在佛道上剛剛起步哩。

仍要枇杷膏否？如用宣紙，以及其他雜物文墨，請示下，以便供養。

敬頌　道安

丏尊　民國十年（一九二一）除夕寄

讀罷來信，弘一十分歡喜，當晚研墨揮筆，書蕅益大師名言一幅，勉勵夏丏尊早證菩提。

弘一讓小僧去投遞信函後走出僧舍，頭頂上閃爍著晶亮的寒星，隱約可以聽到鄉間傳來的鞭炮聲，想到生命無常，一年消逝，他合起掌，念了一聲：「阿彌陀佛」……

壬戌年正月初一，是一九二二年的一月二十八日。這一天慶福寺香火極旺。

弘一想到了上海老友楊白民，便提筆寫了一幅「辭世詞」贈他。出家後的弘一，早已忘記世俗的禁忌。此偈，是慶福寺的首座法常和尚圓寂前的留言：

此事楞嚴嘗露布，梅花雪月交光處；一笑寥寥空萬古，風甌語，迥然銀汗橫天宇。
蝶夢南華方栩栩，斑斑誰跨豐干虎；而今忘卻來時路，江山暮，天涯目送飛鴻去！

弘一喜歡這篇偈語，讚賞前輩法常和尚偈語之精深、大解脫之高妙，寫下贈楊白民，亦為新年的警語。他認定慶福寺佛道浩博，是潛修佛道的好地方，便繼續在這裡禁足閉關，埋頭寫經、著述。

§

寺裡的住持寂山老僧，一直在點點滴滴的日常瑣事中關注著弘一的戒律生活。他覺得這位天津的巨富公子，年少成名，東渡日本，在藝術上有輝煌的成就，為中國現代藝術教育開了先河，出家之後，擇律宗為他盡形壽的歸命處，生活嚴謹，不惜神悴形銷地苦修，又對寺裡眾僧恭敬虔誠，心裡便對他增了幾分好感。

之後弘一來到寂山方丈室，向寂山談到整理寺裡經卷，一一貼上標籤的打算，寂山方丈欣然允諾，認為此舉對讀經卷者開了方便之門。此刻弘一從袈裟袖中，抽出一張紅紙，呈給方丈。

弘一：「師父！」剛出口，只見寂山方丈已起身。

「啊，弘師，可不要這麼稱我，會折壽我的……」他警覺地看著這張紅紙，閱後吃了一驚，原來是一張登報的啟事，是弘一禮拜寂山方丈為依止師父的啟請文字。

「哎呀！」老人又吃了一驚，愣了半晌方說，「不敢，不敢，老僧有何德望敢做仁者的師父！你能在這裡駐錫已使常在慼到福緣不淺了。」

弘一盡力說服方丈答應拜師：「弟子決心不改，望蒙師父不棄，明天即行拜師之禮」。說罷便行弟子禮，退出方丈室。

弘一告辭，回到關房，心想，如寂山方丈堅決不允，他就寫信給這裡的護法——「淨密雙修」的吳璧華、周孟冉，請他們出面，促成此事。

第二天，是正月十二日，上午九點，冬陽暖照，弘一已穿好袈裟，攜帶毯子徑直來到方丈室，鋪好毯子，請寂山師父就位，弘一便頂禮三拜，老人不敢就位受拜，在座旁合掌回禮，為弘一的虔誠，他允諾了。

從此，弘一便尊寂山方丈為師。

正月中旬，弘一接到天津次兄文熙的信，告之俞氏正月初三病故，讓弘一回天津為髮妻辦喪事。弘一見信，悲傷愧疚噬咬著他的心，他奉母命與俞氏成親，但並沒有愛過她，他先是在上海沉醉於燈紅酒綠的溫柔鄉，後又到日本又與雪子相愛，歸國將她遺棄於天津，可謂無情無義，而俞氏卻犧牲一切，侍奉婆母，養育子女，毫無怨言。除了默默奉獻，她從不講任何條件，一直到默默辭世。為了這種愧歉，他決定回去，「亡羊補牢」，為俞氏超度，為她種一點佛緣。但當時北方軍閥混戰，正值「直奉之戰」，戰火硝煙，極不太平，他不能冒險，此事只得作罷。為此弘一特給寂山師父寫了信，並將寫好的字帖讓送飯人轉交寂山師父，信中說：

恩師慈座：

前時命弟子寫的字帖，已寫好奉上，請檢收。前數日，得天津俗家兄長來信說：弟子在家的妻室，已於本月初三病故，囑弟子回津一次。但目前北方變亂不寧，弟子擬向緩待數月，再定計劃。

再者，吳璧華居士不久便由北京返溫，弟子擬請吳居士授神咒一種，或往生咒……便申請師與吳居士道及。弟子目前雖在禁語，但為傳授佛法，及方便與吳居士晤談一次，俾面受咒文。

順叩　慈安

弟子演音頂禮　正月二十七日

弘一決定不回天津的事，寂山師父沒有回覆。一九二〇年代，軍閥混戰，南北交通並未中斷，南來北往的政要、名人照常忙於行旅。比如，信中說「吳璧華居士不久便由北京返溫」便是一例。弘一最終沒有北上，最合理的解釋還是因與俞氏沒感情。

剛接到兄長來信，得知為自己犧牲一切的俞氏已歿，弘一還是有自責的，他從俞氏身上看到中國女性的命運，自然想到漢代民歌《有所思》中那個被丈夫遺棄的婦人，她代表了無數中國善良的為家庭奉獻的女子，她們遭丈夫遺棄的悲劇足以讓無情郎自慚，詩云：

有所思，
乃在大海南。
何用問遺君，
雙珠玳瑁簪。
用玉紹繚之。
聞君有他心，
拉雜摧燒之，
摧燒之，
當風揚其灰！
從今以往，
勿復相思，
相思與君絕！
雞鳴犬吠，
兄嫂當知之。
妃呼豨！
秋風瑟瑟晨風颸，
東方須臾高知之。

弘一不可能不自責，不能去天津俞氏的靈柩前懺悔，他就在寺裡為其超度。

正月在陰冷的雨雪中過去，朋友吳璧華來寺裡。弘一便向其學密的護法授《往生經》。而後為亡妻俞氏設靈，在關中虔誠莊嚴地念誦《地藏菩薩本願經》，為她超度。

事有湊巧，這方為俞氏亡魂超度，在上海的女弟子朱寶英也於一九三一年歲尾病故。其昔日同窗故舊，在二月裡，為紀念她，便收集其生前書畫，影印成冊，請老師弘一作序。

當時弘一在關中寫經、念佛，整理《戒律表記》，閒暇時又為夏丏尊刻陰文印五方，鐫自己的法號：大慈、弘裔、為胤、大心丹夫、僧胤。還特意寫了小跋給丏尊：

十數年來，久疏雕技，今老矣，離俗披剃，勤修梵行，寧復多暇耽玩於斯？假立臣名及以別字，手制數印，為志慶喜。後之學者，覽茲殘礫，將毋笑其結習未忘耶！於時歲陽玄默吠舍月白分八日。余與丏尊相交久，未嘗示其雕技，今齋以供山房清嘗。

——弘裔．沙門僧胤並記

初夏，弘一將蕅益大師的名言警語收集起來，編成《寒笳集》。傳印之後，為學佛者喜聞樂見，如乾旱之見雲霓。

同年夏，酷暑難耐，一天弘一突感腹痛，連瀉不止，起初他並未在意，繼續誦經寫經。後來他發現自己患上了赤痢，一病不起，躺在床上，苦撐三天。

弘一患病，寂山師父得知，忙來看望，只見他蜷縮在木板床上，瘦骨嶙峋，臉消瘦得脫了形，顴骨突顯，面色如土。

寂山師父見狀，心裡一痛，即要請醫生診治。

弘一：「師父，我念經，驅病魔。倘若臨終，請讓人把門窗鎖上，請法師幫弟子念佛號，斷氣六個時辰，可把屍身裹好，送入江中……」

寂山老僧聽罷，老淚縱橫，執起弟子冰涼的手腕：「你要珍重。」

老方丈回去立即派人速請名醫，為命懸一線的弘一診治。

說來甚奇，待醫生來診病，尚未診出何病之時，只見病者臉色已有活氣，雙目也頗活泛，醫生有些吃驚，只留下幾服草藥，走前對寂山老人說：病人患的是赤痢，身體又過於虛弱，能否保命就看造化了。

弘一強撐病體念佛、拜佛，七天左右竟漸漸痊癒了。寂山老人稱奇，眾僧也稱奇。寺裡的廚司陳阿林聞之去看弘一，為他做了一碗齋麵，見他正面浮微笑，雙目有光，刺血寫經，回來後說：弘一法師有佛相，病魔都奈何不了他。

不想老實、勤勞的陳阿林後來竟然病逝了，冬天時，弘一特為阿林寫了一篇小傳，紀念這位老實人：

陳阿林，法名修量，是里安縣下林鄉人。幼年時燒窯過活，後來，在城下寮廚房做齋菜。民國十年（一九二一）三月，我來溫州時才認識這個平凡的人。

這個人蒼黃的一副面孔，瘦削的顴骨，下巴無肉，是一副貧窮而短命的模樣。可是，每逢我們進齋時，他便合掌敬禮，等吃飯後撤碗筷時，他總是呆呆地看我許久，像一個痴騃的小孩兒。

他見我吃得稍少一點，便現出一臉愁容，必定問我：「呀，法師！怎麼吃得這麼少哇？您的身體不舒服嗎……」這麼追根到底地問。

誰知這個人哪，原是有哮喘病的，逢到春天便大肆暴發，咳嗽起來。但是，他依然一樣勤苦地工作。

每天晚餐後，他弄清廚房的事，便隨著大眾唸「阿彌陀佛」，持佛名號，聲調淒淒切切，比任何人都來得虔誠。

當今年正月，他忽然辭職了。過了兩天，他來寺把衣物撿到一起，戀戀不捨地看看這，問問那，剛巧，這裡又碰著佛事，要人幫忙，他又留下來了。

一連許多天，他都沒有一句話，到十六日中午，他捧著盛麵的托盤，到我關房來，身穿新做的棉襖，瓜皮帽子，新黑鞋，居然一副清秀相。我們相互看著，都高興地笑了。他說：「法師，我不再走了！」

想不到，後來我聽人說，阿林在那天晚上，還是回家了，老病復發。到二月初七的早晨，告訴他的家人，燒一盆沐浴用水，自已起來洗了浴，便回到床上念佛，蒼蒼涼涼地在念佛中去世。

陳阿林死時，不過三十二歲啊！

——摘抄陳慧劍《弘一大師傳》

癸亥年（一九二三），弘一四十四歲。

春天，弘一身體康復後，做了一次長途雲遊。他由溫州出發，先去杭州，當時一眾好友已由浙江一師轉到上虞白馬湖畔春暉中學執教。白馬湖畔聚集了葉聖陶、朱自清等一批文壇青年才俊。然後，他又去了紹興。那裡他的弟子李鴻梁、蔡冠洛等人在碼頭迎候他。離開紹興之前弘一留下一幅「南無阿彌陀佛」橫額，在這篆書的佛號背後，寫有蠅頭小楷，是蕅益靈峰大師的法語：

佛為初入門的人，首先談理論，企圖以理融事，而不滯於事。但為深信菩薩，必廣說事相，企求以事攝事，而不滯於理。不滯於事相，則一事通達一切理，事理無礙，不滯於理，則一事通達一切事，事事無礙。

四月，弘一至上海，至太平寺謁見印光大師。

在弘一屢次請益之後，印光大師覆信勸告弘一專修念佛三昧：

座下勇猛精進，為人所不能；又將刺血寫經，可謂重法輕身，以遂大願。然而，光願座下先專志修念佛三昧，待有所得，然後行此法事。倘最初便有此行，或恐血虧神弱，難為進益。入道多門，唯人志趣，了無一定之法，其一定者，曰誠、曰恭敬。此二事雖盡未來際，請佛出世，皆不能易也……

又：寫經不同於寫字屏，僅取神筆，不必工整；若寫經，宜如進士寫策，一筆不容苟簡，其體必須依正式體，若座下以書翁體格，斷不可用……

鑒於弘一身體羸弱，印光大師對他刺血寫經之動機並不贊同。

印光大師在另一封信中，對弘一在慶福寺閉關誓證念經三昧，也不苟同：

接手書，知發大菩提心。誓證念佛三昧，剋期掩關，以期遂此大願。聞之，不勝歡喜，所謂「最後訓言」，光何敢當……

光謂座下此心，實屬不可思議；然於關中用功，不二為主，心果得一；自有不可思議感通，於未一之前，切不可以妄躁心，先求感通。一心之後，定有感通；感通則心更精一。

所謂明鏡當台，遇影斯映。紛紛自彼，與我何涉？心為一而切求感通，即此求感通之心，便是修道第一大障，況以躁妄格外的希望，或能更起魔事，破壞淨心，敢為座下陳之。

——印光

弘一修道過於急進，不惜以生命遂大願，然而欲速則不達。印光大師的勸勉，澆熄了弘一的「妄躁心」。

印光大師與弘一為修道而往來信函，切磋佛理，在印光大師指點迷津後，弘一漸諳「念經三昧」。到這年「阿彌陀佛」的聖誕日，弘一冷水沐浴、上香。長跪念經畢，合掌發願：「禮請當代印光大師為師，列弟子門牆，祈佛慈悲照我，滿我微末的意願」。祈畢，恭寫「請列弟子門牆」一函，寄往普陀山的印光大師，信曰：

印公師父慈鑒：

弟子自蒙受聖德薰陶，益感師恩無涯。久思請列弟子門牆，師均以緣未備而謙卻，因此，弟子益形感覺福薄慧淺。師如慈憫弟子，謹以糞土之牆，朽木之器，跽待攝受。弟子於今晨已在佛前請求加被，想佛陀必當垂憫。謹候慈旨。

弟子弘一頂禮

此信寄出，印光大師再度謝絕。弘一甚至動了「刺血上書」求師應允的念頭。最後印光默認其為弟子。從此，弘一念佛更加精進。

§

甲子年（一九二四）弘一四十五歲。

弘一在慶福寺閉關，專心佛道，溫州專員林鶤翔及後任張宗祥幾次拜訪他皆拒絕不見。寂山老僧擔心這會得罪地方官吏，況且他們是慕弘一大名而來，應酬一下也是應當的，於是就踱步到弘一的關房，表達了自己的想法。

弘一聞聽寂山大師的勸告，立刻因勞煩老人為此事跑一趟而歉疚，並表示，他棄俗出家，專心念佛，妻子歿了都棄之不顧，更何況應酬這等俗事？只好抱病，概不見客。

老僧聽罷，點點頭，他知道，凡是家人來信，弘一總是在信封上批「本人他去，原信退回」八字，不予拆閱。

六月，得到印光大師的認可，弘一出關桴海，到普陀山法雨寺，拜見印光大師。法雨寺為他設了一個雲水床位，他每天清晨四時到印光師父房中親侍左右，體察大師的生活。

侍師七天，弘一發現，印光大師平穩篤行的日子裡「過午不食」，每天早、午兩餐飯一大碗，晨無菜，午「羅漢菜」。印光大師每日從早到晚念佛不輟。印光師父的床設在佛龕下面，一舊桌，一張凳，一舊被，極為簡樸。弘一看到大師的真正的戒行，莊嚴的戒相，其生活空靈明淨。

弘一回到溫州城下寮關中，至八月，他苦心孤詣，歷經四年撰寫的《比丘戒律表記》原稿精繕完畢。這部一百四十頁的原稿，體現了弘一的偉大莊嚴的精神，及精誠、細密的心思。

《比丘戒相表記》是由《南山行事鈔》疏解為《表》，用的是靈芝大師、見月大師的注解，原是弘一的《案語》，弘一以恭虔一絲不苟的楷書抄錄，從頭到尾「持問」是分開的。可謂獨步當代的律學創作，故被收入《普慧版大藏經》。這部經被上海的穆藕初發現後，出資全部影印，由上海中華書局縮印一千冊，但印製完成數年後才出書，此書足可成為中國佛教界傳世之作矣。《普慧版大藏經》印出後分贈國內大叢林及日本佛學界，弘一原稿也由穆藕初收藏。

弘一在《比丘戒相表記》付梓時，為其留下鄭重遺言：

衲身後不必建塔、做功德；只要此書得以流傳，我願已得……

這一年弘一仍住在城下寮。

乙丑年（一九二五）春，弘一出關拜訪寂山法師，後又到浙江行腳。是年秋，弘一曾致函夏丏尊表示想去南京走走，再朝聖九華山，參地藏王菩薩聖地，後可在寧波與夏丏尊見見面。

初秋，弘一背一小行李，登上一隻小船，在江上漂泊了多時，到寧波下船時天色已黑，一人踽踽獨行於寂靜街巷的燈下，好容易到了七塔寺，不巧雲水堂客鋪滿員，只得再尋他處。夜色裡他摸索到幾座小廟，廟門都緊閉，他只好尋了一個小客棧住下。

一個十多歲的小茶房，借助煤氣燈，看到一個瘦弱的和尚，告之，客房只有一間，不過濕一些。弘一便讓小茶房帶路。黑暗裡二人在院中轉了彎，來到沒燈沒火的客房。推開門，點上牆上的油燈，小茶房說了聲：「用水，廚房有。」便走了。

小屋裡彌漫著刺鼻的黴味，屋裡有一張小木床，上有又黑又髒又潮濕的薄被和竹席，沒有蚊帳，只有半張小木桌。

弘一打開行李，準備洗腳歇息，那小茶房又踅了回來，問：「和尚師父，可用夜宵？」弘一告之：免了。隨後跟著他去廚房，洗了腳。

這一夜，弘一在嗡嗡的蚊子叮咬中睡著了，行旅的勞頓使他倦了。

在小客棧住了兩日，聽說七塔寺有了空房，他便匆匆趕去。到了七塔寺他被分到雲水堂上，與四五十位游方的和尚擠在一起，同他們打坐，聽他們打鼾。

弘一法師作為曾享譽藝術界，入佛門後也頗有名聲的高僧，住在七塔寺，卻能與眾同道一起讀經念佛，一起打掃寺廟衛生，不分尊卑，高高興興地修佛。

一天，在雲水堂外，弘一忽見夏丏尊來了，他穿一身灰色長衫，正向他拱手微笑。弘一拉他在走廊坐下。

夏丏尊到土塔寺來找弘一是想請他到自己執教的上虞白馬湖春暉中學住幾天。

「弘公，走吧。」夏丏尊遂到大鋪取弘一的行李。

夏丏尊來到大通鋪，只見一小灰布包裡面只有一床薄被窄褥，就問弘一行李在何處？

「出家人，行囊越少越方便。」弘一拎起小灰布包，告知寺裡住持自己要外出，又到佛堂拜了佛，便隨丏尊出了寺，在河邊碼頭上了小船。小船慢悠悠划了一天，他們來到白馬湖時已是第二天傍晚。夏丏尊將弘一安頓在離自家很近的春社裡。

春社的客房整潔，弘一打開灰布包，將被褥鋪好後，拿起面巾，到湖邊洗臉，那白馬湖被綠樹包圍著，清澈見底，他將面巾在水裡洗了洗，不由自主地叫道：「好美的白馬湖！」

夏丏尊見那面巾已十分破舊，就說：「弘公，你這面巾太破舊了，我這就去為你買一條。」

弘一攔住：「不必，不必，還能用呢！」

夏丏尊又道：「旅途勞頓，晚飯得吃吧？」

弘一笑了：「你應該知道，我是過午不食的。」

兩人見面，或偶爾沉默，或娓娓而談。他們沿著湖畔，邊走邊聊，話題滔滔不絕。

第二天十點，夏丏尊提著飯籃到弘一客房，取出一碗米飯，四樣素菜。

弘一見狀說：「一碗飯，一樣菜，足矣。」

弘一吃飯是津津有味的，他吃著，欣賞著，彷彿那不是俗世人間煙火而是天上的瓊漿玉液似的。

第三天，逢春暉中學校長，即弘一在浙江第一師範任教時的校長經子淵老友供養了。經子淵在桌上擺了白菜、豆腐、慈姑、蘆筍，四樣素菜。夏丏尊執筷每樣都嚐了嚐，夾到慈姑時，叫道：「啊，這菜太鹹了，難以入口。」

弘一也用筷子夾了一片放在嘴裡：「鹹也有鹹的滋味。」

弘一每頓飯只吃一種菜，這頓就是歡歡喜喜地吃鹹蕬姑。

飯後下起了小雨，弘一看看天說：「諸位，明天你們上你們的課，不要勞師動眾地為我準備飯菜了。」

夏丏尊說：「天下雨，還是我準備吧。」

弘一：「雨，我有木屐，乞食，出家人在行哩！況且，我每天走三千步，強身健體。」他又看了看在座的老友，「從民國元年起，我到浙江第一師範教書，到今天，剛好十四個年頭，十四年在剎那間就消逝了。《金剛經》上偈子有『一切有為法，如夢幻泡影，如露亦如電，應作是如是觀』。」

在座者，發現原來那位一貫衣衫整潔講究、飲食精美、舉止文雅的儒生，如今已成了著僧裝、食齋飯的雲水高僧，更對他多了幾分敬意。

弘一在白馬湖畔為夏丏尊、經子淵及春暉中學師生們寫了不少佛經上的偈子。

一天下午，弘一乘舟而去，夏丏尊目送弘一乘坐的小舟消失在滿湖的夕陽裡，他的思緒也飛揚起來，回憶起他們在第一師範相處的日日夜夜，一晃人事全非……弘一離開白馬湖，原想去九華山，因路斷未能成行，便在浙東雲遊了三個月。他想起杜牧《江南春絕句》「南朝四百八十寺，多少樓臺煙雨中」，可惜，已是晚秋時節，春天煙雨中的寺廟景致不在了。

回到溫州城下寮關中，就到了殘冬。

第十一章 婉言微語批滅佛，晚晴山房白馬湖

事有切而未能忘，情有深而未能遣。
——唐．王勃《秋夜於綿州群官席別薛昇華序》

丙寅年（一九二六），弘一四十七歲。

過完春節，弘一從溫州乘小船來到杭州西湖招賢寺，在那裡與同參老友弘傘會合。二月中旬，他們同到玉泉寺，著手整理前人注疏過的、充滿豐富佛學知識的《華嚴疏鈔》。他重新整理《華嚴疏鈔》是因為它太複雜，缺乏條理，顯得繁亂。再加上前人著述既不分段落，也無標點，讓讀者常墮入五里霧中，不得要領。

弘一是從《華嚴疏鈔》誕生後，千百年來第一個對其整理修潤的和尚，使它重現被雜蕪埋沒的佛學精神。

值得一提的是，弘一此時的身體經過調養恢復得十分健康，精力也格外充沛。整理《華嚴疏鈔》頗為順利，閒暇時尚能給老友和弟子們寫信。

夏丏尊與六年沒見到恩師的豐子愷接到弘一的信後，到上海會合，然後結伴乘火車到杭州，下榻旅舍。

第二天一早他們乘黃包車到玉泉寺，在山門處，正巧遇到他倆熟識的、身材高大魁偉的弘傘法師。

相互施禮後，弘傘法師告訴他們：「弘師一般白天閉門念經、寫經，只有送飯的人才能出入他的房間，見客要在下午五點後……」

夏、豐二位告別弘傘，又乘車到杭州城裡，吃飯後，各訪朋友。

下午五點，當豐子愷帶著一個朋友來到玉泉寺時，弘一正與夏丏尊坐在山門前的石凳上等他呢。弘一十分歡喜，站起身帶他們到客房裡坐。

沉默片刻，夏丏尊向弘一介紹前來拜訪的朋友，其中一位楊姓青年，自我介紹說：「我家世代信佛，我從小便隨祖母念菩薩名號，後來也在堂上焚香理佛。但是讀了洋書，學了一些新知識，便覺得以前念佛很可笑。近來，因一些原因，又開始對佛學產生興趣，可對念佛仍有疑問。如，佛道與儒學是否對立？另外，佛教給人蒙上一層迷霧，讓人弄不清它的面目；經文、語言、行為與世俗人的現實生活、知識又有距離。請弘師開示。」

弘一聽得神色安寧，不時掃視屋裡的人。見豐子愷正注視著自己的草鞋赤足，心裡一笑。然後，他對楊姓青年說，對佛學，首先，你有最初的概念，後來你接受了新的教育，使你的童年信仰變質，這乃是『知識上的障礙』，不足奇，人人都是如此。等你再從頭研究，便會回到童年狀態。其次，「念佛」是學習佛學的一種方法，沒什麼可懷疑的。「念佛」是「至善」之念的專一。意念專一，才能親證智慧之境。

楊姓青年點頭，忽又有人問：「阿彌陀佛？」

弘一答曰：「阿彌陀佛便是阿彌陀佛。正如釋迦牟尼便是釋迦牟尼一樣。阿彌陀佛，那個阿彌陀是無量光明、無限壽命的意思，佛是充分的覺悟，這是從梵文中譯出的。阿彌陀佛是西方世界那位佛陀的尊號。」

又有人問：「弘師，念『阿彌陀佛』，能成仙否？」

弘一：「念佛的目的不是成仙，是成『佛』。」

豐子愷突然來了興致：「如何學佛？」

弘一看著豐子愷這個得意門生，他學佛遠沒有夏丏尊積極，聽他這麼問，很高興，便說，初學佛道，一般是每日念佛的名字，不求多，也不求長，但要專心。可以五句為一單位，念滿五句可撥一顆念珠，如此心無旁騖，便可專心念佛了。對初學者來說這步功夫最要緊，念佛時，不妨省去「南無」二字，念「阿彌陀佛」，可依鐘的滴答，人的呼吸的強弱，回聲而念。一個節奏的四拍合「阿彌陀佛」四字，這樣念下去，效果與五句單位念法相同。念到你耳朵裡聽著，好像你在聽別人在你耳朵裡念的一樣，爽朗分明，纏互不絕，便見了初步功夫。

弘一與眾人談了一些學佛知識，天色已暗，細雨濛濛。

夏、豐二人當夜乘火車回到上海。沒幾天，弘一的信便到了。夏丏尊收到弘一寫的一幅長卷「南無阿彌陀佛」，下款注了題記。而豐子愷接到的信，是這樣寫的：

> 音出月將去江西廬山參與「金光明會道場」，順手寫經文三百頁，分送施主。經文須用朱書，舊有朱色，不敷應用，願仁者集道侶數人，合贈英國水彩顏料 Vermilion 數瓶。——欲數人合贈者，俾多人得布施之福德也。

豐子愷謹遵師囑，集夏丏尊等八人，合送八瓶英國顏料，又附十張宣紙，當天即寄杭州。去江西廬山，是弘一計畫之中的。

是年七月，夏丏尊曾應周建人之邀，在上海參加宴請魯迅的活動。那晚，宴會分兩桌，他與鄭振鐸、沈雁冰、胡愈之等人一桌。魯迅與葉聖陶等在另一桌。席間，兩桌友人紛紛敬酒「他們談得很起勁」。（朱自清《魯迅先生會見記》）。夏丏尊見到弘一，將此事告之。

弘一聽罷，點點頭，卻沉默不語。夏丏尊知道，魯迅對弘一很崇敬，筆者在魯迅一九三一年三月一日這一天的日記中見到有這樣的記載：「午後往內山書店贈內山夫人油浸曹白一合，從內山君乞得弘一上人書一紙」，一個「乞」字對高傲的魯迅，是罕見的。卻不知為什麼，弘一卻對魯迅無一字評價。

丁卯年（一九二七），弘一四十八歲。

三月，弘一閉關於杭州城內吳山常寂光寺。社會傳政府欲「滅佛逐僧」，此傳言實無根據，乃捕風捉影。查歷史資料，一九二六年年底，「國民黨江西省黨部致函江西省政務委員會，指控世居貴溪的道教第六十三代天師張思溥邪術惑眾，阻礙文化，請求下令取消其天師名號，並罰沒其財產，悉歸農民協會。張思溥被迫隻身逃往上海」（《二十世紀中國全紀錄》）。

三月，中共發動上海工人第三次武裝起義，列強炮轟南京，增兵上海，如此時局，政府哪裡有工夫討論滅佛逐僧？此時，只是蔡元培等社會名流來杭州，宣傳以教育建設國家，有人在演講會上對佛教僧人之不妥行為表示不滿，結果在佛教界引起軒然大波，傳為「滅佛逐僧」。

弘一聞滅佛消息，即在寺內召請地方政要，以短箇示之，席間婉言表示反對滅佛之態度。來者讀短箇，即表示支持弘一反對滅佛。但短箇內容，至今成謎。

三月十一日，弘一又致函蔡元培、經子淵等好友及社會名流：

子民吾師、子淵、夷初、少卿諸居士道席：

昨有朋友來敝處，所聞仁者已到杭州，從教育方面建設中國，至為感佩。又聞子師在青年會發表演說，對出家人的行徑，有不能滿意處（是個人印象上的不滿意）。

但仁者諸君對出家人情形，恐怕還不明白，將來整頓之時，或可能有欠考慮，而鑄成大錯。因此，敝人想請各位號請僧眾二人為整理委員，專責改革佛教，凡一切計畫、辦法、方案，皆與諸位商酌而行，比較妥帖。

我提出的這兩位整理委員人選，願推薦當代名僧太虛、弘傘二位法師擔任，這二人都是英年有為，有見識、有思想，而且他們還出國到日本考察過，久有改革僧制的理想，因此這兩人任委員，也最為適當。

關於將來實施步驟，統通請諸位與他倆協商。

對服務社會的一派僧侶（指創辦各種社會事業機構者：如學校、醫院、孤獨院，等等），應該如何提倡、鼓勵？對山林修道的一派，應怎樣保護（這一派指專事修持的僧眾而言）？對既不服務社會，又不能辦道修持的僧眾，應如何處理？對於「應酬的一派」（趕經懺的和尚），又該如何處理？對於受戒的資格，應如何嚴格限制？這很多問題，都請諸位詳為商酌，妥帖辦理，以企佛門興盛，佛法昌明，則功不唐捐了。這一辦法由浙江一省開始實施，然後遍及全國，謹陳愚者一得之見，請惠賜接納……

弘一　三月十一日

弘一此信，對當局倡教育興國及整頓佛教育的原則提出了原則性的倡議。出家幾年的弘一，對佛教現狀及將來的發展有深入研究，其倡議富有建設性，特別是其將佛教與社會緊密聯繫起來的創意對佛教建設有重要貢獻。

§

到了這一年的秋天，弘一欲到上海，向印光大量請益，一併告知夏丏尊和豐子愷。很快他赴滬的消息在滬文壇傳開。

弘一與弘傘在上海火車站下車，豐子愷接站，然後到他江灣的家中下榻。第二日，便有夏丏尊帶哲學家李石岑，作家葉紹鈞、周予同，日本朋友內山完造一眾友人訪弘一。

葉紹鈞比弘一小十四歲，曾在一九二一年至一九二二年於浙江第一師範任教，一九二三年到上海商務印書館國文部當編輯，與茅盾同室、同組工作。兩年後出版第三本小說集《線下》，已是上海文壇名流。豐子愷告訴了他弘一到上海的時間。

他看過夏丏尊為豐子愷的畫集所作的序，方知大名鼎鼎的弘一法師竟是他認識的李叔同。他對豐子愷說：「子愷，叔同來了，有緣我要見見他！」

葉紹鈞曾在弘一給豐子愷的信中看到弘一稱自己為「葉居士」，這真讓他興奮。這天，按約定的時間到「功德林」聚會。他走到離「功德林」不遠時，只見駛來幾輛黃包車，最前面一輛車裡坐著一位高大魁偉的和尚；第二輛內是豐子愷；第三輛裡坐著另一位和尚，瘦削，有仙風道骨，「莫非，」他心想，「這便是李叔同嗎？」

葉紹鈞走進「功德林」包間，圓桌旁的籐椅上已坐滿了人。夏丏尊見葉紹鈞進包間，忙站起引其走到那位仙風道骨的和尚面前：「弘師，這位就是葉紹鈞先生。」

葉紹鈞很激動，但見弘一和尚只是手數念珠，目不轉睛地端詳著自己，並未開口。夏丏尊讓他坐在和尚身邊，到這時弘一突然臉上綻出極燦爛的微笑。整個屋裡，只有弘一手中念珠的響聲。此刻，一切言語，都是多餘的。

秋天的溫暖的陽光照射到房間裡，又有幾位朋友相繼到來，整個上海的文壇名流都靜坐在屋裡。總得有人先開口，一位弘一的熟人說：「弘師何時到上海的？」

弘一微笑：「昨天。」聲音低而清晰。

又一位友人問：「弘師一向可好？」

「好……」回答簡潔卻充滿情感。

夏丏尊站起來：「諸位，弘師過了十二點就不吃飯了，現在十一點，齋宴就開始吧。」

葉紹鈞注意到，弘一那雙曾繪出高超油畫、熟練彈奏過貝多芬的名曲、執筆寫下過典雅書法的長長纖手，挑起筍絲，滿心歡喜地送入口中，然後問：「這碟裡可是醬油？」

一位說：「是的。」就把小碟移到弘一面前。

弘一忙又送到日本朋友內山完造面前。

內山完造道了謝，把小碟拉近。

哲學家李石岑向弘一請教了一個問題：「關於人類生命探討的問題，弘師能發表一點意見嗎？」

弘一很恭敬地回答：「慚愧，沒有研究。」

李石岑笑了：「弘師一心持戒，一心念佛，一意學佛，怕無時間搞『知識的形而上學』呢。」

葉紹鈞覺得弘一說「沒有研究」是真誠的，並非一味客氣，更非在損人，李石岑的態度也是真誠的。作為小說家，他在觀察眼前這位高僧，弘一的鬍子稀疏，眼角有細密的皺紋，嘴唇潤澤，神態安詳，在他的眼裡，弘一像一座青碧的遠山，很近，很清晰，又很遠，可望而不可即。

過了十二時，弘一對諸位友人說：我要去看印光

◀ 弘一大師（李叔同）像，拍攝於 1937 年

大師，願意去者，與我同往。在說到印光大師時，他的雙眼閃著光亮。印光大師聞名遐邇，有此良機，從者甚多，葉紹鈞便在其中。

弘一出了「功德林」徑直朝前走，葉紹鈞看到，瘦高的弘一赤腳穿僧鞋走起路來步履輕盈，葉紹鈞與一群人在他身後快步跟隨。葉紹鈞聽夏丏尊講過，弘一是因佛門戒律委地而學律的，所以他的戒律生活極其嚴肅。在葉紹鈞看來，弘一的嚴格持戒，使他像天空的行雲、湖山的畫影，悠然自得，飄然如仙。

弘一帶大家到新開路的太平寺，正逢寺裡做法事，佛樂齊鳴，弘一從小包裡取出海青和袈裟，換好後，一臉莊嚴地來到寮房，有一位身材高大背略微佝僂的和尚在那裡，這便是印光大師。印光大師頭部碩大光亮，面如紅棗，濃眉下二目銳利光亮。

弘一見到印光大師伏地便拜。一個高大魁偉，一個清瘦單薄。一個如石松，一個如修竹。

落座後，弘一向印光大師介紹來賓。席間，印光大師講：做佛之前，先要做人，人做不周全，便休想做佛。大家靜坐恭聽。

最後，弘一讓來者請幾部經書回去看看。葉紹鈞獲《阿彌陀經白話注解》、《般若波羅蜜多心經述義》及《印光法師嘉言錄》三部。

臨別，弘一再拜，一群人走出寮房，弘一脫下寬大的袈裟和黑藏布海青，仔細平整地疊好，放在小包裡，挎在肩上，與諸位道別。

葉紹鈞與弘一相見便有一種特殊的感情。在佛教史裡，這兩位如同神龍與白象，各自都有璀璨的光環。

丁丑年（一九三七）十一月七日，新加坡《星島日報》刊登了一篇葉紹鈞寫弘一的文章，題為《弘一法師的書法》，文中說：

> 藝術的事情，大都始於模仿，終於獨創。不模仿打不了基礎，模仿一輩子就沒有自我。只

好永久跟隨人家的腳後跟。

弘一法師近幾年來的書法，有一說近於晉人，但是模仿哪一家呢？實在指不出……我只能直覺地回答，因為蘊藉有味，就全幅看許多字是互相親和的，好比一堂謙恭溫良的君子人，不亢不卑，和顏悅色，在那裡從容論道……總括以上這些，就是所謂的蘊藉，毫不矜才使氣，意境含蓄在筆墨之外，所以越看越有味。

關於弘一法師的書法，葉紹鈞在一九八〇年還寫了《全面調和》一文：

全面調和，蓋法師始終信守之美術觀點。試觀其「無住齋」草書小額三字即落之每一字每一筆，皆適居其位，似乎絲毫移動不得。更觀其小印五方一軸，五印之位置，下方之題識，融為一體，呼吸相通，而每一小印，其布局，其刀趣，亦復如是。至謂於某碑某帖決不揣摩，則是自道其後期之造詣。觀其丙辰斷食虎跑寺時之所臨摹，則前期之揣摩固極端嚴格認真者也。

觀文學家葉紹鈞對弘一法師書法篆刻之評價，其「蘊藉有味」、「全面調和」之論，實在語多剴切。

弘一回到豐子愷家，豐子愷告知老師，他編的《中文名曲》一書裡要選弘一法師的一些歌曲：《朝陽》、《憶兒時》、《月》、《送別》、《落花》、《幽居》、《天風》、《早秋》、《春遊》、《西湖》、《夢》、《悲秋》、《晚鐘》等約三十首。與弘一法師商定後，由上海開明書店付梓印行。其時已到年底。

弘一在豐子愷家常住，如同在寺廟裡一樣。豐子愷長期耳濡目染，從弘一身上學了許多做派，如聲調低緩，經常無言念佛，一坐半日無語，衣著也是布長袍、黑布鞋，吃素食，以至上海朋友都說：「豐子愷太像弘公了！」其實形神像弘一的，還有夏丏尊、劉質平等人。

九月二十日係弘一四十九歲生日，豐子愷說得清清楚楚，弘一法師生日後再過六天是自己的三十一歲生日，他感到，這之間，有一種靈性，有一種啟示，有德行之光的普照。

弘一告訴豐子愷，出家人是不過生日的，你既然已準備了，那就在這裡誦誦經「為生者消愆與死者加被，也就心安理得了」。

豐子愷問：「弘師，再過六天是弟子生日，多年來受恩師的慈光、熏沐，我想也該做一個正式的佛弟子，您能為我授皈依嗎？」

「很好，子愷，我也等待很久了。」弘一面上充滿欣喜。

在生日那天上午，豐子愷將備好的香花果品在樓下鋼琴旁的一張方桌上擺好，然後弘一說：「我們諷誦《地藏菩薩本願經》吧。」

豐子愷點燃香，插進香爐，香氣繚繞之際，弘一拿出《地藏菩薩本願經》，豐子愷也從書架上取下一本，二人合掌長跪，由弘一引領，唱起柔美悠揚的佛曲：「爐香乍爇，法界蒙熏……」

諷誦《地藏菩薩本願經》完畢，已到十一時，弘一說：「子愷，我們舉行皈依式吧。」說著，讓豐子愷上香，二人再合掌長跪。弘一將早已備好的「說皈依文」展開，面向豐子愷念曰：「今有中華民國浙江省崇德縣信士豐仁子愷，於中華民國十七年九月二十六日正午，發菩提心，盡形壽，皈依三寶，永歸佛道，並由沙門演音弘一，代表本師釋迦牟尼佛，授予皈依，取法名『嬰行』，而今而後，永志不渝——祈請諸佛菩薩慈憫納受。」

弘一念完，依法授畢三皈依，又向子愷說：「子愷，從今天起，你正式皈依佛門了。」接著有幾則規矩，要居士謹記。

豐子愷雖皈依佛門，但未剃度，仍是居士，世俗生活不變。

弘一在豐子愷家為之辦完皈依式之後，又在豐家住了兩個多月。其間，豐子愷一直為《護生畫集》積極設計繪製。大約至十一月，畫集基本完成，夏丏尊著手接洽出版事宜。

弘一聽說無錫的尤雪行又到上海，便在一個下午去看望。尤住在世界居士林三樓的一間小客房裡，弘一進得客房後見南社老友尤雪行，尤雪行忙伏地頂禮，禮畢將弘一帶進裡屋。謝仁齋見弘一，也忙頂禮。弘一發現屋裡擺著整理好的行李，似有遠行之意。果然，二人準備到暹羅（泰國）弘法，船票已買好，明日出發。

弘一聽到他們將去海外弘法，忙說：「太好了，功德無量哉！」並表示也想與他們同去暹羅。兩位居士聽罷，萬分高興，尤雪行道：「法師慈悲，那就請回去準備一下吧。」

弘一回到豐子愷家，將準備去暹羅弘法之事告訴豐子愷，豐子愷認為恩師原本是一片浮雲，弘法是其天職，表示支持，並打電話招來夏丏尊、劉質平，高高興興地為老師準備南下所需。行前，弘一交代《護生畫集》的出版發行事宜。

第二天清晨，豐子愷與夏丏尊、劉質平將老師送到黃浦碼頭，目送弘一法師、尤雪行、謝仁齋三位登海輪。

§

汽笛鳴響，海輪啟動，弘一站在船舷處，合掌微笑……

海輪在海上乘風破浪兩天後停泊在廈門，卸貨、裝貨，旅客下船，小憩兩天後再登船遠行。

弘一到廈門大學創辦人陳敬賢家中探望，他們曾在杭州有過一面之緣，陳敬賢起先學禪，後歸淨土，他聽說弘一要去暹羅，忙說：「那裡是南傳佛教國家，而閩南眾生，迫切盼望弘公播一些佛糧。」

弘一沉默良久，說：「我要與同去暹羅的二位居士商量，不然會令他們掃興。」

尤、謝二人聽弘一暫時不赴暹羅，請他們先行，有些失望，不過弘一留下對閩南佛教的發展也是一種推動，便不阻攔，然後二人乘船啟航。

多年後尤雪行駐錫馬來西亞，為法務演本法師；謝仁齋歸國後，為寂雲禪師。

弘一留在廈門，由陳敬賢介紹到頗負盛名的南普陀寺，因此有機會與太虛大師門下的芝峰法師相識。芝峰法師與大醒法師受太虛大師之命，主持閩南佛學院的教務。

弘一住在佛學院的小樓上，其間他參訪了當地的佛寺，由幾位相契的道友挽留，暫住廈門，不再考慮暹羅之旅。

己巳年（一九二九）弘一五十歲。

弘一首次到閩南，依然禁足、寫經、念佛，整理佛學院的古本藏經，編目校正。如此，三個月便過去了。

弘一在閩南時，經子淵、夏丏尊、豐子愷、劉質平、穆藉初等人考慮弘一法師雲水萍蹤行無定所，身體時好時壞，又忘我念佛、誦經，還要在滅佛的風潮中參與保護佛教的活動，經商議並征得弘一的同意後他們決定在夏丏尊的家鄉白馬湖畔，覓地結廬三椽，作為弘一法師的念佛之所。弘一根據李商隱《晚晴》「天意憐幽草，人間重晚晴」，之「晚晴」，題該房為「晚晴山房」。

四月，弘一買舟回浙江，途經神州，與同路的佛教界名人蘇慧純居士下船游鼓山崖佛剎湧泉寺。該寺是著名佛剎，其藏書樓不乏古代珍本、手抄本。弘一整日流連其間，發現最古老精緻的《華嚴疏論纂要》《塵華、楞嚴、永嘉大師集》，及《疏論纂要》、《憨山大師夢游集》等近代珍本，大喜過望。帶著這些收穫，弘一回到溫州，又到白馬湖畔「晚晴山房」小住，再到上海，請蘇慧純發心印《華嚴疏論纂要》二十五部。其中送中國學術界、佛教界十三部，另十二部送日本人保存。

日本出版家內山完造後來在所撰《上海霖雨》一書中，有這樣的文字：

夏（丏尊）先生向我介紹這位和尚，我才知道他是弘一法師，他清瘦如鶴，語音如銀鈴……據說，他是中國戲劇革命先驅「春柳劇社」骨幹，在東京演過《茶花女遺事》……直到今天為止，他油畫的造詣，竟無人可及。留學回國後，他在浙江師範教音樂與繪畫，後來以種種因緣出家為僧，多年來行雲流水，居無定所……

當時我用日本話談話，看他的神情，似乎一一都懂得，但他自己卻像全把日本話忘了似的。

夏先生拿出一本律師所著的善本書《四分律比丘戒相表記》來，要我將此書三千冊分贈希求者……這時律師說：還有一種《華嚴疏論纂要》的書，正在印製中，這書只印二十五部，想把十二部送給日本方面，將來出書以後，「也送到尊處，拜託你！」

他這樣說，我也只好答應照辦，我雖門外漢，聽到印數只有二十五部，就知道是相當巨大的書，二十五部之中有半數送給日本。「那麼送哪一個機構呢？」我問他。他說：「一切托你！」在繼續談話之中，他說，「在中國恐怕不能長久保存，不如送到日本去。」據說，法師曾在福建鼓山發現這古刻的版本，這版本在現存的經典中，是很古的。日本《大正藏》裡也沒有，由此可見這部經書的珍貴了。

我談到傍晚才回去，次日，弘一法師和夏丏尊先生及另外兩三個朋友同到我的書店來，內人也見到他，當他去後內人曾說：「聽到那位比丘的話聲，見到那樣崢嶸的額角，便知道是一位高僧。」

數日以後，夏先生那裡送來了《四分律比丘戒相表記》，我便分別寄贈東、西京兩大學，以及大谷、龍谷、大正、東洋、高野山等大學圖書館。西京大學圖書館裡有一位比丘籍書記，寫信來說，這部表記是一部貴重的文獻，希望能得一部，於是我又寄一部去，以後我一共送去了一百七十幾部。

…………

我因此奇緣，就將快出版的《華嚴疏論纂要》十二部，決定了贈送範圍。

> 此後，我與弘一法師一直沒有相會的機會，只替他代向日本購請過幾次經典，可是第二次事變起（八．一三）連這點都不可能了。
>
> 不知他近來住在何處，一定正在苦修吧。每一想起，他的面容彷佛在我眼前，但願他平安無恙，但願久別重逢的日子快些到來。
>
> 我草此文的桌前，掛著弘一法師寫給我的直幅，直幅上這樣寫著：「一切有為法，如夢幻泡影，如露亦如電，應作如是觀——《金剛般若波羅蜜經偈》。容完造居士供養。沙門一音。」
>
> 我對這幅字注視著，窗外但聞瑟瑟的雨聲。

十月秋末，弘一再次到廈門南普陀寺，住在功德樓上。他為閩南佛學院在學的比丘提出「悲、智」，作為他修學的理想。悲者，是來修學的比丘，對世間生命的一種普通卻深切的同情與憐愛；智者，是要求比丘性靈上明徹的燭照力，洞悉人間一切凡情，切斷人我界線。弘一將這「悲、智」二字的精義，做成四字格言四十頌，寫成條幅，供比丘學習。

是年年底，佛教改革者太虛大師來到閩南，為他創辦的閩南佛學院的教務進行一番考察。弘一便與太虛大師、芝峰法師、蘇慧純居士一同去南安名剎「小雪峰」度歲。

太虛大師有詩記此行：

> 寒郊卅里去城東，
> 才過青溪便不同。
> 林翠蔭含山外路，
> 蕉香風送寺前鐘。
> 虎蹤笑見太虛洞，

詩窟吟留如幻松。
此夕雪峰逢歲盡，
挑燈共話古禪宗。

弘一讀後，點頭微笑，蘇慧純稱妙。

弘一比太虛大師大八歲，但太虛大師僧臘卻比弘一大幾歲。弘一一直視太虛為師，常念受其很多啟示與感德之惠，對他恭而敬之。

時年四十二歲的太虛大師，知識豐厚，佛學淵博。但似不擅詩詞。其詩《三寶歌》譜係出自弘一手筆。小雪峰詩，也有弘一的才情。

在小雪峰，弘一度過這年春節。

庚午年（一九三〇）弘一五十一歲。

正月十五，弘一下小雪峰到泉州城內承天寺，此時，性願法師在該寺創辦了「月臺佛學研究社」。在這裡住了三個月的弘一，依例為承天寺整理藏經，編定目錄，得便時，還到研究社給其成員傳授書法技藝。

春天來臨，弘一再次雲流，臨行前，書聯句：

會心當處即是，泉水在山乃清。

寫畢，贈閩南名宿會泉長老。

五月初，弘一回到上虞白馬湖畔晚晴山房，湖中吹來的柔和春風讓他有些陶醉。

晚晴山房雖不大卻環境幽雅，夏初，竹木青翠，雜花繽紛，弘一在房內精讀並訂正《南山行事鈔記》及《律學名著》，但因晚晴山房尚未完全建好，加上湖畔濕氣過重，他便移居附近的法界寺閉關。

五月中旬，正逢夏丏尊的生日，他從上海趕到湖水泛碧的白馬湖看弘公。當日，他邀弘公與經子淵到自家「小梅花屋」吃素齋，因經子淵對佛教並無研究，席間為他準備了酒，他幾杯酒落肚，便悲愴道：「十二年前，我們在浙江一師還是青年人，那時的心境還是壯志難酬，而今弘一五十出頭，我也過耳順之年，如今新潮滾滾，我們還能有什麼作為？人生，到頭無非是一場悲劇。」說著，便嗚咽起來。

弘一、夏丏尊聽著這位教育界曾經的先進人物傾吐悲愴心曲，也不禁淚流滿面。

素齋在無言中結束。經子淵帶來一幅贈給夏丏尊的畫，展看之後，弘一在畫上補寫《仁王般若經》的兩個偈子，為夏丏尊四十五歲生辰之賀：

生老病死，輪轉無際，事與願違，憂悲為害；欲深禍重，瘡疣無外，三界皆苦，國有何賴？
有本自無，因緣成諸，盛者必衰，實者必虛；眾生蠢蠢，都如幻居，聲響皆空，國土也如！

五十歲過後，弘一在佛學上的思想方法與佛學的實踐範疇參考《弘一大師傳》，可歸納為：

一、華嚴學：一直是他研究佛學的中心，其《普賢行願品》則是本經的靈魂，弘一的行願，便是由華嚴引申而來的。

二、南山學：是他秉承南山道宣律師的遺緒，從事現代律學的整理與開創新的境界的基礎，他以自身做試驗，從事律學的行持與律學是用以自律的，並以教人修身的典範。

三、念佛法門：乃是其從事佛道的實踐方法，上追靈峰蕅益大師，有《寒笳集》之邏輯，近代則宗仰印光大師，以現身誓證「念佛三昧」為目標。作為生活上的準則，他時時口中不離佛號。行腳任何一地，都發心與世緣斷絕，閉門深修。

弘一在距白馬湖較近的法界寺靜心修行幾個月。寧靜的桃花源式的生活，讓他與法界寺結下了不解之緣。

到了深秋，臨縣（白湖金仙寺）十月中旬將由天臺名家靜權法師主持，開講《地藏菩薩本願經》。金山寺的方丈，是太虛大師門下的亦幻法師，亦幻法師和弘一一樣，也是一位知識分子，經過芝峰法師的介紹，二人相識，並成了志同道合的朋友。

弘一經過兩天的跋山涉水，步行到白湖金仙寺，他未驚動亦幻法師，悄無聲息地住下來。作為一個游方的和尚，弘一與寺裡的僧人一樣粗茶淡飯，住簡陋僧舍，也與僧眾一同到大殿念佛誦經，與別人不同的是，他埋頭於修道參學。

由於他精研《華嚴經》，加上有一手軟而綿勁的好書法，在金仙寺，他從《華嚴經》上摘下聯偶三百，連綴完成。然後集成《華嚴集聯三百》，交學生劉質平拿到上海付印。

該集聯中，有四言，如：

令出愛獄，永得大安。

五言：

言必不虛亡，心離於有無。

自性無所有，智眼應不周。

七言：

我是無上菩提本，佛為一切智慧燈。

八言：

如來境界無有邊際，
普賢身相猶如虛空。

細讀集聯文句，平仄韻腳，自然天成，字字如珠，句句似玉，讀者在閱讀雅典精妙集聯文句與欣賞書法中，能欣然深入「華嚴世界」，引字入佛的因緣，成為播撒入佛的種子。對僧侶也是學習「華嚴」的臺階。

弘一在白湖金仙寺，每天飯後總要朗聲念幾卷《普賢行願品》為眾生回向。他那如玉相擊的瑲瑲之聲，節奏徐緩有致，在寺內飄飛，偶爾傳到僧侶的耳內，似攝住靈魂般，讓他們想繼續聽下去。於是在他念經時，有不少僧侶會聚精會神地傾聽，直到經聲停止。

常聽弘一誦經者，便有寺內住持亦幻法師，他幾乎一天不落地駐足傾聽。

一晃，就到了金秋十月，寺裡迎來了天臺山的靜權法師。十月十五日晚上，靜權法師開講《地藏菩薩本願經》。

弘一為了追念母親，每逢母親忌日總要念一日《地藏菩薩本願經》為母超度。今有機會聆聽靜權法師講《地藏菩薩本願經》，他在暮色將盡之時，身穿袈裟，走進大殿，擇地而坐。

大殿燭光高照，靜權法師身著朱色袈裟，穩穩走上法座，座前的眾僧鴉雀無聲，臉上有悲涼之色。靜權法師似身入幽冥的地藏菩薩，用低沉的方言念道：

佛告定自在王菩薩……有佛出世，名清淨蓮華目如來……緣法之中，有一羅漢，普度眾生，因次教化，遇一女人，字曰「光目」，設食供養，羅漢問之，欲願何等？光目答言：「我以母亡之日，資福救拔，未知我母，生處何趣？」……爾時羅漢，即無盡意菩薩是；光目母者，即解脫菩薩是；光目女者，即地藏菩薩……

靜權法師誦的是《地藏經》中「閻浮眾生業感品」中的一節故事，然後他講，女性生兒育女之苦，蒙受悲慘境遇，母親用血和淚培養一個人，到頭來，所得的報償，總是一場空之。講到此處講臺下有痛哭之聲在大殿回蕩，靜權停講，發現哭聲來自前排一個角落。在場的寺內僧人，見是新來寺掛單的弘一法師。

聽靜權法師講到母親為子女犧牲一切的偉大情懷，他自忖沒有好好孝敬母親，不禁悲從中來，放聲痛哭。

事後，弘一在寮房寫下澫益大師的警語，貼在桌前，抬頭可見，文曰：

內不見有我，則我無能，外不見有人，則人無過；一味呆癡，身自慚愧；劣智慢心，痛自改悔。

年底冷雨寒風，弘一無法受風霜之苦，告別白馬湖，回到溫州城下寮。

§

辛未年（一九三一）弘一五十二歲。

初春，弘一在白馬湖患上瘧疾，備受折磨，無藥無醫，甚至一心求死。最後病魔敗去，身體已憔悴。

後夏丏尊與他同到寧波，弘一掛單白衣寺，夏丏尊住在甬江旅社。第二日夏丏尊帶來一位朋友，到白衣寺雲水堂見弘一。

雙方見面，沉默片刻，弘一認出這位兩鬢掛雪的中年人是浙江一師舊人錢均夫。他向弘一合掌：「弘公是雲水芒鞋，遊蹤不定，知你來白衣寺，特來拜望。」

弘一笑曰：「聽說均夫已皈依了三寶？」

均夫：「還不是受弘公的感召。」

弘一：「寧波有件盛事，一是諦閑法師在觀宗寺講經；二是禪宗大德虛雲老和尚，從雲南來駐錫在天寧寺。諦閑法師講經，值得聆聽，虛雲高僧值得瞻仰。」

不久，二事皆實現。

弘一一直有一個願望——弘傳《南山律學》，為此他決心在春寒颼戾中北上。回到白馬湖，晚晴山房仍未完工，他便掛單法界寺，專修《南山律學》。

很久以來，他一直有把律宗從混亂中拯救出來的打算。

正好，在辛未年的夏秋之交，介於寧波與余姚之間的慈溪境內有名剎五磊寺，往來該寺的佛界人士很多，來這裡有緣弘揚律學的高僧也不少，如亦幻法師。弘一到該寺與住持棲蓮和尚達成共識：以五磊寺為根據地，從小規模做起，精研律學，然後建立「南山律學院」。

亦幻法師作構想，然後請各方面予以支持，他們決定由弘一出面主持律學講座。

弘一腳踏實地去做準備，自己也願意講律學，但名不願自己背。且在五磊寺佛前發願：決定以三年為期，集中演講律學三大著作：《行事鈔資持證》、《四分律行宗記》及《羯磨疏隨緣記》，以在僧界營造一種重律嚴戒的風氣。此後弘一便經常往返於白衣寺、五磊寺、金仙寺。

後亦幻法師、棲蓮和尚到上海，有佛界著名護法朱子橋居士募集資金，在滬他們又巧遇白衣寺住持安心頭陀，其出資銀幣千元，支持弘一弘律心願。

「井岡山律學院」籌建中，棲蓮等違背弘一建學院精神，以弘一之名，企圖拜著簿緣，向各界索錢，還要當學院院長。

弘一認清棲蓮和尚的醜陋面目之後，揮淚離開白衣寺，再不見棲蓮。從此白衣寺門外便留下一塊「南山律學院籌備處」的木牌，無言地在眾人的嘲笑中風雨飄零。

此事讓弘一一直心神不寧，後來在他的回憶中，有這樣的文字：

我從出家以來，對佛教向來沒有做過什麼事。這次使我能有弘律的因緣，心頭委實很喜歡的，不料第一次便受到了這樣的打擊，一個多月未能成眠，精神上坐立不安，看經、念佛都不能平靜。照這種情形，恐怕一定要靜養兩年不可了。雖然，從今以後，我的一切都可以放下，但對我講律的事，當秉持初志，盡形壽不退！

這一年，弘一在弟子劉質平的勸請下，寫了《清涼歌》詞：

清涼月，
月到天心，光明殊皎潔。

今唱清涼歌，心地光明一笑呵！
清涼風，
清涼解慍，暑氣已無蹤。
今唱清涼歌，熱惱清除萬物和！
清涼水，
清水一渠，滌蕩諸污穢。
今唱清涼歌，身心無垢樂如何？
清涼，清涼，無上，究竟，真常！

歌詞優美、爽麗。後由劉質平譜曲，經反覆修改後，於一九三六年面世。《清涼歌》詞的白話文，由廈門南閩佛學院的芝峰法師執筆，弘一致其信曰：

音今春以來，疾病纏綿，至今猶未復原，故掩室之事，不得不暫時從緩。前到金仙寺訪亦幻法師，藉聞座下近況，至用心慰。音因劉質平居士諄諄勸請，為撰《清涼歌》第一輯，歌詞五首，附錄奉上，多教正。歌詞文義深奧，非常人所能瞭解，須淺顯之注釋，注解其義。音多病，精神衰頹，萬難執筆構思。且白話文字，亦非音之所長，擬奉懇座下慈悲，為音代撰歌詞注釋，至用感祈……

此信是在白馬湖時所寫。
壬申年（一九三二）弘一五十三歲。
弘一春、夏、秋三季，雲流浙東沿海各地寺廟。

八月，弘一至白馬湖，居法界寺。

大約到九月，閩南的廣洽法師來信邀弘一到廈門過冬將息，弘一準備前往，但發生「一・二九」事變，日本侵華箭在弦上，受夏丏尊、豐子愷勸阻，弘一再回寧波。掛單伏龍寺，不久又回到白馬湖。

在白馬湖，弘一仍不忘弘律，為寺僧講了半個多月的律學。不料，入秋弘一又患了一場病，病癒，於十月告別風景如畫的浙東山山水水，買舟去往閩南。

弘一抵達廈門，雖已是十一月的初冬，但這裡仍然溫暖如春，三角梅開得正豔，石榴已結出碩大的果實，正如他給朋友寫的信中所說：「廈門榴花盛開，結得很大果實，人們猶著單衣……這與平津八月天氣相仿，榴花、桂花、白蘭花、菊花、山茶花、水仙花同時盛開。」

弘一的心情也由冬季到了春季，身體也健康起來，他住在曾掛單的萬壽岩。

但滑稽的是，遙遠的上海，一家報紙竟然出一則這樣的消息：「中國藝術大師——李叔同，棄俗為僧後，與世人隔絕，修梵行，於日前在閩南山中圓寂……」

這一「不幸」的消息，是由弘一的侄子李晉章在信中告知他的。弘一想起三年前上海一家報紙就曾有過李叔同逝世的消息，並云中國藝術界遭受巨大損失云云，他怡然一笑。

弘一在萬壽岩編輯《地藏菩薩盛德大觀》，紀念「地獄不空，誓不成佛」的地藏王菩薩的慈憫精神，後到中山公署旁妙釋寺講「人生之最後」。並根據佛家「淨土宗」處理人生最後那一課的方式，寫了一本小冊子，他告訴學佛者，要放下身外之物，一心念佛，往生極樂世界。佛家對於「死」看得比「生」更重要。弘一在講「人生之最後」時，提出古人的格言：「我見他人死，我心熱如火；不是熱他人，看看輪到我。」死，人生之大事，不可須臾忘記。

第十二章
泉州童子薦韓偓，廈門囑辦修正院

莫聽聲聲催去棹，桃溪淺處不勝舟。

——唐．王之渙《宴詞》

癸酉年（一九三三），弘一五十四歲。

弘一於正月初八日移居妙釋寺，該寺僧人慧德及性常法師把房間供養給弘一安居。

正月十一日，弘一為念佛會講《改過實驗談》，坐定之後，他侃侃而談：

> 今值舊曆新年，請觀廈門全市之中，新氣象充滿：門戶貼新聯，人多著新衣……我等素信佛法之人，當此萬象更新之時，亦應一新方可，我等所謂「新」者何？亦如旁人貼新春聯著新衣等以為「新」乎？曰：不然！我等所謂「新」者，乃是改過自新也。但「改過自新」四字，範圍太廣，若欲演講，不知從何說起。今且就余五十年來改過所實驗者，略舉數端，為諸君言之……即是以下所引諸書，雖多出於儒書，而實合於佛法。因談玄說妙，修正次第，自以佛書，最為詳盡。而我等初學之人，持躬敦品，處事接物之法，雖佛書中亦有說者，但儒書所說，尤為明白詳盡，適於初學。

講過《改過實驗談》當夜，弘一夢見自己化作一美少年與一儒者同行，忽聞有人誦讀《華嚴經賢首品》的偈語，悽楚而動人。後他與儒者返回，見道上有十幾人席地而坐，一操琴者與一長髯老人作歌，老人席前放一紙，寫有《大方廣佛華嚴經》的經題，知老人正在以歌說法，弘一向其表示敬意，並要加入這一行列，問：「此處可有空容納我們？」

老人曰：「喏，兩頭皆是虛席，請坐。」

二人正欲脫鞋入座，忽然弘一夢醒，只記住幾句悽楚的偈語，遂研墨揮筆寫下夢中偈語：

菩薩發意求菩提，非是無因非有緣；
於佛法僧生淨信，以是而生廣大心。
不欲五欲與王位，言饒自樂大名稱；
但為永滅眾生苦，利益世間而發心。
常欲利樂請眾生，莊嚴國土供養佛；
變持正法修諸智，證菩提故而發心。
深心信解常清淨，恭敬尊重一切佛；
於法及僧亦如是，至誠恭養而發心。
深信於佛及佛法，亦信佛事所行道；
及信無上大菩提，菩提以是初發心。

弘一記下此《發心行相五頌》，恭敬書寫於紙上，贈予法侶廣洽法師，又寫跋文記夢中故事。

弘一說，此乃他到閩弘律的心靈反應。

得到夢中啟示，不久，弘一便在妙釋寺給年輕比丘講《四分律戒本》。他說：「一個人求學難，而有個好的求學環境更難。此次講《四分律戒本》，是弘揚律學的第一步。」接著他說：「我的業重而福薄，只望諸位同道能共同肩起南山道宣律師的法幢。」

癸酉年正月，弘一在廈門竹園接見虞愚，他以幼年書法呈閱虞愚，為其題二偈，並加題記贈送年二十四歲的虞愚。

偈一云：

> 文字之相，本不可得，以分別心，云何測度？若風畫空，無有能所。如是了知，乃是智者。

偈二云：

> 竹園居士，善解般若。余謂書法亦然。今以幼年所作見示，嘆為玄妙。即依是義而說二偈，質諸當代，精鑒賞者。癸酉正月，無礙。

癸酉春，虞愚應太虛法師之邀，擔任閩南佛學院「倫理」、「國文」、「常識」三門功課教師，並與寄生法師合編《廈門南普陀寺志》。一九三五年，畢業於廈門大學的虞愚參與發起籌備中國佛教學會廈門分會，其後他修佛學，皈依高僧印光法師，與弘一法師親近，受其影響頗深。

筆者與虞愚先生有過一段交往：二十世紀五十年代，在北京六十六中學讀高中時，我的語文老師林逸君是虞愚先生的夫人。他們的兩個女兒又是我的同班同學。得林老師厚愛，我常到其家請益，與虞先生也熟稔。他是佛學家、因明家、詩人、書法家，當時他任職於中國社會科學院哲學所、文學院研究院，兼任國務院古籍整理出版規劃小組成員。我常聽虞先生講起弘一大師，其書法得弘一大師真傳。他繪聲繪色地給我講起弘一大師對佛學及書法的貢獻，引起了我對弘一大師的興趣，我因此開始閱讀有關李叔同的書籍，廣覽其書畫及篆刻。

數日後，弘一又到妙釋寺講律，二月初八重回萬壽岩，四月在妙釋寺兩次講律，並為智上人篆刻「看松月到衣」印章。

在溫暖秀麗的閩南，弘一一如往常，回避各種應酬，拒絕朋友宴請，他沖淡、空寂、獨來獨往於鷺江風景如畫的山水間，如閒雲野鶴。到癸酉十月，弘一致信夏丏尊，云：

> 唐韓偓墓在泉州城外，遠托高文遠居士編《韓偓評傳》一卷刊行。《韓內翰別集》，上海古書店如有存者，乞購一部惠施，而且很佩服詩人的忠烈。

後來，高文顯發現了一首詩，證明韓偓的愛國忠魂，而不是像亡國商女那般作豔詩者。高文顯發現的是韓偓一首寫亡國人的哀歌：

> 微茫煙水碧雲間，拄杖南來渡遠山。
> 冠履莫教親紫閣，衲衣且上傍禪關。
> 青邱有路蓁苓茂，故國無階麥黍繁。
> 午夜鐘聲聞北闕，六龍繞殿幾時攀？

此詩是韓偓在惠安松洋洞所作，但《全唐詩》未予收錄。弘一將之錄於中堂，以此紀念這位愛國愛民的詩人。

韓偓詩的內容是愛國愛民的，也有不少是有禪意的、唯美的。

高文顯在弘一第三次到廈門時，還是同文中學的初二學生，寄宿於南普陀，因緣巧合，十五歲的高文顯與四十九歲的弘一有了一面之緣。

一九三二年，弘一又到廈門南普陀時曾問起高文顯，得知他已是高中生了，便傳見他，並為他命名「勝進」，贈他對聯「語言無所著，智慧不可量」，以勉勵之。

高文顯後來回憶此事時說：「那時（一九三二）適我因為廈門大學的學程還未結束也寄居在南普陀寺內，而法師則在寺前的功德樓上。」在《弘一大師的生平》一文中，高文顯還回憶：「當癸酉小陽春的時候，他（弘一法師）曾坐車經過西門外，在那潘山的路旁，矗立看晚唐詩人韓偓的墓道，看到墓道他驚喜若狂，對著這位忠烈的愛國詩人便十分注意起來，他與韓偓很有緣，而且很佩服詩人的忠烈。」

到甲戌年（一九三四）七月，弘一在廈門創辦南普陀佛教養正院，住在寺後山晉水蘭若。二十日撰《擬定佛教養正院教科用書表》，以奉高文顯，養正院在甲戌秋季招生開學，他委任高文顯為養正院講師。

丙子年（一九三六）弘一在廈門，路過一院，見其門上有對聯：「一斗夜來陪漢史，千春朝起展萊衣。」聯文及筆墨精妙，他甚是讚賞。回寺後，即致信高文顯：

> 未知是古詩句，或其自撰。幽秀沉著，洵為佳句。書法也神似東坡，其地址如下記（略去）仁者暇時，可往一閱，能詢其撰書者何人，則至善矣……余至南閩八年，罕見有如是佳聯，足與南普陀山門「分派洛伽」一聯相媲美也。

弘一的書法造詣，書法界甚為推崇，特別是他皈依之後自創斧鑿而至天成的「弘一體」。其至純至淡的韻味，已如幽香彌漫雅室，「圓潤含蓄，疏朗瘦長的結體，給人以大智若愚，大巧若拙，和顏悅色」

之境。又如一股清泉，滋潤人的心靈，淨化人的意念，提升人的精神境界。「弘一體」形式之美在於恬靜與內斂，風格之美在於勁健與平淡，意蘊之美在於悲境與尚意。

極具美學價值的弘一體書法，是在借鑒汲取中獲得的瑰寶。他從不傲視前人書法作品，總是虛心學習，給高文顯的信就是最好的證明。在信中，他高度評價「分派洛伽」一聯，此聯曰：「分派洛伽開法字，隔江太武拱山門。」其撰書者為閩派詩歌領袖，近代文學家，比弘一略年長一些。

弘一有審美氣質，修佛後更具有了博大的審美觀，美伴隨他的修行。

戊寅年（一九三八）三月，弘一從惠安科山寺給高文顯致信：

> 前函所云工作忙迫等，案用功之人，每日應有數小時運動及休閒。又星期日一天，亦應休閒。如是則身體精神乃能健康。偓傳，俟年假時再繼續撰述，遲緩無妨，大學課業多忙，若以餘暇致力於此，恐身心將受大傷也。

從一九三三年起，弘一托高文顯居士編《韓偓評傳》，到戊寅年（一九三八）已有五年，他很關注高文顯編此書的進度，更關注有教學任務的高文顯的身體，高文顯利用餘暇編《韓偓評傳》，辛勤付出，弘一叮囑他要加強鍛煉，注意休息，切莫因此傷身。一位大高文顯三十四歲的長者，對晚生的關愛，溢於言表。

只可惜，高文顯寫的《韓偓評傳》甫一完成便將書稿寄給開明書局，三年後開明書局的一場大火將書稿化為灰燼。

是年初冬，廣洽法師為弘一法師造像。豐子愷在像上賦詩後石印分贈淨侶們。詩曰：

廣大智慧無量德，寄此一軀肉與血。
安得千古不壞身，永住世間剎塵劫。

廣洽法師，即是抗戰後在星島主持薝卜院、監理彌陀學校者。

不久，弘一受鄉間草庵寺住持邀請，由傳貫法師陪同到那裡過冬。性常法師也由廈門到此，共度殘冬。

除夕時，弘一在草庵寺意空樓佛前，為二位法師選釋《靈峰蕅益祭顓愚大師爪發缽塔文》。這是一篇充滿了對社會世情及人性分析與批諷的文章，為便於讀者瞭解，略去原文，引用陳慧劍《弘一大師傳》中的白話文注釋：

啊！人與人間，不難相愛，而難於相知；如師者（顓愚）真是知我（蕅益大師自稱，下同）的人了。世間即使有極少數相愛的人，而志同道合，情操砥礪，我雖不敢與大師崇高的德行相比，但有三項自律，尚無違背。這三項便是：崇尚質樸，不務虛文，不苟合時流。注述經論，持贊戒律，不掛羊頭賣狗肉。甘於淡泊，甘於寂寞，而不願受到盛名的羈累！啊，以佛門的德學師，而我又蒙到如許相知相愛，心靈如此投契，令我終身難以忘記！

師在佛道上，所證的功夫深淺，不是我能想像；但師之生平，令人最傾心處，現在寫下來，以志不忘。

「當今知識界，極少不被名牽，不為利誘，不依恃權貴與聲望。但如師能自守而又自愛者，世間不知能交幾人？

「當今知識界，極少不玩弄鬼魅伎倆，浮薄膚淺，其行為令人驚異萬分的；能如師之平實穩重地做人，世間又有幾人？

「當今知識界，不以華服盛裝取悅於人，那種放浪形骸，目空一切的恣情大意，能如師破衫草鞋，茅屋上階而棲者，又有幾人？

「當今知識界，極少不同流合污，而他們又美其名曰權巧方便，慈悲隨俗，如師不作雞口牛後，甘受世人譏為老迂腐者，又有幾人？」

因此，世人只要受到師的高風所拂，頑夫無不廉，懦夫無不立，如伯夷自甘於首陽山餓死，正是他的人格清標所在，這是一般投機取巧、身雖活而心已死的人物所能比擬？

蕅益每慈佛陀正法，一壞於道聽塗說，入耳出口的獅子身蟲；再壞於色莊嚴而心腐爛、羊其質而虎其皮的佛門敗類；他的老子殺人，兒子便要行動，父子效尤，有何事不可為？

師的爪、發、衣、缽，如今僥倖存留，而師的德行道風也不滅，後來人如果受師德所被，能有繼師而起，並挽狂瀾於末世的人嗎？

弘一作為在當時有影響的知識分子，對當時一些知識分子的醜陋人性，進行了入木三分的揭露和徹底的批判，也讓當下的文人警覺，這篇文章的作用遠超過弘揚佛學。

癸酉歲晚，弘一大膽突破藩籬，與性願法師共同創辦梵行清信女講習會，盡力教化女性信佛者「菜姑」，梵行清信眾女，因這些女性對佛法很難洞解，為提高她們的佛學水準，弘一和性願法師創辦梵行清信女講習會是十分必要的。

弘一在《梵行清信女講習會規劃並序》中說：

癸酉歲晚，余來月臺隨喜佛土法會，復為大眾商榷斯事。承會泉、轉塵二長老歡喜讚嘆，樂為倡助，並屬不慧為出規則，以資率循。爰據見，相陳其概。未能詳盡耳。十二月八日，沙門演音書。

俗云菜姑，亦云貞女。菜姑之名固有未當，貞女之名亦濫俗稱。據《大智度論》有五種五成優婆夷，第五名斷淫優婆夷，正屬今稱清信女。清信女者，優婆夷譯意也，然其文字猶非雅馴。號召未便，茲以私意定名曰梵行。（摘自《弘一法師年譜》）

得到會泉、轉塵二位長老的支持後，他們擬在承天寺開展對「菜姑」的教學活動。先辦「晉江梵行清信女講習會」，由弘一代擬規則。

癸酉臘月初八，弘一在泉州承天寺擬定了《講習會規則》，共六條，此處省略，弘一在《講習會規則》後，有一段說明文字：

此規則甫撰就時，曾就正某師。某師謂教導女眾罕有實益、易致譏謗，勸中止此事。竊嘗反覆審思。某師之言，因屬正見。然若辦理如法，十分謹慎，力避嫌疑。例如，教師須延老宿，聽講不須對面（學者東西互向，教師一人面佛）。課餘不許閒談，寄宿應在寺外。此皆某師所深慮者，今能一一思患預防，格外慎重，庶幾可以免譏諷乎。謹述某師忠告。並贅述拙見，以俟有道匡正焉！

為女性向佛者提供佛學補習教育，此乃佛學教育之新生事物。弘一宣導並諄諄善導。其過程也是弘一淬煉心智，淨化靈魂，超越自己的修行。

§

甲戌年（一九三四）弘一五十五歲。

自除夕弘一在草庵寺意空樓佛前，為傳貫、性常兩位法師選釋《靈峰蕅益祭顓愚大師爪發缽塔文》後，繼續為這裡的青年僧人傳戒，揭示「自律」對修行的意義與精神。

正月初，草庵寺養蜂四匣，弘一常往蜂箱觀看蜜蜂忙碌採蜜歸巢的景象，一天忽見蜂箱外有百多蜜蜂死亡，他心中悲憫，忙命僧侶細心查看，詢問蜂農後才得知是蜜蜂誤吮山林中毒花之蜜，中毒而死，弘一與諸僧施解毒之法，並為死亡的蜜蜂超度，用慈心護佑回向亡蜂。

正月二十二日，弘一致信夏丏尊云：

> 余所居鄉間草庵，養蜂四匣，昨日因誤食山中毒花，一匣中死者百數十，今日余與諸師行施食法，超度此亡蜜蜂等。

修佛者，以護生的大人格，虔誠地守護廣天之下的生命生靈，慈心廣闊的善行，就是廣泛地護救眾生萬物，尤其是弱小的生命。做小事，修行與修心，莫因善小而不為。普世之中，弘一超度亡蜂，也是度人，表現出了大慈悲心與博愛心。

「護生」就是「護心」。「護生」，能啟發廣博的慈悲心，明善惡因果，獲得喜悅。佛是修行，是修心。佛又是覺悟，是慈悲心，是菩提心。

弘一為亡蜂超度，讓我們明白佛是一個時空範疇，從時間來講，來到這個世界，你就是佛，從空間上講，慈悲與喜悅你就是佛。

正月十五日，廈門一貧童武彝，施捨一元錢請宋《磧砂藏》。弘一聞之，有感其事，在草庵寺寫了《記廈門貧兒舍資請宋藏事》一文。

（民國）二十二年（一九三三）夏曆六月，廈門妙釋寺募資乞請宋《磧砂藏》，既已倡布，於十五日，有貧母攜兒詣僧房中，舍資一圓，謂願以此助請宋藏。何人施？曰：小兒施，問：是一圓何因而得？曰：曩母常持一錢給兒，自求所須，兒不縻用，乃以聚貯。母教之與，綿曆歲時，始為暫盈一圓，久置兒懷，視若球璧。今日待母詣寺禮佛，聞他人言請宋藏，歡欣舞躍，嘆為勝緣，遂舍所寶而隨喜。兒衣敝衲，赤足無履，未及童年，名武彝。

弘一出家後，關注青少年，以慈悲之懷助其健康成長。而弘一每作文，多是真實記錄身邊所見所聞，其明白曉暢，沖淡質樸，卻有深意。一心修佛，讀經念佛，多記其事，即是記錄修行狀況，以小見大，對善事善行加以表彰，也是留給歷史的活生生的印記。

甲戌二月，弘一應南普陀寺住持，閩南佛學院院長常惺法師和退居會泉長老之邀，來廈門整頓學院僧教育。

僧教育不斷改革，學院的學制和教學內容也要進行改革，以適應佛學教育的發展。但南普陀寺住持常惺不經常住寺院，便請弘一來學院整飭僧教育。

弘一在《南閩十年之夢影》一文中說：

民國二十三年（一九三四）二月，又回到南普陀寺。當時舊友大半散了……我這一回到南普陀寺來，是准了常惺法師的約，來整頓僧教育的。後來我觀察情形，覺得因緣還沒有成熟，要想整頓，一時也無從著手，所以作罷了，以後並未到閩南佛學院去。

弘一辦事總是實事求是，從不好高騖遠。比如，僧教育一直是他的理想，他對此也有獨特的見解，如在七月十四日給瑞今法師的信中，他就根據儒學思想、人生哲學提出要塑造品德端方、知見純正的佛教僧才的理念。

甲戌二月三日，弘一在《行腳散記》中曾記錄了到廈門的情形：

一九三四年三月十七日，（甲戌）二月三日之廈門南普陀寺，開講《四分律行事鈔資持記》，為書弘律願誓句，並記二月餘行事。

後又講了關於僧侶養生的方法及潔身自愛的要訣《盜戒》。

不久即隱居寺後的晉水蘭若開始清校從上海請到的一部日本的《大正藏經》中的「戒律部」的文字，並為《隨機羯磨疏》撰寫了序文。

《隨機羯磨》，目前流傳的，有「敦煌石室古寫本」、「舊宋藏版本」、「宋藏本」「元、明藏，宋磧石藏，清藏，明清別刊」等多種版本。可是宋、元各藏錯脫極多，明藏校正，也有妄改，只有高麗藏最為完備。天津徐蔚如居士參閱多種版本，互相考訂，並以高麗藏為主，採他藏之長，根據《道宣律師疏鈔》及《靈芝記》為指引，歷一年多，成此本，一證古書之誤，便於初學人研究……

我今天以奇緣，有幸讀新校訂本，真是歡喜萬分，嘆為稀有，並且願意盡未來際，誓捨身命，竭盡心力，廣為發揚，更願後來學人，誦讀此書，珍如白璧，講說流傳，萬世不息，使律學發揚光大，常耀人寰……

弘一隱居兜率陀院晉水蘭若。每天只一餐，每餐一菜，但他每次考訂佛經的典籍或佛經的新知識時，在精神上都甚為充實愉悅。

§

甲戌二月初五，是弘一生母王氏忌日。豐子愷說：

故關於他的母親，曾一皺眉，搖著頭說：「我的母親——生母很苦！」「他非常愛慕他的母親。二十歲時（實為十九歲——引者），陪母親南遷上海，住在大南門金洞橋畔一所許宅的房子——即所謂的「城南草堂」，肄業於南洋公學，讀書奉母，他母親在他二十六歲的時候，就死在這屋裡。他自己說「我自二十歲至二十六歲之間的五六年，是平生最幸福的時候」。此後就是不斷的悲哀與憂愁，一直到出家。

豐子愷的記憶有誤，李叔同在日本求學，在戲劇、美術方面大有成就，又獲得愛情，並非「不斷的悲哀與憂愁」。

甲戌年四月二十一日，又逢弘一生母的生辰。他念及生母的養育之恩，常追念生母，他對地藏菩薩深信不疑。逢生母生辰忌日總寫經回向，祈生母得見諸佛，往生極樂。

四月（甲戌三月）弘一曾為大醒法師撰《地藏菩薩本願經說要序》：

余以暗愚，獲聞大法，實由地藏本願攝之。蕅益《宋論》導之。戰戰兢兢垂二十載，常念慈恩，未嘗一日忘也，去歲大醒法師曾輯《蕅益大師集》。即已付刊，今復賚示《地藏菩薩本願經說要序》草稿，殷勤三復，不勝慶躍，為述昔緣，以證志同道合焉，歲次甲戌三月，晉水尊勝院沙門音。

從四月到七月，閩南雨季，悶熱潮濕，正是結夏時節。弘一偶爾到寺外的山林走一走，任小雨飄灑，腳下的僧鞋濕透。他踩在石徑上，慢慢前行，回味起寧靜淡泊的苦行僧生活，他總會想起孔聖人的話：「回也，一簞食，一瓢飲，在陋巷，人不堪其憂，回也不改其樂，賢哉回也！」

甲戌七月十四日，正是閩南最熱的時節，對僧侶教育考慮成熟的弘一寫信給南普陀寺瑞今法師，函云：

弘一提倡辦小學之意，絕非為養成法師之人才。例如，天資聰穎，辯才無礙，文理精通，書法工秀等。如是等絕非一所希望小學學僧者（或謂小學辦法，第一須求文理通順，並注重讀誦等。此乃養成法師之意與弘一之意不同）。

弘一提倡之本意，在令學者深信佛菩薩之靈感，深信善惡報應因果之理，深知如何出家及出家以後應作何事，以塑造品行端方、知見純正之學僧。至於文理等在其次也。儒家云「士先器識而後文藝」，亦此意也。遂書拙見，以備採擇。

其實，弘一在《南閩十年之夢影》裡，說明了對僧教育之看法：

講到這裡，順便將我個人對於僧教育的意見，說明一下……我以為無論哪一宗、哪一派的學僧卻非深信不可：那就是佛教的基本原則，就是深信善惡因果報應的道理——善有善報，惡有惡報；同時還須深信佛菩薩的靈感。不僅初級的學僧應該這樣，就是升到佛教大學也要這樣。

從這裡，我們清楚地看到弘一的僧教育主張，他認為應從啟蒙教育入手，從小就進行僧教育和好行為培養。正本清源難，於是弘一有了創辦新的佛教小學的主張，為此他創辦了與之相匹配的「佛教養正院」，弘一任院長，並聘瑞今法師為主任，廣洽法師為監學。

葉聖陶曾云：「什麼是教育？簡單一句話，就是養成良好的習慣。」

經過四個月的緊張籌備，「養正院」正式成立，學制三年。

甲戌七月二十日，弘一在晉水蘭若為養正院擬定《教科用書表》，高文顯任養正院教師。

結夏之後的八月，弘一開始研究律家著作——清初見月大師的《一夢漫言》。這原是一本傳記式的小書，但弘一一讀便愛不釋手，以致廢寢忘食。讀到興奮時，他便隨手在書上寫下眉批。甚至把書中主人公的行跡畫成地圖，以便後來的讀者瞭解生於明、寂於清的見月大師的一生。

弘一初讀《一夢漫言》以為這是時下雅士寫的一本佛學散文，但讀下來方知是清初寶華山見月律師自述行腳的小傳。他每天捧讀，忘記了酷暑，不計較蚊蟲叮咬。讀到高興處，還會放聲朗讀，動情時則淚流滿面，這是他出家多年少有的情感波瀾，澎湃於胸，不能自已。

但讀到見月皈依以後的行腳時，他不再在書中繪圖和眉批，可見他作為一個出家人對佛的敬畏。

或許是讀《一夢漫言》的緣故，或許是受到南山和見月兩位大師的感染太深，弘一從春到秋，一直沉浸在見月的故事裡。

弘一早在考訂《隨機羯磨疏》時，曾從經目中看到過《一夢漫言》。等讀起之後，感到緣臻深。縱觀見月大師生平，可用一個「嚴」字概括，即對人、對事、對己從嚴要求，甚至過於苛刻。弘一認為，

▲ 弘一大師手繪觀音像

當下的俗界，特別是知識分子，往往以「權巧方便」、「此被隨俗」為藉口，同流合污，沒操守，沒骨氣。出家人也戒律不修，僧格委地。對世俗知識分子的墮落他只有嘆息，不願說一句閒話，只能以深沉智慧的目光看世間，看世情。而對佛界，對佛門戒律不修的現狀，他卻不能容忍。對「佛門不整，佛法陵夷」之現狀，他以嚴修戒律而拯救。

弘一的悲情，化為戒律上的苦行為自身的沉默。這一點，他認為與見月大師有幾分相似：待人嚴，待己更嚴。不放在嘴上，而體現在行動上。

見月大師的這部《一夢漫言》記述了修行者的坎坷經歷，書中真實地記錄了大師的心路歷程，深深打動了在修行路上奮力跋涉的弘一。他在書中作眉注及考輿圖，繪成「行腳圖表」，別錄《行腳略圖表》，並撰《一夢漫言》跋。

見月大師（一六〇一——一六七九），明末清初著名律學高僧，僧名釋讀體，字見月，俗姓許。他被佛界尊為律宗昇華派之祖。他生於雲南楚雄，十四歲父母雙亡，後曾為道士，閱讀《華嚴經》後，舍道入佛。三十二歲，依雲南寶洪山亮如法師剃度。為求戒法，他不畏艱難險阻，兩渡長江，歷時六年，後住持江蘇鎮江句容市寶華山隆昌寺三十載，弘揚律法，革除流弊，使行事儀輪，皆本戒律，其弘戒律經年，守戒弟子逾萬人，對律宗的振興貢獻頗大。其著述及弘律弘戒的成就受到佛界肯定。

弘一在《一夢漫言》序中說：

> 師一生接人行事，畢成勝於思。或有疑其嚴厲太過，不近人情者。然未世善知識多無剛骨，同流合污，猶謂權巧方便，慈悲順俗，自以文飾。此書所述師之言行，正是對症良藥也。儒者云：「聞伯夷之風者，頑夫廉，懦夫有立志。」於余師亦云然。

弘一又在《一夢漫言》跋中說：

> 反覆環讀，殆忘飲食，悲欣交集，涕淚不已。因用各科簡附以眉注，並考輿圖，別錄行腳圖表一紙，冀後之學者，披文析義，無有壅滯耳。甲戌年八月十日披誦記二十五日錄竟拜記，時居晉水蘭若。弘一記。

弘一讀《一夢漫言》後，暗暗發願，明年去寶華山拜見月大師的靈骨塔。但他最終因故沒能到寶華山拜謁。乙亥年（一九三五）二月，他讀《一夢漫言》之後第二個春天，又到泉州開元寺，為僧眾宣講《一夢漫言》。教導僧眾，學見月大師，重興佛門的德行。

甲戌年（一九三四）八月，有位莊閒女士手書的《法華經》即將出版，因仰慕弘一，便托人請弘一為手抄《法華經》本作序。

弘一見這卷手抄經卷字跡工整秀麗，全文乾淨，無錯落，並散發著幽香。古人寫經，日受齋戒，入室抄經，夾路焚香，供養鮮花。抄經時，用香水摻入墨汁，以沉香木做筆管，筆下進香，提筆時徐徐凝神，吐氣，書寫一章完了，封在香袋中，供於香廚，安放靜室。有這種精誠，其經才光華燦爛。

弘一寫經，心如靜水，意似抽絲，彷彿走入寧靜的自我世界，獲得了常行三昧。

弘一讀莊閒女士的抄經作品，甚是欣喜，說：「妙道居士（莊閒法名），希爾《法華經》，莊嚴精粹，無以復加……願後來人，隨力奉行，利益有情……」

甲戌九月，弘一五十五歲初度，便在淨室裡為自己畫小像一幅：

畫像中的他清瘦，有稀疏幾根鬚，道貌，儼然世外之人，以沉默遠離外面的世界。

弘一有副聯句，原是送給廣義法師的，聯句云：

願盡未來，普代法界一切眾生，備受大苦；
誓捨身命，宏護南山四分律教，久住神州。

落款為——甲戌九月曇昉並書，以奉廣義法師慧鑒。

其實弘一是寫給自己五十五歲壽辰的。

遠離外面的世界並不容易，弘一長兄次子李晉章是唯一與弘一保持俗世聯繫的李家人。正是這個侄兒，按照弘一的意旨把佛法傳給李家的每一個人。

是年年底，弘一寫信給李晉章，讓侄兒刻幾方印寄給他，印文可從「亡言、無得、吉月、勝音、無畏、大慈、大方廣、弘一」等法號中選擇。另外，希望他到天津舊書店、書攤買一部過去天津人常用的楷帖，比如《昨非錄》，其文字皆為前人的名言。意思是，別讓這些嘉言被人遺忘以致失傳。

侄子晉章到第二年春將方印和《昨非錄》一併由天津寄到廈門，弘一見後十分歡喜。其實佛與俗常常和諧統一在修佛者身上，離開了俗世，哪裡還有佛？

第十三章　撰《惠安弘法日記》，抱病南普陀講經

一燈能除千年暗，一智能滅萬年愚。

——《六祖法寶壇經．懺悔》

乙亥年（一九三五），弘一五十六歲。

正月，弘一從晉水蘭若到廈門禾山萬壽岩。

初八日，弘一向日本購買的經書將到廈門，他交代廣洽法師：

> 近向日本請經甚多，共計七八百冊，寄南普陀寺弘一收。乞仁者費神代領。但書太多，恐海關留難，乞托郵局黃居士設法如何？

經多方努力，從日本所購的經書，悉數收訖。弘一在萬壽岩校讀清末從日本請回的靈芝元照律師所著《阿彌陀經義疏》。

義疏，是古書的注釋體制之一，起源於魏晉南北朝，內容多為疏通原書和舊注的文意，闡述原書的思想，或廣羅材料，對舊注進行參證、補充、考訂、辯證，這是一門學問。

正月十五，弘一致信高文顯：

余於歲首在萬壽講小本《彌陀經》七日，並輯講錄一卷。請緣遂順，堪豫遠念耳。爾後行止未定，猶如落葉，一任業風飄去，寧知方所耶？

弘一之書簡皆為修佛生活實錄，凡見必錄，有感必發，可觀大師行跡，可窺其心路歷程。該信告訴我們弘一在萬壽岩講《彌陀經》七天，同時集有《佛說阿彌陀佛經義疏擷錄》一卷，可惜，後來，隨時光流逝，此卷本已湮沒於歷史，唯其序文留存。可賀者，二〇一四年，《佛說阿彌陀佛經義疏擷錄》被發現。

乙亥三月，江南草長的初春，弘一離開廈門到泉州開元寺講《一夢漫言》、《彌陀經》，此行是應一九三四年開元寺法師的多次邀請。

行前弘一為李汝晉居士手書《大悲咒》一卷，有跋語：

尤集乙亥二月，敬書以奉汝晉居士供養，尊勝院智幢。

其「字跡高古清秀，不著人間煙火之氣」，不久弘一弟子高文顯為師手書《大悲咒》作序，以備上海影印出版之用。該序略陳弘一大師到淨峰寺後的情況，序曰：

弘一法師來閩數載，居常運用其藝術手腕，書經文佛號，贈請緇素，以廣結勝緣邇者法師已棲隱淨峰，將編著大部律書，無暇再作文字上之應酬。廣洽法師送其入山後，攜帶其所得經文聯句多種，中有為李汝晉居士書寫之《大悲咒》，字跡高古清秀，不著人間煙火之氣，可謂登峰造極，深入於藝術三昧者矣。洽師謂余曰：「音公此行，恐將長久棲息於斯矣。蓋其地雖苦，然山水秀美，僻靜幽清，相傳昔為李拐仙所居之地，實隱者之所也。」師於李拐仙前曾作聯：「是奧仙靈，為佛門作大護法；殊勝境界，集眾僧建新道場。」……

又云……「余今年已五十又六，老病纏綿，衰頹日甚。久擬入山，謝絕人事，因緣不具，卒未如願，今歲來淨峰，見其峰巒蒼古，頗適幽居，遂於四月十二日入山，將終老於是矣。」

乙亥春，弘一致廣洽法師書云：

仁者如晤李汝晉居士時，乞告云：前囑寫檔，候仁者將行李帶來（李博用居士之件亦然），乃能書寫，用圖章印色，皆在其中也。

李汝晉乃菲律賓華僑，其心存慈善，在廈門、泉州多資助社會慈善事業。一九三四年李汝晉居士會同日光岩法智法師重建了鼓浪嶼日光岩圓通殿及伸拜亭，並新建十幾間僧舍。

乙亥年泉州平民救濟院在泉州東校場墾荒，李汝晉捐資建造了「千福堂」院舍。平民救濟院院長葉青眼又向華僑汪振文等募捐兩千餘元，增建另一校舍。

弘一在開元寺講過《一夢漫言》，將見月大師的生平向僧眾講解之後，順道在「溫陵養老院」住了幾天。該院是泉州名勝古蹟，歷經千年，歷代修葺，後佛教人士在此辦了養老院，供無依老人終老。

弘一第一次去的溫陵，也就是大師壬午年（一九四二）最後圓寂的溫陵，這是前世因緣。

此次弘一進溫陵養老院住在「華珍室」第十二號房間。為了不打擾養老院的其他人，他先囑主人，晨午兩餐，蔬菜不得逾兩味，可來相訪，為先通知，預訂住十五天。

當時院裡已住了幾十位老人，弘一不向老人講深奧的佛法，而是暢談日常瑣事，「如汲水、砍柴、烹茶、燒湯、掃地、洗衣、拂拭几案、澆水種花等操作，謂自己出家以來，皆躬身為之」，不要等著別人來做。

住在這裡，弘一感到有滋有味。那些老人多比自己蒼老，也有略小些的，但都比自己結實，有健談的，也有只打量別人而沉默不語的。他們虔誠念佛卻不知所以然，只是不息地撥著手中的念珠，日復一日地打發著殘年。對此，弘一曾一度心酸。

此處原是古蹟，院中尚存一古亭，年久失修。早在宋代，大理學家朱熹曾在此講學，當時聽講的弟子如雲。至明代，有一地方官吏重修亭院，取名「過化」。可惜，在明代一次兵亂中被毀。民國肇始，有人出資重修古蹟，並來找弘一法師，請補「橫額」，弘一滿心歡喜地寫了「過化亭」三字。

不久，又有院董葉青眼求字，弘一為其寫「南無阿彌陀佛」六字掛於中堂，另補寫一副華嚴聯句：

持戒到彼岸；
說法度眾生。

葉青眼，原名拱，又名耀坦，泉州人，十八歲科舉入泮泉邑庠生，二十一歲補廩生，進學不久，受聘為晉江南塾師，一九〇七年赴臺灣任塾師，次年應聘執教廈門鼓浪嶼英華書院。後加入同盟會，參與領導廈門、泉州等光復之役。一九二一年在福建參加反袁鬥爭，失敗後，葉青眼赴菲律賓中西學校任教。一九二二年回泉州，任市政局局長。不久再回菲律賓，在華僑資助下創辦馬尼拉華僑公學，自任校長。後回廈門執教中華中學，受會泉法師影響篤信佛教。

一九二五年起葉青眼主持泉州開元寺慈心院院務，長達二十一年。其間，在鄉紳襄助下，他又創辦泉州婦女養老院、溫陵養老院、平民救濟院，任院長，主持院務。

弘一在溫陵養老院得到葉青眼多方照顧。其間，弘一很忙，慕名求字者絡繹不絕，他們捧著宣紙，惴惴不安而來，再捧著墨寶歡歡喜喜而去。

葉青眼見狀，問弘一法師：「法師，您到泉州，很少有人向您問佛，而求字者卻眾多，豈不可惜？」

弘一笑曰：「我的字裡便有佛法。」

其實，五十六歲的弘一，早已走上生命的下坡路了，他的牙齒開始脫落，眼睛已昏花，不多的鬚髯已斑白，原本就消瘦的身體現在更顯單薄，神態衰老。

他似一片深秋即將飄落的葉片，隨時都可能凋零。

§

乙亥四月十一日，弘一由傳貫、廣洽兩人陪同，在傍晚夕陽將落時分，由泉州南門外，搭乘一條古帆船去惠安。整夜船在海浪中顛簸，弘一一宿未能闔眼，北方人不擅航行，他於嘔吐中默誦佛經，次日好容易抵達古鎮崇武，還需轉乘小舟，逆風破浪航行，已折騰得一夜未眠的弘一仍閉目合掌念佛。

淨峰寺建於唐代，弘一見後，喜其清淨，揚州八怪之一鄭板橋曾譽其為「天然圖畫」。到淨峰寺住下之後，疲勞尚未退去，弘一便給夏丏尊寫了一封信：

> 淨峰寺，在惠安縣東三十里半島的小山上，三面臨海（中間與大陸相連處約十分之一），夏季十分涼爽，冬季寒風為山所阻，也不寒冷。小山之石，玲瓏重疊，可擺在書房几上，供以賞玩，只可惜這裡荒僻，無人問津……

弘一在這荒僻的小寺廟裡的生活被他記在日記裡，僅舉幾日：

> 十三日，陰，午後放晴，崇武（淨峰屬崇武縣境）齋堂主人來，請於十七、十八、十九三日去彼處講法，允之。起先在廈門，性願法師為入淨峰寺問卜。卜言：三冬足，文藝成；到頭處，亦成冰（原箴並，作功誤），急急回首，莫誤前程。（這該是個壞人！）
>
> 十四日，晴，廣洽法師歸去，覆地悲戀。余亦心傷，勉以佛法慰之。相約八月十六日後，再來相晤。寫信給聶（雲台）居士，剃頭（按：廣洽法師在民國二十六年（一九三七）十月去新加坡開創道場）。
>
> 二十一日，亡母冥誕。第一次校（行事）《鈔記》注竟。在寺中開講《普賢行願品》。
>
> 八月二十三日，性願老法師惠臨淨峰（性願老法師小弘一九歲，但僧臘高）。
>
> 八月二十七日，請性願法師臨崇武晴霞寺，開講《法華普門品》。二十九日講訖。
>
> 每日聽眾百人左右，為惠安空前之盛會。
>
> 九月三十日，上午，續校《鈔記》注竟。下午廣洽法師來淨峰，商定於月望後，移居草庵。

至十月下旬，弘一因淨峰寺方丈去職，緣盡，也決定離開淨峰寺，回到泉州，住進草庵舊地。行前他留下五言絕句惜別，詩云：

> 我到為植種，我行花未開。
> 豈無佳色在？留待後人來。

詩後寫有小記，題言：

> 乙亥四月，我來淨峰，植菊盈畦，秋晚將歸去，而菊花含蕊未放。口占一絕，聊以志別。

弘一於二十二日離開靜幽、蒼古的，據說是神話中的八仙之一李鐵拐所居的淨峰，有些留戀，但拗不過因緣——佛俗皆是。正如弘一後來所言：「余今年已五十又六，老病纏綿，衰頹日甚。久擬入山，謝絕人事，因緣不具，卒未如願，今歲來淨峰，見其峰巒蒼古，頗適幽居，遂於四月十二日入山，將終老於是矣。」這是廣洽法師後來告訴高文顯的，誰知不到半年，弘一又要再作雲水！

弘一在淨峰寺留下了因緣，也留下了印記。

在淨峰寺，弘一見到清末莊貽華寫的詩《詠淨峰寺》，甚為欣賞，遂手書該詩：「淨峰峰高高更曲，半天雲氣芙蓉削……」其署款「戊申秋日漆園後人貽華氏題」。乙亥夏首，尊勝老人居淨峰重錄至今乃保存在該寺。

弘一也為淨峰客堂撰了長聯：

自淨其心，有若光風霽月；他山之石，厥惟益友明師。

該聯寄意自勵，嵌「淨」、「山」二字。弘一又撰長聯勸並題記曰：

誓作地藏真子（龍集乙亥五十六歲誕日，敬書以自策勵，銘諸座右沙門演音）；願為南山孤臣【時居惠安淨峰寺研習《事鈔》並《戒》（本）、《業》（羯磨）二疏及《靈芝記》文】

弘裔。

因緣難定，但弘一修佛的宏願從未改變。回到惠安，弘一不顧舟車勞頓未做休息就在科峰寺演講佛法。下午又乘車到泉州，回到溫陵養老院。正逢承天寺傳戒，戒期中，請弘一講律。他以「律學要略」

為題開講。

「律學要略」之精神：縱向說律學嬗演的過程，橫向說五戒、八戒、沙彌戒、沙彌戹戒、學法女戒、比丘等的戒相，以及戒律與行者的關係。

弘一連講三天律學後，又回到養老院。

年底，他再到承天寺，以通俗易懂的形式為戒子們講了一次「參學處與應讀的佛書」。

十一月十九日，應惠安佛教界的邀請，他與泉州行政官員黃原秀到惠安講經。當晚弘一住在黃居士家中，次日到科峰寺演講，當場有十人皈依。

在惠安，弘一僅住十多天，主要在鄉間弘法。斯時，勞碌奔波對年老的人無疑是一種戕害，弘一已是病魔纏身，因患風濕性潰瘍，手足腫爛，且伴有高燒，但乙亥十月至臘月，他仍堅持馬不停蹄地在鄉間弘法。

十二月初三，弘一終於病臥晉江草庵，病勢兇險。

廣洽法師得知弘一生病的消息後立即從廈門到草庵來探望，弘一尚整天焚香、寫字、更換佛前淨水、洗自己的內衣……

廣洽對弘一說：「法師，您該休息了，等病好後再活動。您的病可好些？」

弘一說：「你應該問我病中念佛沒有，其他都是空談。生死之事，蟬翼之隔，南山律師告人病中勿忘念佛，這並非怕死。死，芥末事耳。可是，了生死卻是大事……」

僧眾聞弘一病了都來探望，並祈佛祝他早日健康。

據傳貫法師在《隨侍一師日記》中說：

當大病中，曾付遺囑一紙事貫云：「命終前，請在帳外助念佛號，但並不必常常念……

余之命終前後，諸事極為簡單。必須依行，否則是逆子也，演音啟。」至翌年，春，蒙龍天加被，道體漸康。

經查，弘一在草庵病危中，確有《乙亥草庵遺囑》，全文云：

> 命終前，請在帳外助念佛號，但亦不必常常念。勿動身體，鎖門歷八小時。八小時後，萬不可擦身體及洗面，即以隨身所著之衣，外裹破夾被，卷好送往樓後之山坳中。歷三日，有虎食，則喜。否則三日後，即就地焚化。焚化後再通知他位，萬不可早通知。余之命終前後，諸事極為簡單。必須依行，否則是逆子也，演音啟。

因身體一直虛弱，弘一不得不對身後諸事預先交代，以防不測。故他多次寫下遺囑。

除此次外，尚寫過三次遺囑，依次是：

一九二四年，甲子八月，弘一完成佛學重要著作《四分律比丘戒相表記》，原手稿付得藕初庋藏，並附預之遺囑。

一九三一年，辛未四月，弘一在法界寺患大病，遂寫遺囑交寺方。

一九三一年，辛未五月，曾到寧波向弟子劉質平交付遺囑一份。

弘一癸酉年在草庵度歲，兩年後又到這裡度歲，乙亥歲末丙子新年之間，他高燒不退，神志昏迷，手臂已潰爛，腳面之瘡膿鮮血淋漓。他為不麻煩別人，致信廣洽法師：

> 此次住惠安弘法，諸事順利，圓滿成就，昨日到草庵。

§

丙子年（一九三六）弘一五十七歲。

丙子元旦，弘一硬撐病體寫下「菩薩四攝行」：「布施、愛語、利行、同事」。共寫下四頁。以志紀念，後贈弟子劉質平一張。

一月三十一日，正月初八，春節剛過，病體略有好轉的弘一，寫信給夏丏尊吐露染病實情，因病中草庵眾僧照顧，費用甚多，請夏丏尊寄四十元，取二十贈草庵寺。其信中云：

> 一月半前，因往鄉間講經，居於黑暗屋中，感受污濁之空氣。遂發大熱、神志昏迷，後起皮膚外症嚴重。此次大病，為生平所未經過。雖極痛苦，幸以佛法自慰，精神尚能安也，其中有數日病勢兇險，已瀕於危。有諸善友為之誦經懺悔，乃轉危為安，近十日來，飲食如常，熱已盡退。惟外症不能速癒，故至今仍臥床不能履地，大約再經一二月乃能痊癒也。

後來，弘一到廈門鼓浪嶼閉關時曾致信劉質平，再次說明自己病中情形：

> 附上拙書一葉，為今年舊元旦晨朝起床，坐床邊所寫。其時大病稍有起色，正九死一生之時。其時只寫四頁，今以一頁贈予仁者，可為紀念也。此次大病，為生平所未經歷，亦所罕聞。自去年舊十一月底，發大熱兼外症，一時並作。十二月中旬，熱漸止，外症不癒。延至正月初四，乃扶杖勉強下床步行（以前不能下床），中旬，到廈門就座。

對弘一此次大病之兇險、之危機，蕅益大師得《病間偶成》詩，有生動形容之描寫：

業緣叢簇病緣頻，痛苦呻吟徹暮晨。
早發菩提猶若此，未全正信擬誰親。
身經九死渾亡力，心本無聲獨自甄。
名字位中真佛眼，未知畢竟付何人？

弘一到廈門，由著名外科醫師黃丙丁博士診治，經過精心治療，至五月初痊癒。黃丙丁博士，泉州晉江人，在東京帝國大學獲醫學博士學位，後到廈門開診所，弘一到該診所治病百餘日，皆免費治療。弘一後在給劉質平的信中曾說：「到廈門就醫，醫者為留日醫學博士黃丙丁君（泉州人，人甚誠實）。彼久聞於名，頗思晤談。今請彼醫，至為歡悅，十分盡心。」

弘一一生知恩、感恩、報恩，曾欲買日本藥品酬謝黃丙丁博士，被謝絕，便高興地寫了幾張佛號經偈，又特意研了紅朱，寫了一兩副篆字對聯，自提自跋，裝裱好後，贈黃博士。又曾致信一封給他。以墨寶報恩，大師自信「余字皆是法」。病癒後，弘一到普陀瑞今法師創辦的養正院繼續養病。已有精神的弘一，經常為院中讀書人講佛。其時，正逢養正院正式開學，他便以「惜福、習勞、持戒、自尊」四事向青年僧侶說法。

弘一演講的題目是「青年佛徒應注意的四項」。帶病的弘一現身說法，講做人的四個要點：一培本報恩父母；二報酬社會；三報答國家；四進德修道。這是人生的永恆課題。

在養正院養病說法的三個月中，他還為自己「殘陽夕照」的後半生做了幾件重要的事。

其一，當時在廈門發行的《佛教公論》月刊，曾發表《先自度論》和《為僧教育進一言》兩篇文章。前者有人以為是弘一的手筆，弘一讀過這兩篇文章，認為其論無懈可擊，文筆犀利，切中時弊，多有常人不敢言者，甚至覺得連自己都望塵莫及。後他查出作者也是佛界中人，便送一幅字給他：

開宗眾生見正道，
猶如淨眼觀明珠。

並附一段跋文，述說因緣，表示作者所寫正是自己心中的悲哀。

其二，這年五月前，弘一寫兩經：一曰《藥師如來本願功德經》，為傳貫法師亡母而寫；一曰《金剛經》，為學生金資甫所寫。金原為弘一在浙江一師時所結識，後為病魔折磨而歿，死前請弘一為他寫經，回向佛道。

《金剛經》寫成後，由廣洽法師主持印行工作，歲尾出版，附有徐悲鴻、豐子愷插圖，後弘一六十歲時在菲律賓、新加坡及國內重新再版一千九百冊。

這兩部經是弘一後期作品，其風格更似老生坐禪，了無煙火餘氳。

其三，與此同時，弘一寫的《奇僧法空禪師傳》在《佛教公論》發表。法空禪師行跡豪放，有任俠之氣，為給後來佛子樹一榜樣，故寫此文，傳文曰：

奇僧法空，又號令實，出生在惠安陳家，十六歲剃髮為僧，發誓入佛道，以《金剛》、《法華》兩經，為日常課誦。平時習靜坐，跏趺，由黑夜到天明，過午不食；嚴冬來時，不戴僧帽，不穿僧履；苦行卓絕：「參未生前，我是阿誰？」民國七年（一九一八），僧隨緣去馬來西亞的檳城，在島上建觀音寺，由於檳城以及馬來是英殖民地，商業早經繁盛，僧默默思考，此間缺一所遊人駐足之處，而檳城名剎極樂寺前，有一片荒野，於是發願建築動物園一所，收集世界珍禽異獸，儼然是一座頗有規模的動物樂園，屋舍則堂皇美麗，因此形成一遊客勝地。

奇僧法空，奇在能通獸言鳥語，與虎、豹、豺、狼相處，摩撫依偎，親如家人，僧不怕野獸，又深愛那些噬人的動物，獅子老虎，也服膺奇僧的一揮手，一擊掌的召喚指使。

由此，奇僧的大名遠走，馬來西亞諸邦以歐洲人來檳城遊樂者，都要拜禮奇僧，有的則來信表達崇拜的虔誠，於是洋人的心中，都有這位中國的異人，只要人們聽到奇僧奇事，便要展開一個傳奇的故事。

同時，僧又能寫古人書法，大筆如椽，龍飛鳳舞；魔術、拳擊、內功、催眠術也無所不精，於是震動了檳城，只要是逢災害、建學校、興喜事，告訴法空禪師，僧便欣然支助，凡是所求，不論多少，都是滿願而歸。因此，檳城、馬來的報章，時有奇僧奇聞，民間的貧窮孤獨，則視如父母。到辛未（民國二十年、一九三一），僧歸故鄉西閩以千金布施寺廟，供養同道；又時以書法，廣結法緣；到丙子（當年）三月，僧五十九歲，已知世塵將盡，所謂「塵歸塵」，「土歸土」，於是在故鄉佛寺中圓寂……

法空禪師駕鶴而去，他的故事卻在弘一筆下的「傳」中得以流傳。

弘一所作此傳，可見其文學功底之深厚，將奇僧行跡、舉止之傳奇性，精妙地表現出來，既讚法空之奇，又廣播佛法之奇。

丙子（一九三六）四月，弘一宿疾漸癒。他在南普陀致信性常法師云：

宿疾已漸癒，惟精神氣力僅不如前（不如正二月），尚須靜養多時乃能復元也（性老法師謂，須滿兩年乃復元）。近在此講《戒本》，甚為費力。將來到日光岩閉關後，恐不能繼續講律，他人有問余近狀者，乞以此告之。

丙子五月初，弘一移居鼓浪嶼日光岩閉關。但日光岩遊人香客太多，常被雜訊所擾，他說：「鏡緣愈困，煩惱愈增。幸承三寶慈力加被，終能安穩。」其間他完成《道宣律師年譜》及「修學的遺事」的書寫。

秋天，一個清晨，一位中年男人攜一個十二三歲的男孩子來到殿上，行三拜禮之後，便轉到弘一的關房。弘一誦經剛過，正默坐念佛。見父子走進關房，中年男人說了些仰慕之語，那眉目清秀的男孩子則說：「法師，我們唱過您的歌，請您教我寫字好嗎？」

談話中，弘一瞭解到那孩子叫李芳遠，弘一法師微笑：「常來這裡玩吧，我們有緣。」

從此，李芳遠常來這裡，向弘一法師學習書法。有一天，他又來了，窗外有只被狗咬得遍體鮮血而死之貓。弘一忙跪在佛前，念《往生咒》，芳遠看後淚流滿面。

後李芳遠皈依了弘一，在弘一圓寂兩年之時，為紀念弘一法師，李芳遠連續編印了《弘一大師年譜》、《弘一大師文鈔》、《晚晴山房書簡》，及未完成的長詩《海》。

秋，由夏丏尊負責印行的弘一之《清涼歌集》出版。這部歌集，不僅有弘一作的歌，及出家後寫的歌詞，有其弟子作的曲，還有芝峰法師的白話文注釋。

在日光岩，弘一的寫作幾近荒蕪，這讓他十分遺憾。但他即將離去之時，廣洽法師由廈門給他帶來一位文壇宿將——大名鼎鼎的郁達夫，這真是讓弘一喜出望外。

郁達夫拜謁弘一的時間是丙子十一月十八日，此時郁達夫剛從日本講學回國，經臺灣到廈門。隔日廣洽法師帶領郁達夫及趙家欣等，訪弘一於日光岩東廂關房，此房是清智和尚為弘一閉關修建的。

二人見面，皆很高興。

「久仰法師，今日得見，真是心願已償啊！」

「哦，文壇宿將，能見一面，這是緣分。」

郁達夫小弘一十六歲，卻是「五四」新文化運動中產生過重大影響的作家，他是一九一三年去日本留學的，那時弘一已從日本歸國兩年了。

此時的郁達夫，正陷於家庭婚變的煩惱中，還有人近中年胸次之崢嶸，希望弘一法師指點迷津。弘一見客總是三言兩語後便沉默，而在郁達夫眼裡，這位曾在日本有過無限風光的高僧，似乎是位古人，經歷不同，僧俗有異，也不便開懷暢談。郁達夫是性情中人，又是一個見過世面的人，他看弘一如一叢秀竹，一株蒼松，一尊佛像，真的不知說什麼好。

弘一與郁達夫講了講信佛學禪的道理，勸他不妨讀些佛書，以排除婚變煩惱——他們的交談斷斷續續，多是沉默良久再繼續交談。

沉默久了，客人便要告退了，誰料此時，弘一轉身，從小長桌的抽屜裡取出李圓淨的著作《佛法導論》以及自己的《人生之最後》等佛書送給郁達夫。

郁達夫忙上前施禮，然後躬身雙手接過。

僅隔一天，郁達夫便寄來一首詩給弘一，詩名《七律·贈弘一法師》，詩云：

不似西泠遇駱丞，南來有意訪高僧。
遠公說法無多語，六祖傳真只一燈。
學士清平彈別調，道宗宏議薄飛升。
中年亦具逃禪意，兩事何周割未能！

詩開頭有小序：

丁丑春日，偕廣洽法師等訪高僧弘一於日光岩下，蒙贈以《佛法導論》諸書，歸福州後成長句。

後同訪弘一的趙家欣認為「丁丑春日」有誤，乃丙子十一月十八日。此次弘一與郁達夫相見後，二人有兩年保持通信。

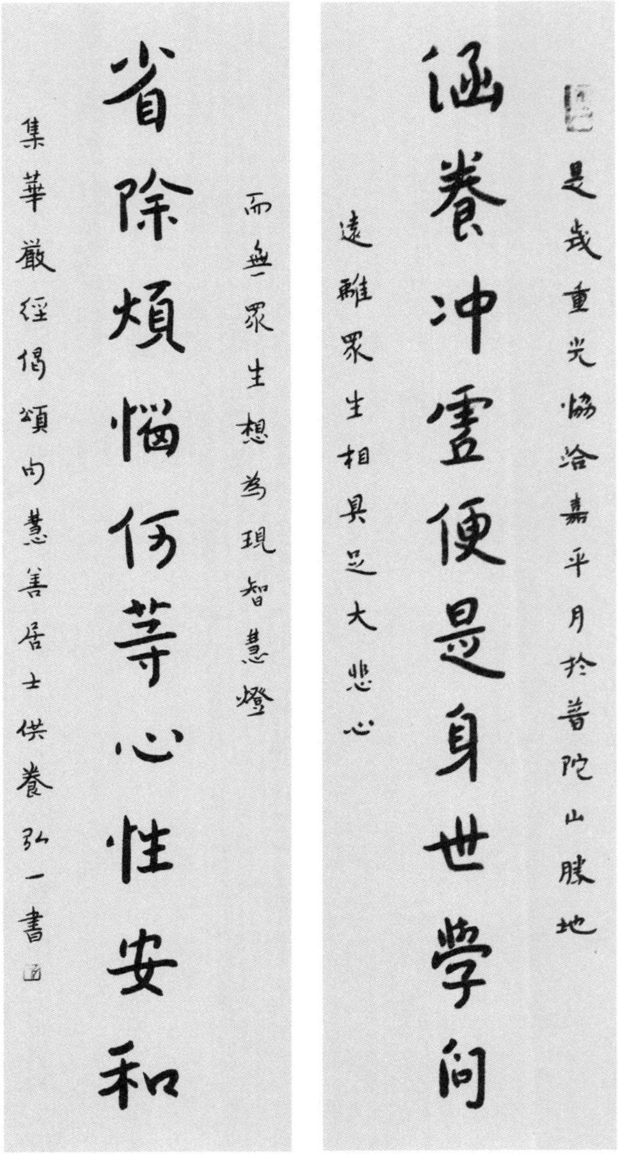

▲ 當代著名書畫家、收藏家臧克琪藏品

第十四章 南閩十年之夢影，願與危城共存亡

素壁淡描三世佛，瓦瓶香浸一枝梅。
——元・石室清珙《山居》

丁丑年（一九三七），弘一五十八歲。

弘一由鼓浪嶼日光岩搬到廈門南普陀寺後山的石室中，明代石室清珙的《山居》有詩句：「素壁淡描三世佛，瓦瓶香浸一枝梅。」石室面海，弘一常常默對凝蔚藍色的遼闊大海，看點點滄帆，心馳神往。

丁丑年年初，正是熱鬧過春節之時。弘一在南普陀開講《隨機羯磨》律學。弘一坐定，見台下聽者多是養正院的青年法師，像瑞今、廣洽、圓拙、仁開、傳貫等皆在其中。弘一講《隨機羯磨》中的《集法緣成》、《請法解結》兩篇。講的是「自覺與覺人」。「自覺」，即把自己鑄成一個沒有凡我的人；「覺人」，以覺悟者的言行，讓別人參悟。作為出家人，一是自修，二是說法。

丁丑正月二十二日，弘一辭謝廈門大學之講演邀請。二十三日，福州的克定法師自鼓山來南普陀，聽弘一講律，講經後弘一曾慨然說道：

（丁丑正月）二十三日，克定師自鼓山來聽律，與師共談。師曰：「現在有志僧青年，多趨求文字，學習外典，盡棄己業。佛門前途，深可悲也。而不知國文與佛經，不相關用。假如大學畢業才學，欲言佛經，依舊門外漢。」……又謂貫曰：「菩薩度生，須觀緣熟方可行化，不然則拱手待之。」

弘一沒有回避僧格教育問題：前途堪憂之時，要保持頭腦清醒；世間事多糾纏，機緣尚未成熟，自度未成，何來度人？

正月二十九日，弘一給弟子高文顯寫信，記錄發生在滄桑的鷺門的三件耳聞目睹之事：

昨日出外，見聞者三事：
一、余買價值一元餘橡皮鞋一雙，店員僅索價七角。
二、在馬路中間有人吹口琴，其曲為日本國歌。
三、歸途淒風寒雨。勝進居士慧覺。正月廿九日，演音。

第一件，弘一買一雙膠鞋，價格一元，店員只收七角，表示感恩和讚許。第二件，弘一對在馬路上吹日本國歌曲者，感到憂憤，特別是日本正欲侵略中國之時，尤為痛恨。第三件，寫歸途、淒風寒雨，概括戰前廈門籠罩的悽惶之境。

弘一筆下的三件事，抒發了他心中憂國憂民的愛國情懷。

丁丑二月十六日，弘一行腳匆匆，在閩南佛教養正院講《閩南十年之夢影》，由高文顯陪同並作筆錄，後經弘一校正，發表在當年第九號《佛教公論》上。《南閩十年之夢影》裡有云：

要曉得我們出家人（就所謂「僧寶」），在俗家人之上，地位是很高的。所以品行道德，也要在俗家人之上才行……記得我將要出家的時候，有一位老朋友寫信勸告我，你知道他勸告的是什麼？他說：「聽到你要不做人，要做僧去……」咳，我們聽到了這話，該是怎樣的痛心啊……

回想我在這十年之中，在閩南所做的事情，成功的卻是很少很少，殘缺破碎的居其大半。所以我常常自我反省，覺得自己的德行實在十分欠缺。因此，近來我自己起了一個名，叫「二一老人」。

後來，弘一再贈給高文顯和廣洽法師的字幅，落款便是「二一老人」。弘一說：「這『二一老人』的名字，真是我在閩南居住十年的一個最好紀念！」在弘一看來，面對現實，需要勇氣，承認不足，需要見識，反省自我，需要修持。弘一是以身說法，自慚不足，自勉和勵人，覺人和利人，引人發心深省。

到了春天，閩南的聖誕花（又稱一品紅）開得正豔。

弘一在廈門佛教養正院講《最後一言——談寫字的方法》，也是由高文顯記錄整理，四十二年後刊發在新加坡的《南陽佛教》上。

此講的開場白，有些悲愴的味道：

我現在在南普陀寺這裡，還能看到養正院的招牌，下一次再來的時候，恐怕看不到了。這一次，也許可以說是我在這裡為佛教養正院所作的最後一次講演了……這一次所要講的是這裡幾位學生的意思——要我來講《關於寫字的方法》。

弘一娓娓道來的是學習書法與學習佛法的關係，什麼是「人以字傳」，什麼是「字以人傳」。身為佛子，當行佛行。弘一出家後，「諸藝皆廢，唯書法未輟」。他以書寫磨煉心智，以書寫作為佛事，摒棄書法各家各體的痕跡，融入佛法與佛性，自得圓通，其書法作品呈莊嚴凝重之美。

大書畫家吳昌碩在《題弘一法師手書梵網經》二絕句中極高地讚賞了弘一的書法，詩云：

昔聞烏柏稱禪伯，今見智常真學人。
光景俱忘文字在，浮提殘劫幾成塵。
四十二章三乘參，鐫華石墨舊經龕。
摩挲玉版珍珠字，猶有高風繼智曇。

乙丑年（一九二五）夏讀梵網經書二絕句，吳昌碩時年八十三。

弘一談書法已有三次，庚午年（一九三〇）正月，在泉州承天寺，曾為月臺佛學社青年僧侶講過；去年六月在佛教養正院講《十普業道經概要》時，又講寫字方法；再加上今日之講，三次矣。

舊曆三月十一日，弘一和傳貫法師從普陀寺後山石室移至萬石岩後，在《佛教公論》上，刊登了《釋弘一啟事》：

余此次到南普陀，獲親近承事諸住長老，至用歡幸。近因舊疾復作（肺病），精神衰弱，頹唐不支，擬即移居他寺，習靜養病，若有緇素過訪，恕不晤談，或有信件，亦未能裁答，失禮之罪，諸祈原諒。

弘一以這種辦法躲避外界的紛擾也是出於無奈，但在閩南已具很高社會知名度的弘一，還是難以與世隔絕，很快，「廈門市第一屆運動大會」籌備處便找到他，向他呈交籌備會議決議：請他創作運動會會歌。

一貫熱衷公益事業的弘一委婉推卻。但不久，籌備會又送來一首譜好的會歌，請弘一修潤。這回，他沒有推辭。

只見此會歌開頭是：「鼓聲咚咚，軍樂揚揚，健兒身手，各獻所長……」

歌詞沒有地域性，缺乏連貫性，他便動手改為：「禾山蒼蒼（禾山廈門），鷺水蕩蕩，國旗遍飄揚！健兒身手，各顯所長……」又對其樂曲進行了修改。交回籌備處後，這首歌經樂隊演出，詞曲莊嚴而激昂。

§

運動會會歌的事剛過，弘一就在萬石岩又接待了一位僧人——青島湛山寺的寺中書記夢參法師，他是奉湛山寺倓虛老和尚之命，千里迢迢，乘船到廈門見弘一的，見到弘一便奉上倓虛老人的親筆信。

倓虛和尚在信中特意邀請弘一到青島講律結夏，單是夢參在海上漂流一周這片殷誠，就讓弘一無法拒絕。

舊曆四月初五，弘一告知夢參法師他「不為人師，不要開歡送會。不要在報章發表新聞」後，攜侍侶傳貫，法侶仁開、圓拙三位法師，乘「太原」號輪船由海道北上。他們經過上海，休息兩天，再換船到青島。他們的全部行李是一條舊麻袋，一個竹簍，內有一條舊夾被、一頂蚊帳、幾件舊衣和幾本舊經書。

四月十一日，上午九時許船抵青島碼頭，那天天晴氣朗，太陽耀眼。弘一一行下船上岸，碼頭上早有一群僧人在那裡迎接，湛山住持倓虛微笑著率眾合掌歡迎弘一，這麼隆重的接站，讓弘一有些心神不寧。

眾人乘汽車到湛山寺，山門前已有一百多名僧侶恭敬地等候在那裡，高興地瞻仰這位名僧。保賢法師是「火頭僧」，在其《弘一大師在湛山》一文中，他翔實地記錄了這次迎接弘一的場面：

車住了，車門開處，首先走下一位精神百倍、滿面笑容的老和尚，我們都認識，那是倓虛法師。他老很敏捷地隨手帶住車門，接著第二個下來的人，使大家的目光立刻一齊投在他身上。他四十餘歲（其實已五十八歲），細長的身材，穿著一身半舊夏布衣褂，外罩夏布海青，腳是光著的，只穿著草鞋，雖然這時（青島）天氣還冷，但他並無畏寒的樣子。他蒼白而略長的面部，雖然兩頰下滿生長著短鬚，但掩不住那清秀的神氣與慈悲和藹的優雅姿態。

他，我們雖沒見過，但無疑地就是大名鼎鼎、譽滿中外、我們最敬佩和要歡迎的弘一律師了。他老很客氣、很安詳，不肯先走，滿面帶著笑和倓虛法師謙讓，結果還是他老先走，這時我們大家由倓虛法師一聲招呼，便一齊向他問詢合掌致敬，他老在急忙帶笑還禮的當兒，便步履輕快地同著倓老走過去，這時我們大眾……也蜂擁般集中在客堂階下，向他老行歡迎的最敬禮（頂禮），他老仍是很客氣地急忙還禮，口裡連說著：「不敢當，不敢當，勞動你們諸位！」

他們攜帶的衣單顯得很多……在客堂門口堆起一大堆，這時我問夢參法師：「哪件是弘老的衣單？」

他指指那條舊麻袋和小竹簍，笑著說：「那就是。」我很詫異，怎麼鼎鼎大名的一代律師——也可說一代祖師——他的衣單會這樣簡單樸素呢？哦，我明白了！他能鼎鼎大名到處有人尊敬的原因，大概也就在此吧！不，也算得原因之一了。

這位保賢法師繼續寫道：

一天，天氣晴爽，同時也漸漸熱起來了，他老手托著那個扣盒式的小竹簍，很安詳、敏捷地托到陽光下打開來曬，我站在不遠，細心去瞧，裡頭只有兩雙鞋，一雙是半舊不堪的軟幫黃鞋，一雙是補了又補的白草鞋（平日穿的似比這一雙新一點），我不禁想起古時有位一履三十載的高僧，現在正可以引來和他老對比一下了。

有一天，時間是早齋後，陽光布滿大地……大海的水，平靜得像一面鏡子，他老這時出了寮房，踱到外頭繞彎（散步）去了，我趁機偷偷溜到他老寮房裡瞧了一下，啊！裡頭東西太簡單了，桌子、書櫥、床，全是常住預備的，桌上放著個很小的方形銅墨水匣，一支禿頭筆，櫥裡有幾本點過的經，幾本稿子，床上有條灰單被，拿衣服折疊成的枕頭，對面牆根放著兩雙鞋——黃鞋、草鞋——此外再沒別的東西了。在房內只有清潔、沉寂，地板光滑，坡牆明亮（全是他親手收拾），使人感到一種不可言喻的清淨、靜肅……

保賢法師用文字呈現了一位謙和樸素，甚至有些寒酸的雲水高僧的形象，讓我們從一些生活細節中看到弘一法師的「教敬雙修」的精神境界。

高僧修行，重行勝於言，細行而不苟，度人先度己。

弘一到湛山寺第四天便在下院講三皈五戒，後又在寺中講律學大意。二十九日正式開講艱深難懂的律學經典《隨機羯磨》。弘一對律學的研究已有二十多年，曾編過一部《別錄》做助讀本，而講《隨機羯磨》已是繼癸酉廈門萬石岩、廈門南普陀寺之後的第三次了。此次在湛山寺他獨自講了十多天，因身體不支，最後由仁開法師代講，將《隨機羯磨》講完。湛山寺有一百多位法師聽講。

仁開法師還講了《四分律戒相表記》，每遇問題，便去向弘一請教，然後再轉告聽眾。從此，湛山寺日後常輪講這兩部律學經典。

每逢寺裡朝暮課誦之時，弘一便出來，在寺院各處走走、看看。他步履輕捷，神態沉靜，遇陌生人多回避。他還愛獨自踱步到海邊，靜靜地看海浪撞擊礁石卷起千堆雪的情景。弘一出生於天津，雖在海河之濱度過童年，卻未能到塘沽外看過海，但他的一生似乎與海有深緣。他從天津乘船到上海，又由上海乘輪船東渡日本，在漫長的海上旅途中，他站在船舷眺望浩瀚無垠的大海，方知人生的空幻與渺小。

舊曆五月，青島市市長沈鴻烈和朱子橋到湛山寺拜望弘一。朱子橋乃弘一舊相識，此時駐節西安，任軍事要職。沈鴻烈久慕弘一盛名，也早有拜望之意。正好朱子橋從西安到青島悼念一位亡友，二人一商量，便一起到湛山寺拜望弘一。到湛山寺時天色已晚，朱子橋知弘一已休息，便約第二天上午請沈鴻烈到湛山寺齋宴，請弘一出席陪宴。

朱乃是弘一故交，且在軍界供職，抗戰即將開始，軍人要赴國難，弘一便欣然赴齋宴。齋宴後臨分手時，弘一奉一書法作品，為謙謝的詩句：

為僧只合居山谷，國士筵中甚不宜。

國難當頭，匹夫應血染沙場，豈能飲宴苟且，既諷又勵。

弘一在青島結夏，在湛山寺中閉關用功奉佛三個月，他在給泉州性能法師的信中介紹了自己的身體近況及打算：

朽人近年來，身體日益衰頹，兩臂常常麻木，手足關節常痛，是因血脈不通所致。此間氣候陰寒，潮氣太重，亦是一原因。中秋節後，如有輪船開行，即在上海小住，再返廈門。青島濕寒，人多有病，傳貫師現在身著布單衣四件，亦稍患傷風。七月四日。

弘一大師在湛山寺講律的消息已傳遍佛教界，全國各地的僧侶紛紛專程趕來追隨他。

§

可是，七月七日，中國軍隊在北平盧溝橋揭開了民族抗戰的序幕，民族從血與火中走向新生的特殊時期，中國佛教界人士也紛紛參與了民族救亡的偉大鬥爭。弘一便是佛教界的一位誓捨身命，殉教救國的高僧。

抗戰開始，國難當頭，青島戰敗已在眉睫，上海弟子夏丏尊匆忙寫信，勸弘一速離青島到上海避難。弘一回信是這樣說的：

惠書誦悉，厚情至為感謝，朽人前已決定中秋節他往，如今因國難離去，將蒙極大譏嫌，因此青島雖發生大戰，亦不願退避，諸乞諒之……

弘一非但沒離開青島，而且書寫橫幅「殉教」二字掛在牆上自勉。並題記曰：

曩居南閩淨峰，不避鄉匪之難；今居東齊湛山，復值倭寇之警。為護佛門而捨身命，大義所在，何可辭耶？

然後，他在寺中公開接受寫字結緣。湛山寺眾僧十分幸運地每人得一「以戒為師」的條幅，寺外求字的宣紙如雪片般飛來，弘一都一一寫過——多是佛經偈語。

在離開湛山寺時，眾僧親送弘一法師到船上。臨別之際，弘一面帶微笑從小竹簍裡取出一部厚厚的手抄經卷，向夢參法師低語：「這是我送給你的！」

夢參驚喜異常，將經卷捧在手裡竟不知說什麼好。回到寺中一看，竟然是一部弘公用工筆書寫在二十多張「玉版宣」上的《華嚴經淨行品》，字跡極為瑰麗。後附一跋：

居湛山半載，夢參法師為護法，特寫此品報之。晚晴老人。

船到上海，中日「八一三」大戰已硝煙彌漫，只有租界暫時太平。逗留上海時間不多，弘一想冒風險渡黃浦江到開明書局見見一別六年的老友夏丏尊。事情不巧，那天丏尊不在書局。等丏尊得知消息去看弘公時，已是深夜。幾年不見，他們都發現對方老了。弘一說：「一切有為法，如夢幻泡影，如露亦如電，應作如是觀。」這是老生常談之語，但被生活驗證了。

弘一住的那家旅館靠近外灘，日本飛機轟炸不斷，往往在不遠處扔炸彈，此刻弘一鎮靜如常，口念佛號。

後來幾位朋友拉弘一去覺林蔬菜處午餐，又一起去照相館照了相，這是弘一與夏丏尊此生最後一次晤面。

兩天後，弘一偕同傳貫、圓拙二法師及蘇州妙蓮法師一行回到廈門。弘一仍住萬石岩。此時全國已開展焦土抗戰，海濱城市都面臨血與火的對決。關心弘一的全國各界友人勸他到川湘雲桂等地避難，都被弘一默默辭謝。他決心住在廈門，在戰亂中與寺院共存亡。

上海的朋友勸他到大後方去，他說：「如果廈門失陷，我願以身殉國。他將宋代韓琦的《九月水閣》詩句：「雖慚老圃秋容淡，且看黃花晚節香」改成「莫嫌老圃秋容淡，猶有黃花晚節香」自勉。且在門上貼了「殉教堂」三字，以示決心。

七七盧溝橋事變，日本發動侵華戰爭，整個日本為此歡呼雀躍，沖繩日本民眾，在軍國主義鼓噪之下，都投入了這場罪惡的戰爭。日本婦女為生產軍事用品日夜加班加點，強壯的男子大都從軍，成為帝國主義侵略他國的劊子手。日本礦工組建成最殘暴的侵略軍，年輕的日本婦女自告奮勇甘願當慰安婦，奉獻肉體。日本成了一個掠奪別國疆土和屠殺他國人民的龐大殺人機器。

那時，雪子已年近五十歲，油子已出落成亭亭玉立的大姑娘。他們娘兒倆並沒有被瘋狂的戰爭所裹挾。雪子對中國的文化崇敬有加，在戰爭的鼓噪中，她為她日夜思念的丈夫提心吊膽，在中國文化浸潤之下長大、身上流淌著一半中國血液的油子心裡也在詛咒這場罪惡的戰爭。

經過縝密的思考，雪子寫信告訴在東京早稻田讀經濟學的油子說她在擔心那個人的安危，已寫信給上海的朋友，請她們將在閩南寺廟苦修的那個人的情況告知自己。她已接到回信，說那個人於今年盧溝橋事變時，正在青島湛山寺講經。八月那個人寫信告訴廣洽法師，他準備回到上海小住，然後再到杭州舊地重遊。看來，那個人安然無恙。咱們可以放心了。

油子回信說，早稻田大學的學生戰時可不參軍或到戰場服務，學校讓他們讀好書，「為帝國效力」。得知那個人的情況，我很快慰。

沒過幾天，雪子被徵調被服廠，日夜兼程生產棉服。到太平洋戰爭爆發，日本經濟已呈疲態，日本民眾生活日漸艱苦，好在他們住得離海很近，可以捕些魚蝦，勉強果腹。

在夜深人靜時，雪子常常思念大海那邊的李叔同，受戰爭塗炭、洗劫的中國人，在經受怎樣的苦難？廣播和報紙上不斷報告戰爭的態勢，剛剛又傳來日軍侵占廈門的消息，在寺廟裡修行的那個和尚不會出事吧……

§

戊寅年（一九三八）弘一五十九歲。

正月初一，弘一在晉江南鄉的草庵寺（他與妙蓮法師年底由廈門到此）講《華嚴經普賢行願品》，這是他最有研究的佛經。弘一說，他要報答閩南各地道友對他的虔誠至情，願意在此講一年的經，寫一年的字，與這裡的鄉眾結緣。

二月一日，弘一又到泉州承天寺講《華嚴經普賢行願品》，講經時，他不時勸勉聽眾要抗戰愛國，回向國難。

在承天寺講完經，應泉州梅石書院之邀，弘一又馬不停蹄到該院圖書館演講《佛教的源流與宗派》。後又到開元寺講《心經》，在城內清塵堂講《華嚴大義》。他的講經轟動泉州古城，並形成一種別樣的景觀，凡弘一所到之處，總會有眾多聽者跟隨，泉州各界，特別是佛教界人士、知識界人士，都把這位昔日的風華才子、今日的雲水高僧看成偶像、楷模。

弘一平易近人，有極好的口碑。凡人請他素餐，他都不拒絕，普通人求字，他也欣然應允。他講經，更是前呼後擁，聽眾往往把講室塞滿。在戰時的泉州，從寺廟和講經堂裡，常常傳出弘一念佛不忘救國之聲。

二月，弘一外出弘法，外出時需帶事先辦好的僧人身分通行證，通行證照片兩側寫有「國強寺庵盛，民安僧尼足」。

弘一寫信給夏丏尊，信中說在此國難之時，不少人發心皈依佛門。人們的心需要信仰。後來漳州有名士施蔭棠擴建藏經樓，邀弘一法師到自建的梅園小住。

在這裡，弘一贈他下面的名句：

念佛不忘救國，救國不忘念佛。

三月十日，弘一受邀到惠安弘法，十天後返回泉州，不久鼓浪嶼了閒別墅嚴笑棠親持請帖接弘一回廈門。後弘一為嚴笑棠作《祇園記》云：

笑棠居士性高尚，不治生業，惟於舍旁拓地數頃，雜植花木，以為遊息閒誦之所，名曰「祇園」，意謂是外無長物也。又亦假用梵典之名，而音釋悉異，藉以志其景仰所歸也。戊寅仲秋，余弘法龍溪，居士請題園款，為述其意如是，因並記之。溫陵沙門一音。

弘一在泉州講法兩個月，共講四次，「念佛不忘救國，救國不忘念佛」貫穿其間，其間他寫字千幅，其愛國之心伴經偈佛號流進千家萬戶。

四月二十六日至二十八日，弘一法師到了閒別墅講《心經》。這是他繼戊寅年（一九三八）二月十七日在泉州開元寺之後，第二次講《心經》。弘一講《心經》是有打算的：日寇侵華，國土淪喪，兵火擾攘，民生痛苦，內心憂憤，此時講《心經》可助僧眾和百姓開啟無畏之精神，投入偉大救亡運動。

在福州修道的林端返廈門之後，在鼓浪嶼自家設了閒道場，這是一供奉明代忠臣姜德先的道教社團。了閒別墅始建於一九二八年，為了閒道社道場。「了」、「閒」二字乃取「聽鐘聲歌聲便了，看花影移心更閒」二句最後一字。別墅入門處，鐫「了閒」二字。「了閒社」由林寄凡、嚴笑棠二居士組織。弘一在了閒別墅講《心經》三天，來聽者甚眾。

《心經》，於佛學大般若經六百卷之中稱為核心。具全部佛法要義。弘一講《心經》時說：

常人聞說空義，誤以為著空之見，此乃大誤，且極為危險……若再進而言之，空見既不可著，有見亦非盡善。應（一）不著有，（二）不著空，乃為宜也……不能大公無私，不能有無我之偉大精神，故不可著有……如若能解此意，即知常人所謂利益眾生者，能力薄弱，範圍小、時不久、不徹底，若欲能力不薄弱，範圍大者，必須於佛法空義十分瞭解。

弘一最後說：

講三日，豈能盡？僅說略概大意，及用通俗的淺顯講法。

弘一講《心經》不僅是說法，而且是向民眾宣傳面對侵略者應「心無恐怖」。

五月四日，漳州劉綿松居士專程到廈門請弘一去漳州掛單南山寺。四天後，日寇海軍的軍艦炮火攻擊了廈門。淪陷的廈門成了日寇鐵蹄下的地獄。聞訊，各地的師友都牽掛弘一的安危。

在廈門的李芳遠後來回憶說：

廈門淪陷，我急得忍不住了，四處查訪，都沒消息，因為法師形同野鶴閒雲獨來孤往，一向不肯把形跡告訴人，到廈門淪陷後才接到來信說，他已到漳州去了……

我們從弘一作的《藥師經科文題記》中，看到當時弘一對日寇的仇恨：

時倭寇侵鷺嶼，沙門演音並記。

「倭寇」二字表達弘一對日本侵略者的鄙視，一個「侵」字指出敵寇占我領土的罪行。

漳州古稱龍溪，始建於南北朝，在這座古城，弘一弘法不遺餘力。

天氣漸熱，弘一病身難抵酷暑，後由南山寺嚴持法師介紹到二十五里之外的東鄉瑞竹岩寺避暑。

弘一在給李芳遠的信中表示，鼓浪嶼不安寧，希望李芳遠攜家人到永春老家避難。

弘一自己在瑞竹岩寺度過兩個月的炎夏，日寇已將公路炸毀，他很難回三百里外的泉州，好在瑞竹岩寺在山上，日寇的鐵蹄很難到這裡燒殺。

閏七月初，弘一回到漳州，接到避難於桂林的豐子愷來信，說上海的夏丏尊最近殤了一個孫兒，很傷心。豐子愷在信上懇請弘一師到內地去，費用由他供養。

弘一見信也頗為傷感，回信說：

> 朽人年來，已老態日增，不久即往生極樂。故於今春在泉州及惠安盡力弘法，近在漳州亦樂——猶如夕陽，殷紅絢彩，瞬即西沉。吾生也爾，世壽將盡，聊做最後紀念……

弘一給夏丏尊寫了信，云：

> 近得子愷信，悉仁者殤孫，境緣逆惡，深為嘆息，若依佛法言，於一切境，皆應視如幻夢，乞仁者常閱佛書，並誦經念佛，自能身心安寧，無諸煩惱，則惡因緣反成好因緣也……

弘一謝絕了豐子愷的供養，勸勉、安慰了夏丏尊，放下筆，他的心裡也有些傷感。

戊寅七月十三日是弘一剃度二十周年紀念日。他接受了漳州施蔭棠、許宣平等居士之禮請，在漳州城內尊經樓開講《佛說阿彌陀經》，講畢，與諸道友合影留念。此次，弘一講了七天，並書《苦樂對照表》二紙，留漳州尊經樓紀念。又寫：

即今休去便休去，若欲了時無了時。

此乃勖勉世人的警句，係宋雲峰禪師的偈句，弘一贈給許宣平居士。

陰曆七月底，弘一歷經萬般艱苦經安海小住，講經說法，再坐轎在被炸毀的公路上行七八天才到泉州，至承天寺時已是十月。弘一不顧車馬勞頓，振作精神，在清塵堂講《藥師如來法門修持方法》。

一日，黃昏時分，弘一正在房中焚香靜坐，廣義法師來通報，一位自稱弘一學生的訪客來拜望弘一法師。

不久，安溪縣長石有紀走進狹窄的小僧房。弘一認出他是二十年前自己執教浙江一師時的學生。

一僧一俗，一師長一學生再度相逢，二人感到既突然，又感慨。

石有紀：「老師，您老了。」

弘一：「嗯，一別二十年。」

石有紀：「歲月不饒人，我們的經子淵校長去年已仙逝了。」

弘一：「我曾寫信告訴你們夏老師殤孫，人生總是不如意的多。」

石有紀：「前年我在上海，拜望過夏老師。老年喪孫，悲哀可知。」

二人悲歎、沉默。見老師著單薄的羅漢衣，石有紀脫掉身上的中山裝，要給老師披上。弘一合掌婉拒：「出家人習慣了。」

夜深了，石有紀起身鞠躬告別，弘一送他出僧房。石有紀回頭望時，只見蒼茫的秋夜中，弘一法師站在月下，深秋的風吹拂著他的衣袂……

幾天之後，安溪縣長石有紀便接到了弘一法師寄來的一副對聯，是《華嚴經》偈語句。另有一幅字，是唐・李益《喜見外弟又言別》詩：

十年離亂後，長大一相逢。
問姓驚初見，稱名憶舊容。
別來滄海事，語罷暮天鐘。
明日巴陵道，秋山又幾重！

錄唐人詩一首，頗與仁者在承天寺相見情景相似……

詩後，弘一有題款：

戊寅九月，弘一到廈門同安梵天寺，該寺位於同安大輪山南麓，相傳建於隋唐，初名興國寺，有廟庵七十二所，北宋間合成一區，改名梵天寺。寺廟多年失修，已殘破不堪。丙子年（一九三六）由會泉、會機法師化緣重修金剛殿，新建藏王殿、千佛閣。

同安歷史悠久，文化源遠，南宋理學大儒朱熹在此為官時，撰《大同集》，為重要文化遺產。弘一在閩南弘法、行腳途中，與朱熹延續著前緣：

乙亥年（一九三五），弘一住的溫陵療養院，便是當年朱熹講學的「小山叢竹」（小山書院）舊址。他補書朱子祠「過化亭」缺額並題記曰：

泉郡素稱海濱鄒魯，朱子公嘗於東北高阜建亭種竹。講學其中——余昔在俗，潛心理學，獨尊程朱。今日來溫陵，補題過化，何莫非勝緣耶？

丙子年（一九三六）正月，弘一手書一草庵門聯，贈予安息俞嘯川，並加題記，其跋文曰：

此上聯隱含慈悲博愛之意。宋儒周、程、朱諸子文中，常有此類之言，既是觀天地生物氣象而興起仁民愛物之懷也。

己卯年（一九三九），弘一居普濟寺，手書《題格言聯璧》自勉：

余童年恆覽是書。三十以後，稍知修養，亦奉為圭臬。今離俗已二十一載，偶披此卷，如飲甘露，深沁心脾，百讀不厭也。或疑「齊家」、「從政」二門，與出家人不相涉，然整頓常住，訓導法眷，任職叢林，方便接引，若取資此二門，善為變通應用，其所獲利益，正無限也。演音。

中國高僧由儒入釋，皆學佛度化世人，啟眾生一念心性，視眾生為佛。朱熹的格物致知論，受歷代學人與志士推崇，弘一自覺地繼承了中國「士」的文化精神，不分儒、道、佛，凡具備善意良知，高尚人格者，本著隨分的因緣，都取其精華，圓滿完成華嚴境界。並使中國傳統文化的意義超越狹義的宗教範疇。

戊寅年（一九三八）九月二十日至九月底，弘一到晉江安海水心亭澄淨院講通俗佛學，後又講《佛法十疑略釋》，以佛法覺悟人生，再講《佛法宗派大概》，講覺悟的各種途徑，又講《佛法學習初步》，以自己修行為例，說明佛教法門很多。到一九四三年皆收入《晚晴老人講演錄》。

戊寅年九月三十日，弘一將在這裡講律的情況寫信告知施慈航，信云：

朽人居安海已將一月，講法數次，聽者甚多，近七百人，不久擬返泉州草庵……

南安水頭是弘一高徒高文顯家鄉，水頭雙靈寺住持乃高文顯母親。此次弘一來這裡，也到雙靈寺，講《梵網經菩薩戒本淺釋》。

戊寅年十月廿一日，弘一由性常法師陪同，歸臥草庵。三天後進永春蓬壺普濟寺靜修。立於安海水心亭前，弘一致書李芳遠，告知到閩南弘法之原因，信中說：

> 今年所以往閩南各地弘法者，因余居閩南十年，受當地人士種種優遇。今年年老力衰，不久即可謝世。故今年往各地弘法，以報答閩南人士之護法厚恩耳。現在弘法已畢，即擬修養，故往草庵。明年將往惠安，閉門謝客，以終天年耳，舊十月十四日，音景之安海。

弘一寫這封信前，童子李芳遠曾給他寫過一封洋洋千言的長信，信中勸弘一法師以後不可常常宴會，要靜養用功。弘一讀後「慚愧萬分」。並「以十分堅決的心謝絕宴會。雖然得罪了別人，也不管它」。十五歲的童子之勸，使弘一重新審視自己一年來的各地弘法。童言無忌，其信如一味良藥，要不做「應酬和尚」，須養靜、修行。

於是就有了戊寅年十一月二十日（一九三九年一月十日）弘一在承天寺講《最後的□□（懺悔）》的演講。

弘一面對養正院的學僧和眾僧，說道：

> 佛教養正院已辦了四年了。
>
> 光陰很快，人生在世，自幼年至中年、自中年至老年，雖經過幾十年的光景，突與一會兒差不多。就我自己而論，我的年紀將到六十了，回想從小時候到現在，種種經過，如在眼前……

我常自想，啊！我是一個禽獸嗎？好像不是，因為我還是一個人身。我的天良喪盡了嗎？好像還沒有，因為我尚有一線天良，常常想念自己的過失……講到埋頭造惡的一句話，我自出家以後，惡念一天比一天增加，善念一天比一天退失，一直到現在，可以說是醇乎其醇的一個埋頭造惡的人——這個也無須客氣無須謙讓了。

自從正月二十到泉州，這兩個月之中，弄得不知所云……一向直成一個「應酬和尚」了，這是我的一個朋友所講的呀！

最後，弘一將龔定庵詩作為贈言：

未濟終焉心縹緲，萬事都從缺憾好。
吟道夕陽山外山，古今誰免餘情繞！

弘一自責、懺悔的真誠感動了聽眾，他的自省策勵和篤定鼓舞了大家。弘一的演講《最後的□□（懺悔）》由瑞今法師記錄，在演講之前，弘一已寫信給童子芳遠，信云：

惠書誦悉，至用慚惶！自明日起，即當遵命閉關，摒棄一切！仁者天真靈性，舉世莫匹，而不欲沒淪繁華，至堪敬佩。深望今後，活潑莊嚴，為當代第一人耳。歲除之後，或往他處。謹復，不宣。

其信有感謝、有勉勵、有期許，弘一與童子芳遠的故事傳為佛俗兩界的佳話。

第十五章　徐悲鴻為師繪像，自度六十周甲壽

閒將歲月老煙汀，更遣詩情到香冥。

——南宋．朱熹《次韻寄題萬頃寒光奉呈休齋先生》

乙卯年（一九三九），弘一六十歲。

出家後，弘一鮮有與人探討篆刻書法藝術的專函。在戊寅年十月二十九日，他在泉州承天寺回馬冬涵的一封信中，專門與其探討書法、篆刻、印學藝術。他在信中寫道：

冬涵居士道席，惠書誦悉，承示印稿至佳，刀尾扁尖而齊若錐狀者，為朽人自意所創。（可隨意刻之，尋常之錐亦可用）。錐形之刀，僅能刻白文，如似鐵筆寫字也。扁尖形之刀，可刻朱文，終不免雕琢之痕。不若以錐刻臼文，能得自然之天趣也。此為朽人之創論，未審有當否……

朽人於寫字時，皆依西洋畫圖案之原則，竭力配置調和全紙面之形狀……故朽人所寫之字，應作一張圖案畫觀之，斯可矣。不惟寫字，刻印亦然，仁者若能於圖案法研究明瞭，所刻之印必大進步。因印文之章法布置能十分合宜也。又無論寫字刻印等，皆是以表示作者之性格（此乃自然流露，非故意表示）朽人之字所示者，平淡，恬靜，沖逸之致也。

馬冬涵住漳州番仔樓，與七寶寺梅園相鄰，年輕時喜金石篆刻，名響漳州。因仰慕弘一法師，他常到訪請教書法篆刻藝術，曾自印個人書法篆刻集，向弘一法師請教。後又為弘一刻一枚朱文印章，字曰「弘一六後作」贈送。

弘一之信向馬居士介紹了書法、篆刻藝術之心得，他強調學習要循序漸進，要注意構圖，要有個性風格。

戊寅年歲末，弘一給泉州王振邦寄去一信，曾談及手抄《金剛經》弘法之事：

> 前廣洽法師印拙書《金剛經》所存無幾，此書接引新青年至為逗機（軍官等閱此生善心，功德尤大）。乞勸廣洽師發心募印再版。（能印數千冊廣贈尤善）仍任上海費范九居士經手印製，最為善也。

豐子愷與范古農先生都說：閩中人士受弘一法師薰陶，大都富有宗教信仰和藝術修養，認為弘一以書法藝術弘法，效果很好。

弘一自己說：「余字即是法。」

正如豐子愷先生所說，弘一的書法，在內容上是宗教的，但在形式上是藝術的。

作為藝術的書法是不分世俗和宗教的，佛教外的文化人喜歡弘一的書法，是因為其書法具有藝術的美感，有美學價值。當然，在念佛、以書法弘法的長期實踐中，弘一乾淨的靈魂，精神的博大之氣，已融進其書法作品，成為其精神內涵的載體，形成極具個性的「弘一體」——清靜淡泊，空曠通透，天朗氣清，天地廣闊。也就是說，弘一的墨蹟超脫了世俗的審美境界，達到了宗教與道德融為一體的理想境界。

弘一在閩南弘法，宣導「先識器而後文藝」的立德方向。文藝，非只為稻粱謀，混飯吃，其更重於謀道、文緣與塵緣，器識皆緣。弘一認為，藝術不能遷就世風，不被功利所惑，他主張藝術的自立品格。豐子愷說：

最高的藝術家有言：「無聲之詩無一字，無形之畫無一筆」……藝術的精神，正是宗教的。古人云「文章一小技，於道未為尊」。又曰：「太上立德，其次立言。」弘一法師教人，亦常引用儒家語：「士先器識而後文藝。」所謂「文章」、「文藝」，便是藝術，所謂「道」、「德」、「器識」，正是宗教的修養。宗教與藝術的高下輕重，在此已經明示，三層樓當然在二層樓之上的。

閩南的知識界和廈門的文人書畫家，在弘一的影響下堅持儒家「志道、據仁、依德、遊藝」的傳統認識，他們不被習俗陋見所蒙蔽，鍾愛文藝，追求藝術的真善美。如弘一在泉州昭昧國學專校（梅石書院）講《儒教之源流及宗派》，與幾位教師李幼岩、汪照六等結下善緣，這對他的藝術影響甚大。

§

己卯年正月初一（一九三九年二月十九日），弘一在承天寺月臺別院，度過戊寅除夕。一九三八年，泉州常遭日寇飛機的瘋狂轟炸，社會動盪不安。

正月初一，零星的鞭炮聲讓傳統的熱鬧喜慶的大年初一過得有些慘澹。

弘一在僧舍忙著手書佛號及《華嚴經》，準備贈給漳州人劉錦松。今天共寫四幅佛號及《華嚴經》偈：

「佛、法、僧」。勝華居士禮敬供養。己卯元旦，沙門一音書。

劉錦松，弘一為其取法名勝華，其母為弘一的皈依弟子。去年年底，劉錦松廣搜資料，編了《弘一大師文鈔》，寫信請教法師。

弘一一貫淡泊名利，唯恐避之不及，便回信：以「朽人舊作，可取者甚少」況多為「平庸之作」，拒絕出版此書，云：

仁者所編計畫書，至為精密，但意在廣輯巨帙，洋洋大觀。此與朽意未合，乞亮（諒）之。

弘一強調，自己出家，絕不願做「文字法師」：

朽人出家之宗旨，絕不願為文字法師。今所擬編兩小冊，亦是不能免俗，聊復爾爾，豈期以此傳久遠，流芳萬古耶。

前面講過，弘一至孝，每逢亡母忌日總會寫經偈回向紀念。眼下，是己卯二月初五日亡母王氏謝世三十四周年，他在《前塵影事》冊上恭抄《金剛金》偈：

一切有為法，如夢幻泡影，如露亦如電，應作如是觀。

功德回向亡故三十四年之母親，回向菩薩。出家後，他年年寫《金剛經》偈。亡母忌日過去，已是己卯仲春，弘一在承天寺月臺，集華嚴經長聯，手書後贈廣智法師，聯曰：

遠見如來無量光，具此普賢最勝願。
勤修清淨波羅蜜，恆不忘失菩提心。

己卯二月二十五日弘一到永春城東桃源殿，性常與李芳遠相陪遊城內環翠山，他們駐足瞻仰巨石上的朱熹刻壁詩，久視而不願離去。石刻詩曰：

閒將歲月老煙汀，更遣詩情到杳冥。
遊子故應悲舊國，壯懷那肯泣新亭。
一官避世今頭白，萬卷收功久汗青。
但見潮生與潮落，不知沉醉又還醒。

該詩抒發了山河破碎年華漸老的一腔悲歎，時逢國難，憂國憂民的弘一對此產生了情感共鳴。次日，弘一為僧眾講《佛法之簡易修持法》，其要點為三：深信因果，發菩提心，專修淨土。後李芳遠將弘一講演記錄印了數千冊，廣為流傳。

後弘一離開永春城到普濟寺閉關，斷絕外界干擾，習靜著作。

弘一在普濟寺從己卯年二月直至庚辰年（一九四〇）十月，一住就是五百七十三天。

普濟寺山奧幽僻，古稱桃源。五代至明，多次興廢，歷代名人如朱熹、葉向高等大儒家都曾遊歷此寺，故得「桃源甲刹」之名。弘一到寺後，在自己住的精舍自題「十剎律院」。

當地林奉若居士在普濟寺自家修築的數椽茅棚供養弘一法師，並承擔其齋食。弘一在普濟寺原本拋下一切外緣，謝絕一切人事，靜修著律，因此，駐錫近六百天，只講演兩次。

己卯三月，剛到普濟寺不久，他就致函豐子愷，說：「朽人近年來，身體勉強支持，但舊病未除，新疾時增。」說明弘一身體繼續惡化。四月、七月又致信李芳遠，說：「朽人近來閉門思過，謝絕一切人事周旋。附奉上血書佛號一頁。」以羸弱之身「血書佛號」，其事佛之誠，蒼天可證。正如他為普濟寺補壁之聯：

山靜似太古，人間愛晚晴。

庚辰年（一九四〇）九月二十日，弘一六十一歲壽辰，他又為普濟寺後的精舍書一偈聯，以自勉：

閉門思過，依教觀心。

庚辰年，弘一在普濟寺編撰了《南山律在家備覽略編》草稿，該書是為在家修佛者提供的通俗讀物；這與甲子年（一九二四）在溫州閉關時，他完成的面向出家的學佛者的律學著作《四分律比丘戒相表論》對比，兩部著作一部高深一部通俗，相映成趣。

閉關可拋下一切外緣，謝絕一切人事，依教觀心，依南山律而著述。但修佛隔不斷戰爭和民生疾苦，日寇鐵蹄踐踏中國國土，淪陷後民生艱難，即使是一些尚未被戰火燃及的地區時局也不穩定，物價飛漲，連閉關的弘一都知道生活的沉重，他說：

> 泉州米價將至三百，火柴每一小盒二圓，其他可知。貧民苦矣。朽人幸托庇佛門，食用無慮，諸事平足，慚愧慚愧。

庚辰年二月，弘一輯錄南山、靈芝相關論述，完成《盜戒釋相概略問答》一卷，交由上海李圓淨付印。

七月，又撰畢《戒疏科別錄論》。

在閩南，自戊辰年至庚辰年，弘一在閩南對南山律學校點題記，對道宣的《行事鈔》等作了十多篇題記。眾所周知，南山律學巨帙浩繁，南山、靈芝各三大部，文字義理艱深難懂，佛界很少有人敢貿然涉獵。

弘一近兩年裡在普濟寺，一邊養屙將息身體，一邊研讀律學，編撰了《南山律在家備覽略編》草稿，他自己說出了編撰此書的艱難：

> 養屙山中，勉勵輯是編，偶有疑義，無書可考，蓋以朽疾相尋，昏蒙非一。舛訛脫略，應所未勉。率為錄出，且存草稿。重治校訂，願俟當來。

最後，此書在晉江福林寺完成。

> 庚辰冬，終於把《南山律在家備覽略編》的《宋體篇》交上海李圓淨。原稿附記云：

二十九年次壽星□月□日，輯錄宋體篇並識。沙門山門善夢，時年六十有一，居毗湖山中。

弘一認為自知、自尊、反省、堅定方可使人智、明、久、壽的品格精神皆備，並「死而不亡」。庚辰年他對永春圖書館館長王夢惺說：

我們做人最要緊的是心口如一，衣裡如一，言行如一，夢醒如一，乃至生死如一。

§

弘一閉關，鮮有社會活動，卻備受世人關注，有些訛傳說弘一大師已經圓寂。林奉若致信鬱志朗說明真相，以正視聽。

庚辰年三月十八日，弘一致函上海李圓淨，自述近況：

朽人近年以來，精力衰頹，時有小疾，編輯之事，僅可量力漸次為之，若致圓滿成就其業，必須早生極樂，見證佛果，回入娑娑，乃能為也。

一貫嚴謹的弘一，此信顯出了些許幽默：外界傳我圓寂，我也嚮往之，孰料精力衰頹，「時有小病」，無奈老天難於「見證佛果」。

而昔日神童李芳遠，兩次登普濟山頂，探望、服侍恩師，使謠言灰飛煙滅。己卯六月，謠言風起之時，李芳遠接到弘一師的信：

倘仁者來普濟寺，乞於古曆六月十九日前惠臨，因自十二日始，即謝客養靜，未能晤談也。

李芳遠第二次到普濟寺，是庚辰春日，弘一師致信李芳遠，讓他上山交代普濟寺廚房云：

自明日起，每日送粥兩次。早晨送來時間，再延遲一點鐘送來，因余近來老病日甚，晨起手足無力，精神頹唐，不能早起床，故須再延遲一點鐘也。

自廈門淪陷，聽弘一勸告，李芳遠回故鄉永春避難，常與弘一師通信。從李芳遠的《普濟寺訪弘一法師》一文中，可知弘一曾書遺滅二偈相贈。

後弘一之辭世二偈，由普濟寺裱好，懸於寺中。林漢忠在《弘一法師在永春》一文中對此事有詳盡記載：

是年秋，因病書偈：「君子之交，其淡如水，執象而求，咫尺千里。」居普濟寺半載，賦偈志別：「問余何適，廓爾忘言；華枝春滿，天心月圓。己卯秋，一音，年六十」偈之二署名「無畏」書贈「芳遠童子淵詧」。

戒殺護生，實為佛門的慈悲護心。

弘一居深山，寺中自會常有山鼠侵擾破壞，使人晝夜難安。山鼠破壞力極強，大凡糧、油、衣、書，甚至寺中的佛經、佛典、佛身、佛像無不啃食。

但佛門慈悲，「愛鼠常留飯」，餵飼饑寒交迫之山鼠。弘一便有《飼鼠免鼠患之經驗談》：

昔聖賢謂以飼貓之飯飼鼠，則可無鼠患。常人罕為注意，而不知其言確實有據也。余每日飼鼠兩次，飼時，並為發願回向。冀彼等早得人身，乃至速證菩提云云。

據說，弘一此法使山鼠之患終於平息。此證「我於一切眾生，當如慈母」，佛教戒殺，化害為無。弘一在杭州虎跑寺時曾為病死之黃狗誦經超度；在鼓浪嶼日光岩，為小貓之死念《往生咒》超度；即使病在晉江草庵，仍為中毒而亡的蜜蜂超度……

有傳說曰，戊寅歲尾，一位叫錢東亮的旅長，曾到承天寺拜訪他崇敬的弘一法師，談到殺戮，弘一勸誡這位司令：「旅長還是遠殺的好。殺，是不好的……」

筆者不知上述傳說出自何典。僧侶弘法，宣傳抗日救國，可不上戰場。但抵禦日本侵略者，只能武力抗戰，奮勇殺敵，此刻說弘一還向抗戰軍人宣傳什麼「上蒼忌殺戮」，既不合時宜，也在玷污弘一大師的愛國情懷，詆毀作為抗日統一戰線的佛界眾僧的愛國精神。

庚辰年十月，弘一從蓬壺山中到永春縣城桃源寺下榻。過了幾天，由傳貫、靜淵等法師陪同，步行至仁宅，住在南安玳瑁山南麓之靈秀所鐘、勝跡彌著的靈應寺。轉應老法師不辭艱苦到寺禮懺，弘一非常敬佩，以「閩南砥柱，佛法金誠」短聯相贈。並對轉應老法師之「精勤無間」的精神十分讚嘆。

聞弘一來靈應寺後，當地各界人士，特別是晉江、南安的教師蜂擁而至，國難當頭，戰火連天，他們有許多問題請教弘一。

弘一「以諸君皆從遠道而來，且為教育界人士，破例接見」。

有教師問：「當此生活程度提高，一個小學教師，家費無法維持，是否可以改業？」

弘一曰：「小學教育為栽培人才基礎，關係國家民族，至重且大。小學教師目下雖太清苦，然人格實至高尚，未可輕易轉途云……」

眾人「久仰弘一法師之名，難免見獵心喜」（見月笙《靈應寺訪弘一法師》）。弘一鼓勵教師堅守自己的崗位，與孟郊詩句「清貧聊自爾，素質將如何」的主張主德、清格是一脈相承的。

§

辛巳年（一九四一）弘一六十二歲。弘一自說：「朽人今歲世壽六十二。」是年春，弘一在南安靈應寺時，他的師生道侶們的祝賀的詩詞陸續寄到了。弘一在天津的舊交王吟笙、姚彤章、曹幼占等皆有詩賀壽，依次為：

王吟笙，於辛巳小春，時年七十有二，賀壽詩：

世與望恆居，夙好詩史書。
聰明匹冰雪，同儕遜不如。

姚彤章祝壽詩：

仙李盤根歲月真，千秋事業有傳薪。

曹幼占祝壽詩：

高賢自昔月為鄰，早羨才華邁等倫。

國內知名人士也紛紛以詩賀壽，依次錄之：

馬一浮：

世壽遠如朝露，臘高不涉春秋。
寶掌千年猶駐，趙州百歲能留。

楊雲史：

詞人風調美人骨，徹底聰明便大哀。
綺障盡頭菩薩道，水流雲亂一僧來。

閩南永春鄭翹松：

海岳仙人杖錫來，祥風一掃瘴雲開。
神醫果如伽陀藥，天匠能客飄落才

太虛法師賀壽偈：

以教印心，以律嚴身；

內外清淨，菩提之因。

九龍柳亞子：

君禮釋迦佛，我拜馬克思。
大雄大無畏，救世心無歧。

此外，早在己卯年，抗戰進行兩年多時，著名畫家徐悲鴻在新加坡舉辦畫展，募捐支援抗戰，廣洽法師特請徐悲鴻為弘一法師畫半身油畫像一幅，為弘一法師賀六十壽。後徐悲鴻在《弘一法師畫像題記》一文中詳記此事：

早歲識陳君師曾，聞知今弘一大師為人，心竊慕之。顧我之所以慕師者，正從師今日視若敝屣之書之畫也。悲鴻不佞，直至今日尚沉湎於色相之中，不能自拔。於五六年前，且懇知友丏師書法。鈍根之人，日從惑溺，愧於師書中啟示，未能領悟。民國廿八年夏，廣洽法師以紀念弘一法師誕辰，屬為造像，欣然從命就吾所能，竭我駑鈍於師，不知不覺之中，以答師之唯一因緣，良自慶倖。所愧即此自度微末之藝，尚未能以全力詣其極也。卅六年秋，悲鴻重為補書於北平寓齋。

徐悲鴻之《弘一法師畫像題記》一文，本是一九四七年徐悲鴻補記，交新加坡廣洽法師保存。後廣洽托歸國華僑帶回國內，因「文化大革命」爆發，歸國華僑無法轉達而下落不明。所幸「文化大革命」期間，廈門同安馬巷中學教師陳瑞琦先生在即將焚燒的「四舊」書畫堆中，發現徐悲鴻之《題記》，細心收藏，《題記》得以保存。

至一九八五年，廣洽歸國，重提《題記》舊事，經人說服陳瑞琦，其漸明大義，將《題記》奉還廣洽，讓畫像與《題記》珠聯璧合，後藏於泉州開元寺弘一法師紀念館。

辛巳年二月，弘一駐錫靈應寺，度過十方施主供養的一次壽誕。他讓後學們將那些為他祝壽的壽字、壽詩、壽詞輯成專冊，作為紀念，妥善保管。到四月，這裡又發生兩件事，其中之一是弘一亡母八十冥誕。他提前十天把自己關在寮房裡，念經，為亡母回向。四月十日，他寫了張刺血佛號，寄給童子李芳遠。其二是八天後他到水雲洞向慧田法師辭行，嘗山居粗茶淡飯。次日，寫一幅偈語，寄給上海陳海量：

即今休去便休去，
若欲了時無了時。

並題跋曰：「辛巳四月十九日第二次居南浦水雲，明朝將復之福林——晚晴老人，時年六十又二，未御魚目（眼鏡）書。」

其時，弘一患有肺結核、支氣管炎、關節炎……多病纏身，他帶病又到鄉間的福林寺。這座禪寺規模並不小，因名僧妙蓮、傳貫，特別是弘一的到來，充滿了生氣。

他們在此結夏，息心念佛，志於念佛三昧，其間他還要向年輕的比丘講析律學。弘一除了講律，講《印光大師的行誼》，還把印光大師當成自己的偶像和榜樣，勉勵比丘，希望他們也能成為印光那樣的佛學大家。他講到印光大師時，多講自己親身經歷的故事。

比如，一次弘一自己到普陀山，那時印光大師已六十歲高齡，但他事必躬親，直到圓寂前，他還在蘇州靈岩山每天抹桌、掃地、添油燈、洗衣，他講大師的衣食住行極簡樸粗糲。他自己在甲子年（一九二四）曾在普陀親近大師七天，大師的一舉一動他都看在眼裡，大師每天早餐只吃一大碗飯，無菜，如此堅持三十年，食後用舌舐碗。中午吃飯一碗，大鍋菜一碗。大師與客人同桌，見客人碗中留下米粒，一定大聲說：「你有多大福氣，這麼糟蹋糧食……」大師見有人將冷茶倒入痰盂，也大聲責備。大師最重因果報應，遇人便講「善有善報，惡有惡報」，因果與業報是連鎖的，如果世間人能深明因果，社會上便無強梁匪盜，人們便能安居樂業；大師精通佛典，可他自己行持與勸人學佛時都以專修念佛法門相告，深一層的，便說到念佛三昧，對高級知識分子，大師絕不與其講高深哲理，只勸他們專心念佛……

接著，弘一總是說：「古今高僧，沒有一位不是一門深入，淨嚴戒律的，世間那些朝秦暮楚、不拘小節的菩薩戒比丘、菩薩戒優婆塞，想在歷史上占一席之地，恐怕是做不到的。我說這些話，無非盼望年輕的同修中，多出幾位出乎其類，拔乎其萃的佛門代表人物，眾生才能免於沉淪之苦！」

最後，他說：「而我們又是如此不堪入目，今天的僧道日非，叫人目不忍睹了，有些人一舉手、一投足之間，望之無一道氣——佛法真是淪落到令人痛哭流涕了！身為比丘的我們，都是其中一分子，也都有一份沉重的責任！這時，我們真的應該醒醒了，真的應該不看金剛看佛面了，真的應該悉心懺悔了……」

講到這裡，弘一已淚流滿面，泣不成聲，而聽者也熱淚盈眶，坐立不安了。

其實，他看似講印光大師的功德，而那嘔心瀝血之語，所道印光大師的功德又何嘗不是弘一的夫子之道呢。

閩南的雨季，山間經常籠罩在濛濛細雨之中，濕氣很重。弘一在福林寺的樓上念經，濕氣會輕些。一天，崇拜弘一法師的年輕人黃福海在雨中拜訪弘一法師。因黃福海與弘一侍者傳貫相識，便由他帶到樓上，那時弘一手握經卷憑欄望著蒼茫的雨景。

弘一早就認識這位黃姓青年，請他進樓上一間小會客室，示意他坐下。

黃：「法師，每天都要向眾僧說法嗎？」

弘一：「不錯。我是隨緣跟結夏的同道們交流交流。當然也還編些律宗方面的小書。」

黃：「看上去，法師的身體尚好。」

弘一：「這裡的夏天涼爽，舊病依舊，新病未上身。」

弘一講了講近來的念經生活情況，便習慣性地默默無語。

黃福海坐了些時候，起身鞠躬告別。回到家，他無法解釋，在弘一法師沉默時，自己為何耐得住的那份寂寞。而讓他分外驚喜的是，第三天，他竟然收到一幅弘一法師托人送來的字。這無疑是法師對每個學佛的年輕人都寄予的無限期望。關於法師與夏丏尊、豐子愷、劉質平等人的善緣，他是從報刊和朋友那裡得知的。他感到很激動。

黃福海展開一看，是晚唐詩人韓偓的兩首詩：

七絕：

斜煙縷縷鷺鷥棲，藕葉枯香折野泥。
有個高僧入圖畫，把經吟立水塘西。

五絕：

江海扁舟客，雲山一衲僧。

相逢兩無語，若個是難能。

讀過書的黃福海，讀了詩便懂得了弘一法師的用意。七律，乃是與自己晤面時，法師的自我寫照，五絕是二人相對無語的情景。

送字者是福林寺的年輕和尚，他送了字，還有一卷寬窄不同的宣紙。他說：「這是黃居士以前送弘一法師的紙，法師裁了些給你寫字，剩下的退還居士。」

黃福海想起來，兩年前，在泉州承天寺初會弘一法師時，他曾提道：「法師，您雖然出家了，不再談世間藝術，但在我心裡，你一直是一位藝術家。」

他又想起自己的冒失，一次他未經通報就直接進了弘一法師的晚晴室，那時法師正埋頭寫字，見他突然闖進，便放下筆。他說：「法師，您繼續寫字，我是專為瞻仰您寫字而來的。」

弘一點點頭，仍舊寫字，見他很注意用筆和指法，便邊寫邊道：「我寫字好像擺圖案，其實，寫字不悖擺圖案的原則……」

他當時對法師說：「我臨摹過法師寫的《金剛經》，可並不像。」

弘一法師笑了：「我看過你的字呢，還是有些像我。」

後來，他就給弘一法師送過幾回宣紙。

見到弘一法師贈的字及退回的宣紙，又想到這些往事，黃福海兩眼有些濕潤……

十月，秋高氣爽，弘一在福林寺靜靜地念佛。一天他的法侶傳貫從泉州來了，傳貫手捧一束紅色菊花，鮮紅似血，嬌豔炫目。

弘一見是西洋菊花，便作一偈，寫在紙上，兼酬柳亞子，偈云：

亭亭菊一枝，高標矗晚節；
云何色殷紅？殉道夜流血！

晚晴老人於茀林

「云何色殷紅？殉道夜流血！」這句詩在文界、宗教界廣為流傳，激勵人民用鮮血和生命英勇抗戰保家衛國。

十一月，弘一受邀去泉州。自抗戰以來，閩南的佛教寺院受戰火影響，經濟困難，日漸難以維持。上海老友劉傳聲想到梵行卓越的弘一法師也一定十分艱難，便托人由海道帶千元法幣到泉州轉給弘一法師。

弘一見老友劉傳聲的信及款，說道：「自我出家，從不受別人供養。」過去親朋弟子所贈錢財也全部用在流布佛書上，於是決定將千元法幣退回上海。但因交通斷絕了，弘一只好將錢代捐給生活困難的開元寺。

過了一會兒，弘一說：「好友夏丏尊，十年前曾送我白金水晶眼鏡一副，現在也一併捐給開元寺吧，也能值五百塊錢。」

此事很快就在社會上流傳。永春的童子李芳遠聞之，便給弘一法師寫了一封信：

法師，聽說您最近由鄉下回到泉州，泉州的官紳，想又有一番盛會歡迎您，以您的法體與德行，均不宜受到這些名聞利養的騷擾，師以梵行堅決而感動人天，務請珍重。悉心摒去外緣。一心念佛，以了生死。弟子大言不慚，盼師顧念弟子曲諫的真情，弟子雖墮地獄而無憾……

弘一看完後，將信收起，自省後應酬比往昔少了許多。

弘一當晚即回信：

> 來書欣悉，朽人這次在泉州兩旬，日墮於名聞利養的陷阱之中，又慚又愧。決定明天午前歸隊蒲林，閉門靜修……音啟。古十二月二十一日。

弘一剛到福林寺，李芳遠又來信了，讓弘一閉關。

辛巳冬十二月，正值抗日戰爭最嚴酷的時期，泉州大開元寺結士念佛，弘一書「念佛不忘救國，救國必須念佛」警句，並題記：

> 佛者覺也，覺了真理，乃能誓捨身命，犧牲一切，勇猛精進，救護國家。是故救國必須念佛。辛巳歲寒，大開元寺結七念佛敬書，呈奉，晚晴老人。

其愛國之心，可昭日月。也是弘一法師一生精神靈魂最為高光的時刻。

第十六章　郭沫若求師墨寶，弘一圓寂晚晴室

風景依稀或不同，更從何處覓禪宗。
——弘一法師《靈瑞山勒石詩》

壬午年（一九四二），弘一六十三歲。

新年伊始，弘一寫信給李芳遠。

芳遠居士：

此次朽人到泉州，雖不免名聞利養，但比起三四年前，已減輕許多。這次來泉州，未演講未赴齋會，僅僅在三處吃了便飯，但是每天見客與寫字，卻成為一件忙事。寫字結緣雖是弘揚佛法，但在朽人，道德學問一無所成，實在慚愧不安。自今以後，決心退而潛修，謝絕事務，以後斷絕一切信函，來信也不披閱，請原諒……

以後，倘有他人問朽人近狀，請答以「閉門思過，念佛待死」八字。

又，此次至泉州，朽人自身未受一文錢的供養，凡有供養者，都轉贈寺中作生活費用，或買紙就近結緣。往返泉州旅費，則由傳貫法師布施。附啟。

雖李芳遠還是一個乳臭未乾的童子，弘一每致信於他，總無半點敷衍和草率，付出的是老朋友的一腔真誠的情懷。

壬午年春，郭沫若在重慶曾托童子李芳遠代求弘一法師墨寶。弘一與文壇和政壇的名士郭沫若雖無緣相識，但其名聲早就知曉，遂寫詩一首，勉勵文學家靈魂高潔。其詩曰：

我心似明月，碧潭澄皎潔。
無物堪比倫，教我如何說？

上款題為：

沫若居士澄覽。

郭沫若收到弘一法師書法作品之後，即覆信李芳遠：

澄覽大師言甚是，文事要在乎人，有舊學功底固佳，然僅有此而無人的修養，終不得事也。古人云：「士先器識而後文藝。」殆見道之言耳。

專復，順頌時祺。

郭沫若叩，六月八日

兩位文人之「器識」、「澄覽」，智者所見略同。

壬午年，弘一已六十有三了，病魔已將其糾纏折磨得弱不禁風，有幾次他原以為就要駕鶴西去，寫了幾次遺書，但世緣未盡，奇蹟般地活到六十三歲。

壬午春節前後，弘一住在百原寺。一位教育工作者顧一塵，從廣義法師那裡得知弘一法師來到泉州了，廣義法師對他說：「弘一法師一直很懷念你，請你到百原寺看看他。」

顧一塵匆匆趕到百原寺，他見弘一法師面容清瘦憔悴，聲音低沉而戰慄，雖一臉笑容，但著實讓他心裡一驚：「莫非弘一法師真的要離開人世了？」他突然憶起多年前弘一法師給他寫的那幅字，寫的是古人的白話詩：

過去事已過去了，未來不必預思量。
只今便道即今句，梅子熟時梔子香。

▲ 弘一大師於圓寂前一年，在福建泉州留影

顧一塵這才琢磨出此詩的含義，其中除了哲人的平淡與豪放，還有對生死的達觀。

在福林寺，衰頹的弘一為學者講演了《律鈔宗要》，編寫了《律鈔宗要隨講別錄》、《事鈔略科》、《隨分自誓菩薩戒文析疑》等著作，並重修了《晚晴集》。

壬午二月，弘一應昔日浙江一師的學生、如今的惠安縣長石有紀之邀，偕侍者龔天發前往惠安靈瑞山。動身前，弘一與石縣長已約法三章：

一、君子之交，其淡如水；二、不迎不送，不請齋；三、過城時不停留，徑赴靈瑞山。

弘一在惠安約住了一個月，主要是助緣修葺靈瑞山寺，及擴建瑞竹岩寺前殿。其間弘一手書寺門柱聯、寺門匾額等。此外除為石有紀教寫字、改詩外，還敦其「存誠」、「戒殺」，做清廉愛民的好官。門人石有紀為紀念弘一法師四赴惠安弘法，在靈瑞山勒石曰：

更從何處覓禪蹤，風景依稀或不同。
稽首靈山千百拜，寺門長對夕陽紅。

後來，經葉青眼及溫陵養老院諳居士邀請，弘一又動身回到泉州，隨最後一位侍侶妙蓮法師住進養老院。弘一居「晚晴室」，妙蓮居「華珍一二三室」。

外界聞訊，仍有不少請弘一法師講經的函件寄來，但均被婉拒。

養老院的食宿條件自然要比寺院苦行僧式的生活優越得多，這也是葉青眼堅持請弘一法師到養老院好生靜養的初衷。但在「晚晴室」裡的弘一依然閒不住，他在這裡寫下「持非時食戒者應注意日中之時」一文，對「過午不食」的時間做了定義。

五月時，弘一還為福州怡山長慶寺書寫《修建放生園池記》。

受晉江釋迦寺護法蔣文澤的邀請，弘一重新撰述《削法儀式》，完成後，舉行削髮演示活動：

> 公旋閉關，謝絕接見，不收信件。余等因公在院，每月半必聚會一次。商所需，常數周不獲其面。逮至七月廿一日，假過化亭為戒壇，教演出家剃度儀式，而廣翰、道詳二沙彌，證明傳授沙彌戒。余等始得參與觀禮，再聆教益。

壬午年七月二十一日，弘一宣說《削法儀式》時，交付妙蓮法師《削髮儀式》抄稿。

壬午年八月，弘一著述之《佛說八大人覺經》完稿，其跋云：

> 衰老日甚，體倦神昏。勉強錄此，蕪雜無次，訛誤不免。此稿未可刊布流傳，惟由友人收存以留紀念耳。壬午八月十三日書竟並記，弘一。

壬午年中秋及十六日，弘一在養老院宣講《佛說八大人覺經》。兩天後，他又宣講《淨土羅法》，講經時，說到人世的悲歡離合、生命苦短，猶如朝露，他語音沉重、表情黯然。弘一講經時由廣義法師譯成閩南語傳給聽眾。

此時，養老院已是一派晚秋的蕭瑟，而弘一滄桑、慘白的臉上沒有一絲血色，如同即將燃盡的油燈，但那雙不大的眼睛卻格外明亮。

弘一講《佛說八大人覺經》後休息了一週。其間，他為兩位同道寫了寺院大殿上的柱聯。

此刻夏丏尊殷切地盼弘一回到浙江的晚晴山房終老。弘一未置可否。

§

八月二十三日傍晚，妙蓮法師發現弘一法師有些發燒，勸他請醫生看病，他一笑說：「天天如此，不必多慮。」第二天清晨，除食量少些，一切照常。

八月二十五日，他為晉江中學的學生們寫了一百多張《華嚴經》偈：

> 不為自己求安樂，但願眾生得離苦。

八月二十六日，弘一的狀況讓侍奉他的人們吃了一驚，他只吃了小半碗粥，但依然強打精神，埋頭寫字。如同他柔若無骨的字一樣，掙扎著柔弱地活著。

八月二十七日，弘一宣布斷食，只喝白開水。

八月二十八日，發燒加劇，四肢無力，在人生的最後時刻他覺得該有些交代了。

他叫來妙蓮法師。妙蓮法師俯身：「您會好的！」

「我會好？」弘一枯瘦的臉上浮現一絲微笑，「好與歹，一個樣。但我身後之事，全交你一人負責了。」

說罷他讓妙蓮法師研墨，掙扎起身，從桌上取出個信封，提筆寫了：

> 余於未命終前、臨命終時、既命終後，皆托妙蓮法師一人負責，他人——無論何人皆不得

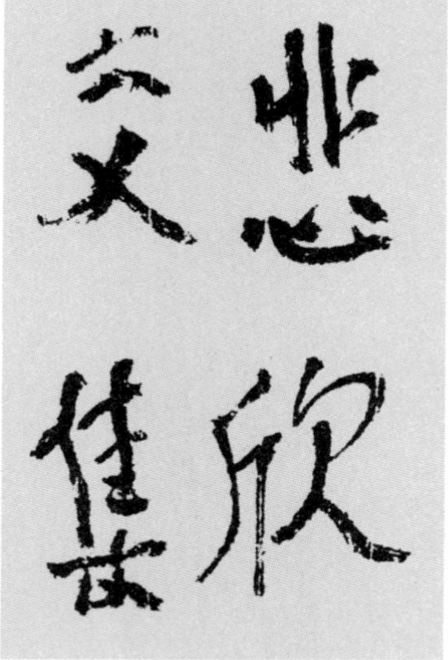

▲ 弘一大師絕筆「悲欣交集」

干預。

共寫三紙，然後讓妙蓮法師用他的印章分別蓋在三紙的末端。將其中一份交妙蓮法師：「我相信你。」說罷，復又躺下去，似睡非睡地閉上了雙眼。

八月二十九日下午，弘一又喚來妙蓮法師，向他交代臨終的幾件事。無非是「我沒有享受那份『死後哀榮』的心，一切祭吊從簡」。但弘一特別交代，在臨終助念時，看到我流淚，不是留戀世間、掛念親友，而是悲欣交集的情感呈現；停止呼吸後，身有餘熱，送去火葬，只穿一件破舊短袴。遺骸裝龕時，要四隻小碗，準備墊在龕腳上，裝水，別讓螞蟻昆蟲爬上來……

九月初一上午，應黃福海之請，在其紀念冊上寫下座右銘：

吾人日夜行住坐臥，皆須至誠恭敬。中華民國三十一年（一九四二）雙十節大病中書勉福海賢首。晚晴老人。

該日下午兩點左右，弘一又勉強起身寫下絕筆：「悲欣交集」四個字，交妙蓮法師。幾天後，又給摯友夏丏尊、同道性能法師及弟子劉質平預先寫的訣別信：

朽人已於九月　日謝世，曾賦二偈附錄於後：
君子之交，其淡如水；執象而求，咫尺千里。
問余何適，廓爾忘言；華枝春滿，天心月圓。
前所證日月系依農曆，謹達不宣。音啟。

弘一法師之訣別信，日子留下空格，後來由性能法師以朱筆代填。

交代好後事，弘一法師放下一切外緣，不吃飯，不吃藥，心裡只念佛號。

到九月四日（陽曆十月十三日）晚七時，守衛在弘一法師床前的人發現他的呼吸開始急促。妙蓮見弘一法師的面容忽而變紅，又忽而變白，這是臨終前的徵兆，也是一個高尚的靈魂即將離去的信號，妙蓮俯身，對著他的耳朵輕聲說：「弟子妙蓮來助念！」

妙蓮法師清晰、抑揚頓挫，而又舒緩的佛號響在弘一法師的耳畔，身邊的諸僧也跟著念誦：「南—無—阿—彌—陀—佛……」像一曲莊嚴的樂曲，在寺廟裡回蕩。

弘一法師非常平靜、安詳地向右側一傾，彷彿在誦經聲中沉睡了。

眾僧按弘一法師的安排念《普賢行惠品》、《回向文》……

妙蓮發現，弘一法師消瘦多皺的眼角汩汩地淌淚。

八時許，妙蓮再次俯身，側耳細聽，弘一法師再無鼻息，只有眼角的淚痕閃光。法師走了。

眾僧強忍悲痛，虔誠念佛，直到清晨……

一九四二年深秋，弘一圓寂的新聞已傳到日本，五十二歲的雪子，從報紙上得到這一消息時，正與從東京來這裡探親的油子喝早茶。茶杯突然落地，她呆呆地垂淚。油子從早稻田大學畢業後，留在該校教書。幾天前，她在東京《朝日新聞》看到父親逝世的消息，報上引用了中國報紙的消息：大師滅後，請弟子遵遺囑，經十小時以上再入其房巡視，「見其遺體如生」。遺體焚化，「撿出舍利頗多」……

油子擔心母親，乘機飛往沖繩。一開始她沒有將此消息告訴母親，怕她一時難以接受這噩耗。

當雪子的情緒慢慢平靜下來，從一個小木匣裡取出一綹鬍鬚，一塊懷錶和一摞書信，擺在李叔同自畫像前，又在一小香爐裡插上三支點燃的藏香。然後換上三郎百看不厭的白色緊身旗袍，頭上插朵從院裡摘下的雪白菊花，拉油子站在這簡單的靈位前，深深鞠躬。

那些如歌的歲月、如詩的往事，全都飄然而至，就是靠這些悲欣交集的記憶，雪子活到一九八八年，享年一百零六歲。

雪子歸西那天，身著白色旗袍，坐在從上海帶來的明代黃花梨圈椅上，哼著《送別》「長亭外，古道邊，

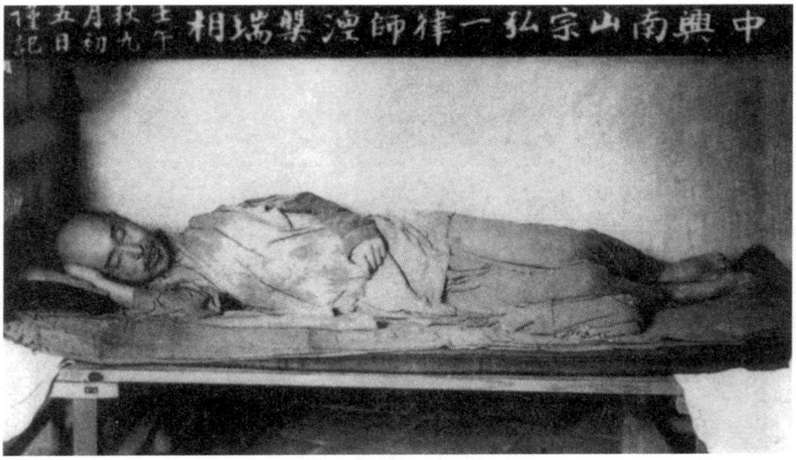

▲ 1942 年 10 月 13 日，弘一大師圓寂於泉州溫陵養老院

芳草碧連天，晚風拂柳笛聲殘，夕陽山外山。天之涯，地之角，知交半零落，一壺濁酒盡餘歡，今宵別夢寒」。

歌聲漸漸沉落，雪子悵然長眠……

據說，李叔同與雪子的女兒春山油子，在一九八八年，七十歲時，曾作為日本經濟官員到中國考察，順便到父親剃度的杭州虎跑寺憑弔。

人間痛傷別，此地正是父母長別處，夢魂縱有也成虛，更那堪和夢無。父親一句「悲欣交集」豈能將這歲歲年年的斷腸悲痛輕輕帶過！油子突然想起母親教她的李清照的《武陵春》詩：「物是人非事事休，欲語淚先流」，她感慨良多！

油子按捺不住好奇，又專程赴天津，獨自來到糧店後街六十二號。那時此地還未拆除，已成一個破敗的大雜院，母親說父親在這座曾經輝煌的田字格大院裡度過了豐富多彩的童年。

萬事翻覆如浮雲，油子怎麼想也想不出，從這個院裡，走出過一位風華絕代的才子、一個名揚四海的雲水高僧……

臨離開這個大雜院前，油子用手帕裝了一抔這裡的黃土，她準備帶到沖繩那座四合院……

§

弘一法師的入滅，無聲無息，甚至顯得沉默清冷，卻牽動了僧俗兩界眾生的一腔愴懷，而這位風華才子、雲水高僧，為新舊兩代中國人留下了一個文化和人格的絕響，足以讓人「悲欣交集」。

儘管弘一曾自號「二一老人」：即「一事無成人漸老」，「一錢不值何消說」，此係引前人的兩句詩，以對抗好得贊訣的世情。但作為中國現代藝術和藝術教育的先驅者，他對文化的貢獻，及皈依佛門後愛國殉道的砥礪、守成的精神，其成就的價值與意義，殊非言語能論斷。這讓人想起巴斯卡在《思想錄》裡的那句名言「對於尋求它的那些人來說，是可見的；而對不尋求它的那部分人來說，則不可見」。

弘一圓寂，其法侶廣洽法師曾作如是說：「雖親近大師有年，但覺其語默動靜，無非示教，因不敢以文字讚一詞也。」這是一種境界，或禪機，但熟悉弘一大師的朋友，卻以追憶的文字說出了那些不可言說的淵默，讓世人瞭解哲人之三昧，讓人看到了立體的李叔同和弘一大師。

南社文學團體的創始人之一柳亞子在《懷弘一上人》中，作「君禮釋迦佛，我拜馬克思，大雄大無畏，跡異心豈殊」之偈，道出弘一大師一生沒有忘記對家國的危難和世人疾苦的關切。

弘一的朋友夏丏尊在《弘一法師之出家》中說：他與弘一在浙江一師任教時相識，「在這七年中我們晨夕一堂，相處很好，當時都已三十多歲，弘一少年名士氣息懺除將盡，想在教育上做些實際功夫，他教的是圖畫、音樂兩科。自他任教以後，就忽然被重視起來，幾乎把全校學生的注意力都吸引過去了……這原因的一半，當然是他對於這二科的實力充足，一半也由於他的『感化力』大，只要提起他的名字，全校師生以及工役沒有不起敬的。他的力量，全由誠敬中發出……」

弘一的學生豐子愷在《為青年說弘一法師》一文說：「他的人格，值得我們崇敬的有兩點：第一點是『凡事認真』，第二點是『多才多藝』。又說：『他做教師，有人格做背景，好比佛菩薩有後光。』他又在《懷李叔同先生》一文中陳述：「弘一法師由翩翩公子一變而為留學生，再變而為老師，三變而為道人，四變而為和尚。每做一種人，都做得十分像樣，好比全能的優伶，起青衣，像青衣，起老生，像老生……都是認真的緣故。」

著名編輯作家葉聖陶在《兩法師》中說：「弘一法師坐下來之後，便悠悠地數著手裡的念珠……可怪的是，在座一些人，或是他的舊友，或是他的學生，在難得的會晤頃，似應有些抒情地同他講，然而不然，大家也只默然不多開口……或者他們以為這樣默對一二小時，已勝過十年的晤談了。晴秋的午前的時光，在怡然的靜默中經過，覺得有難言之美。」「弘一法師與印光法師並肩而坐，正是絕好的對比，一個是水樣的秀美、飄逸；而一個是山樣的渾樸、凝重。」

弘一舊友和學生的回憶讓我們看到多姿多彩的弘一法師的神魄。

弘一法師的沙門弟子，新加坡佛學總會會長廣洽法師對其評價是「高風勁節，為世所欽」。天津同代故人學者王吟笙在《懷弘一大師》中以詩敘其功德曰：「經言開覺路，書法示真銓。筆墨俱人化，如參自在禪。」

中國佛教協會會長趙朴初評價弘一大師：「以書畫名家而為出世高僧，復以翰墨因緣為弘法接引資糧。功巨利博，澤潤無疆，豈僅藝事超絕，筆精墨妙而已哉！」

上取名人評價，僅為「弘一大師頌」之區區幾頁。但已讓我們看到須彌頂峰之一雪松，其以「悲欣交集」圓其一生，成為一座中華民族精神文化的豐碑，也如一曲非凡的樂章，在精神的時空中回蕩……

跋

「長亭外，古道邊，芳草碧連天。晚風拂柳笛聲殘，夕陽山外山……」即使在物欲橫流的當下，仍有人悄悄地流連於這溫潤清雅的文字裡，如在大漠中邂逅綠洲甘泉。該詞的作者李叔同是新文化運動的先驅，開中國現代藝術啟蒙教育之先河。他在國學、詩詞、音樂、美術、戲劇、書法、篆刻等方面具有極高的造詣，成為二十世紀前半葉光耀一時的藝術家和風華才子。後來，他斬斷塵緣，青鞋布衲，情繫故鄉，愛國衛教，普度眾生，成為南山律宗第十一代祖師，被譽為僧德昭昭的雲水高僧。

因緣萍水，亦非偶然。我與李叔同結緣是在天津。餘生也晚，二十世紀中期，我的童年在津門意奧租界別墅裡度過，負笈讀書於由大佛寺改成的二十六小學。出校門往北，一箭之遙便是糧店後街六十號李叔同故居。更巧的是，同班中有李叔同遠親叔侄二人，語文老師曾與李叔同謀過面。於是，那座門口高懸「進士第」大匾的宅第就成了我的樂園。經歲月風雨的剝蝕，那個「田」字形有近百間房舍的清代院落，已經有些破敗，但其昔日錯落有致的遺韻猶存，精巧的垂花門、遊廊、園林尚在，李叔同少年時的一些遺物仍存。有時，語文老師會帶著我們到大院裡上課，在李叔同讀書的「洋書房」裡教我們李叔同的詩和歌，如一灣流水、疏林晚鐘、飄然落葉，讓我常常泛起想像的漣漪。於是，我便有了與李叔同心靈邂逅的契機。

一九五〇年代後期，我轉學到北京六十六中學讀高中，語文老師林逸君是佛學家、因明家、詩人和書法家虞愚的夫人，他們的兩個女兒是我的同班同學。語文老師喜歡我，常常帶我去她家裡輔導寫作。我便與虞先生熟悉起來，得知他一九三〇年代從廈門大學畢業後，一度師從李叔同學因明，習書法，得弘一法師真傳。這讓我對李叔同有了真切的認識。

到了大學讀中文系，至我忝列文學隊伍，閱讀李叔同的詩文，煙雲過眼，印象日深，更受到無形的陶冶。到青春不再，雙鬢染霜，對李叔同的閱讀，仍餘情不了。每唱到「一壺濁酒盡餘歡，今宵別夢寒」時，便卷起對大師李叔同的無限懷念。李叔同在藝術園地的辛勤耕耘，在教壇鞠躬盡瘁的精神，節制淡泊、明其道不急其功的入世態度，踏實、持正、勤勉、厚容的心靈跋涉的文化人格，一直影響、激勵我的人生。

一九八二年春節前，我曾到東四八條七十一號，給葉聖陶老拜年。他正為人民文學出版社要出版的「中國現代作家選集」《葉聖陶》卷寫序。八十八米壽之年的葉老，眼有些花、耳有些背，但記憶力極好。我問起葉老一九二七年在上海與李叔同會面時的情景，葉老聲情並茂地講述了這段往事。我覺得離李叔同更近了。

但是，為李叔同作傳，另有機緣。我完成七卷本《民國清流》後，贈書給詩人、雜文家邵燕祥老哥，請他指教。一次，邵燕祥夫婦請宴於新僑飯店，席間，邵燕祥突然說：「接下來，你應該寫一本李叔同傳，他是風華絕代的才子，又是拈花一笑的雲水高僧，他可能不在乎身後的毀譽長短，但人們應該記住這位大師。」我表示自己智不能謀、力不能任，無法駕馭這一題材。邵燕祥老哥一笑：「下下人有上上智，《六祖法壇經．行由》裡這麼說。」

說實在的，這一題材對我太有誘惑性，歷史為李叔同的傳記留下了許多可闡述的空間，值得我去摶一下。

我在按計劃完成並出版了《文學即人學：諾貝爾文學獎百年群星閃耀時》、《啟幕：中國當代文學與文人》之後，不揣簡陋，在二〇二一年十月初開始動筆，寫作《李叔同傳》。

歷史遠去，宿草徑荒，墓木成拱，法師圓寂已八十載，我無緣與其謀面，得耳提面命，只能利用活化資料，在大量卷帙、瑣言綴說中，攬吉光片羽，尋雪泥鴻爪，識別考據上的疑難，以史料為佐證，以客觀、嚴謹、求實的態度研究李叔同，一個有常人複雜豐富的靈魂，又有「高山仰止」的聖者容貌，便佇立在我的面前。

寫傳記，宋人張孝祥在《浣溪沙》詞中說得要緊：「妙手何人為寫真，只難傳處是精神。」要再現人物的本真面貌和精氣神，最忌附會猜測、妄騰口說，並要「求個與人不同處」，即寫出獨特的「這一個」。

本傳敘述了李叔同的功成名就，力求呈現李叔同豐富、複雜、和諧統一於一身的人格特質。

李叔同身上充滿藝術氣質，舉手投足都有一種美感，超越傳統文人的優雅，他以儒雅、謙默、柔弱的生命形態，蘊含著強大的生命力量，在泰山壓頂之時，歸然不動。

李叔同一生有多次轉折，生命多姿多彩，充滿懸疑與想像，總讓人霧裡看花，不識廬山真面目。

在人格藝術上，李叔同的價值當然在於不拒新思潮，唯其能在舉世趨新的潮流中，不忘持守清者的收斂沉潛性格與自律，治學、教育從不急功近利。

以藝術與佛學而言，李叔同的學養博大和理解圓轉，既喜涉深事務而又不忘情俗世之精神品格，十分耐人尋味。這種形式合理性與價值合理性的對立，能和諧統一於他的身上，不得不讓人產生一種思考的精神傾向。

當然，這種豐富、複雜的性格，與個人稟賦、時代際遇、傳統背景等若干因素碰撞而形成合力塑繪出的並非單純的色彩有關，也是近現代百年中國史由傳統向現代選擇的轉型中產生的一個生動的側影。

李叔同一生躬行「博學於文」和「行己有恥」，一面不苟且遁世，一面又「明其道而不急其功」，自然算不上時代的先鋒。他又寧肯放棄當主角的機遇，甘願皈依佛門，承受寂寞，而沉寂於一種心靈的跋涉。選擇的矛盾，聯繫當時知識分子的憂樂窮達，這須有一個乾淨的精神境界。當然，這不能視為一種逃避，而是「絢爛至極歸於平淡」。

李叔同最終以「華枝春滿，天心月圓」完成了傳奇的人生。不管江湖魏闕、水流雲度，他的德範，他那心如秋月、通達曉暢、隨緣而行的心靈境界，及靜穆又磅礴的個性精神，將與青史永存。

二〇二二年適逢弘一法師圓寂八十周年，謹以此書紀念致敬這位風華才子、雲水高僧。

壬寅七月北京抱獨齋

李叔同：弘一大師傳

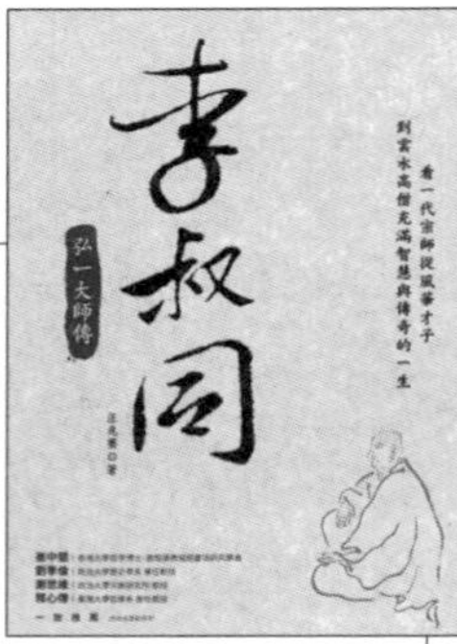

作者　汪兆騫

發行人　林敬彬
主編　楊安瑜
編輯　高雅婷
封面設計　蔡致傑
行銷經理　林子揚
行銷企劃　戴詠蕙
編輯協力　陳于雯、高家宏
出版　大旗出版社
發行　大都會文化事業有限公司
11051 台北市信義區基隆路一段 432 號 4 樓之 9
讀者服務專線：（02）27235216
讀者服務傳真：（02）27235220
電子郵件信箱：metro@ms21.hinet.net
網　址：www.metrobook.com.tw

郵政劃撥　14050529 大都會文化事業有限公司
出版日期　2023 年 12 月初版一刷
定價　420 元
ISBN　978-626-7284-38-4
書號　B231201

Banner Publishing, a division of Metropolitan Culture Enterprise Co., Ltd.
4F-9, Double Hero Bldg., 432, Keelung Rd., Sec. 1,Taipei 11051, Taiwan
Tel:+886-2-2723-5216　Fax:+886-2-2723-5220
E-mail:metro@ms21.hinet.net
Web-site:www.metrobook.com.tw
◎本書由現代出版社授權繁體字版之出版發行。
◎本書如有缺頁、破損、裝訂錯誤，請寄回本公司更換。

國家圖書館出版品預行編目（CIP）資料

李叔同：弘一大師傳 / 汪兆騫 著 . -- 初版 -- 臺北市：大旗出版：大都會文化發行 ,2023.12；320 面；17×23 公分 .
-- (B231201)
ISBN 978-626-7284-38-4（平裝）

1. 釋弘一　2. 佛教傳記

229.385　　112018404

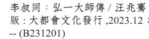